## みやこの近代※目　次

## ■まちのイメージと環境

## ■まちの建築



## ■美術と工芸

## まつりと世相



## 京都帝国大学

## ■みやこの海外



## ■エピローグ

# プロローグ

# 古都のイメージと地方都市の現実

伊従　勉

　歴史的環境の破壊が進行していた一九六六年（昭和四一）に公布された通称「古都保存法」は、「わが国往時の政治文化の中心」であった京都、奈良、鎌倉を「古都」と規定した。鎌倉が入っていることからも分かるように、「古都」の意味は「みやこ」（天皇の居住地）の概念よりも広い。現在、「古都」の適用をさらに全国に広げようとする動きがあり、大津市が二〇〇三年に指定された。さらに、古都保存法公布当時「わが国」ではなかった首里（那覇市）は、今日、国が復元しつつある首里城を中心に、琉球王国の旧都として「古都」たりえる条件を備えているといえる。しかし、現在の政治中心である東京が「古都」とよばれないことは、法律が想定する古都の概念がある時代的な制約を受けていることを示している。このように、解釈される過去とは、解釈の時点の集合的な無意識のかたちを映す鏡でもある。

　さて、古都の中にあっても京都は別格であると考える人は多い。一一〇〇年の間みやこであった事実と、豊かな歴史文化遺産、そして明治以来の近代都市への脱皮の努力と、幸いにして一四〇年間天災人災を被っていない幸運が、たしかにかつてのみやこの風情と、近代の歴史の厚みをこの都市に加えているからであろう。

　しかし、京都が歴史都市としての性格を意識し始めたのは、江戸期にすでに兆候はあるが、やはり京都がみやこでなくなった明治以降のことである。右に触れた古都保存法に東京が入っていないように、現役の首都（政治の中心）は自己証明を歴史に求めることがより少ない。それに対し、首都ではなくなったかつてのみやこが辿《たど》った近代は、重い伝統を肩に近代化の努力を重ねた地方都市の軌跡のひとつでもあった。歴史都市の認識も、その

過程で形成されたイメージのひとつでもある。しかし不思議なことに、この都市の近代は大切に扱われていない。中心部に残っていた近代の痕跡も日に日に失われ、資料の散逸も激しい。京都が大きく変容した近代の記憶が失われつつある。京都市には公文書館もなく、歴史都市の自己イメージが形成された過程さえ辿ることが難しい。

本書では、近代京都の生成について、様々な角度から近年の研究成果の一端を紹介してみたい。「近代京都研究会」に集う研究者が、一番自分が書いてみたい話題を選んで自由に執筆した。

本会は一九九八年（平成一〇）六月に発足した。近代京都についてなら何でも俎上に載せる研究会を、通算七二回開催してきた。近代史を中心に異分野の研究者が、五〇名ほど集い、自由にかつ楽しく交流を重ねてきている。私たちの共通理解は、「かつてのみやことしての文化の長い伝統と、近現代の一地方都市という社会・経済的現実との相克が、近代京都の歴史を織りなしてきた縦糸と横糸と考え、伝統と現実がずれた都市性格をいかに調整するかが明治以来現在までの課題であった」京都という都市と地域を冷静に見つめ直すことである。

〔図版〕 平安神宮の大鳥居と楼門。岡崎地区は近代京都を象徴する場所で、一八九五年（明治二八）の平安奠都一一〇〇年紀念祭に桓武天皇をまつる同神宮が創建された（大鳥居は一九二八年完成）。また、疏水が開削され七条駅から電気鉄道が通じた。歴史イメージを最新技術で飾る古都演出のデビューであった（京都市左京区岡崎）。

# 「京都らしさ」と国風文化

高木博志

今日、京都の菓子や料理、清水焼・西陣織といった工芸品、あるいは古社寺や東山の景観などにも、優美で雅なイメージがつきまとう。一木一草にやどる、優美で雅という京都ブランドの歴史的な形成を考えてみたい。

戦国期・江戸初期に栄えた京都の豪商たちの活動も、経済の中心が一七世紀後半に大坂へ移ることによって衰退してゆく。それとともに御所を売り物にした観光がおこり、京焼・京菓子・京人形といった言葉が使われるようになる。また寛政期になると、平安京の内裏が考証され、歴史を掘り起こす動きが盛んになってくる。

明治維新、明治二年（一八六九）の東京「奠都《てんと》」により、天皇と公家社会は、京都御所周辺から、江戸城（皇居）へと大移動する。江戸時代以来の京都盆地を中心にした禁裏御料の村々と朝廷との結びつきや、京都商人たちの出入り、節分に人々が賢所に参拝するオープンさ、あるいは菩提寺としての泉涌寺の機能、といった近世朝廷のありようは失われてゆく。また文明開化と重なる明治初年には、廃仏毀釈に代表されるように、文化的な「伝統」が否定された。八坂神社・石清水八幡宮などの神宮寺は破壊されてゆく。皇室の京都との地域的なつながりを否定し、東京の皇居を中心に全国的、等距離な基盤がつくられる。

それに対して一八七七年の明治天皇の京都・奈良行幸を境に、いったん否定された近世以来の文化的「伝統」が、顕彰されてゆく。皇室とかかわりのある社寺への援助や、京都御苑の整備、賀茂祭・石清水放生会の再興などが、一八八三年の岩倉具視の京都復興策により体系化されてゆく。国際社会に対して文化的「伝統」を押し出す戦略の登場である。

さて今日につながる美術や文化についての見方ができあがるのは、一八九〇年の東京美術学校で岡倉天心「日本美術史」講義を通じてである。推古（飛鳥）・天智・天平・空海・延喜（国風）・鎌倉と時代区分を有し、古代から未来に向かって直線的、均質に流れる近代の時間認識があらわれる。そのなかで京都は、古代文化の奈良や鎌倉時代（武家文化）以降の関東との違いを強調し、一〇～一一世紀の国風文化を象徴する場所として位置づけられてゆく。京都という空間が、ある歴史的時間（国風文化）に特化させられる。大陸から切れた、純粋で固有な貴族文化とみなすイデオロギーが背景にある。しかし古来戦乱が多かった京都では、御土居の中（上京・下京）に、国風文化の遺構は残っていない。日野の法界寺、宇治の平等院、厳島神社の「平家納経」しかり……。

かくして平安神宮、京都御苑、祭礼や工芸、そして歴史編纂に、幻想の国風文化、京都のイメージを創りだしてゆくことになる。国風文化イメージと重ねられた優美という言葉は一八九〇年代に使われだし、雅という言葉は一九四〇年代の戦時下で一般化する。

【図版】「国風文化」を象徴する平等院鳳凰堂（宇治市宇治）。一一世紀の阿弥陀堂建築を代表する建造物で国宝に指定されている（写真提供：京都新聞社）。

# 文化の孵卵器（インキュベーター）

丸山　宏

京都市は現在、人口約一三八万八千人、全国第七位に位置している（『第五九回日本統計年鑑』）。江戸時代には、京都は幕府の直轄都市であり、政治経済の中枢に位置しており、他を圧し、江戸、大坂とともに三都と呼ばれていた。元禄期（一六八八～一七〇四年）の三都はそれぞれほぼ三五万人前後の人口を有していたという。三都の繁栄期は京都の寛永期、大坂の元禄期、江戸の化政期と移っていった。京都は近代を迎える前に漸次衰退していたといえるかもしれないが、それが決定的となったのは東京奠都《てんと》であった。禁裏御所（京都御所）は廃虚となり、空洞化した。京都の近代は挫折からの出発であった。しかしながら、空洞化した京都御所内での博覧会を企画し、復興の契機とした。その発想はどこから生まれたのか。

京都を律していたものはこの禁裏御所にはじまる宮廷の行事であった。しかし、その建物は東寺や本願寺と比べてもあまりに質素なものである。いや宮廷儀礼のためには簡素な方が有効であるのか。この儀礼があらゆる方面で一千年をかけて一つの規範をつくった。その儀礼に伴う様々な有形無形の産業と芸能が生まれる。京都文化の孵卵器《ふらんき》である。また、本山を京都においた寺社は全国から浄財をあつめ、芸能のパトロンとなり、あるいは名園を築庭したのである。今日でも宗教法人数は東京に次いで京都が第二位である。宗教都市といえるかもしれない。宮廷、宗教に関連する産業が生まれ、それを担う職人が集住する町が形成された。厳しい条件下で切磋琢磨し、技術は洗練された。非軍事都市であったことも幸いしたともいえる。

厳しい条件といえば今日、俗称「鰻の寝床」の「京の町家」は可能な限り工夫考案された形態を作りだした。

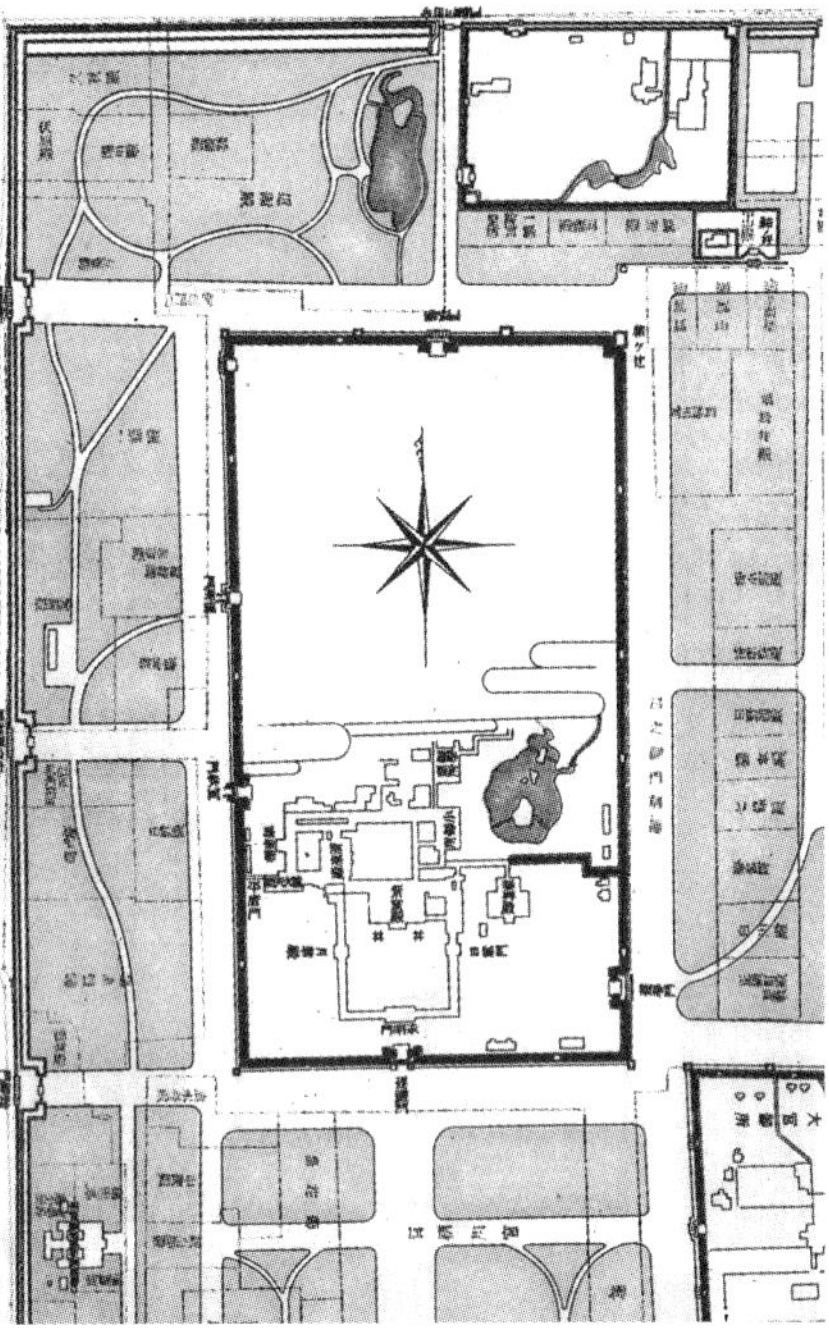

坪庭の創意工夫もしかりである。今日の京都の中堅産業の進取性の下地がこのあたりにあるのではないか。

また、京都は一八九五年に第四回内国勧業博覧会を誘致した。その機に平安神宮を創建し、近代の平安遷都を再興しようとした。京都はイベントや祭りはお手のものである。儀礼都市として豊富な蓄積と経験があったからこそ、京都復興を願った平安遷都千百年紀念祭で時代祭を創作できたのである。この蓄積は現在、国宝や重要文化財の数からも窺える。東京都についで京都市は国宝二一一件、重要文化財一八二六件を有し二位である（『大都市比較統計年表』平成一九年度版）。しかし、史蹟・名勝の数では京都が一位である。とくに名勝では四八件（特別名勝一二件を含む）と他を圧している。文化的遺産から見ると突出した都市である。

時宜をえると発芽する一千年の文化の「埋土種子」が至る所に散らばっているのが京都である。発芽条件が整えば、予想をはるかにこえるものが誕生する可能性は高い。先端技術分野でもしかりである。埋土種子は物的なもの、人的なもの、あるいは精神的なものもありうる。この埋土種子を探索すべく、近代京都を俎上に載せ、京都の多様な有り様を探ってみたい。

【図版】『大正大禮京都府記事』（一九一七年刊）に掲載された京都御所周辺図（部分）。図中には慶応三年ごろの旧公家町の区画割が示されている。

# ■まちのインフラ

# 疏水と関直彦

高久嶺之介

一八九〇年（明治二三）四月九日、天皇・皇后を迎えて琵琶湖疏水工事の疏通式（竣工式）が聖護院夷川船溜《ふなだまり》中島の式場で行なわれた。この疏通式の前後の時期、京都には皇族・大臣をはじめ多くの人々が押し寄せた。それら人々の中には、京都市によって招待された東京・京都・大阪・兵庫などの新聞主筆記者たちがいた。彼らはその後、この工事と疏通式前後のイベントについて、好意的に、あるいは評価を交えずに事実を書いた。

しかし、このイベントに参加した新聞記者の中で、きわめて冷徹かつ批判的にこの工事を評価したジャーナリストがいた。関直彦である。関は当時、東京日日新聞（現在の毎日新聞の前身）の社長兼主筆であった。関は、東京に帰った後この工事についていくつかの記事を書き、さらにその集大成とも言える社説を無署名の形で『東京日日新聞』四月一七日・一八日の紙上に載せた。以下これまで注目されていない関の書いた内容の一部を紹介しよう。

関は、まず工事の技術について、感服のほかなく、我が国工学技術の進歩を外国人に誇れる、と高く評価する。問題は、この疏水の利害である。利益は二つある、と関は言う。一つは大津と京都間において鉄道よりも安価に運送できる。もう一つは水力を利用して製造業を興すことができる。ただ一二五万円の費用をかけて、それを償うだけの利益があるのかないのか。この費用に照らせば、それほどの利益はなかろうというのが関の結論である。なぜか。第一に、水運は幅六尺の小舟を浮かべて運送するだけなので、多量の荷物を運搬できず、荷物の大部分は鉄道に吸収されることは疑いない。ただし江州米の運搬には便利になる。要するに、その程度だと。第二に、

水力を利用して製造業を興すというが、京都の物産である織物製造にはこの水力は役に立たない。精米、製粉の用に供するくらいだ。また、内務省よりの技師派遣、実地調査等の経費なども合計すれば一三〇万円ほどになり、その利益を五分とすれば一年に六万五千円の利益を上げなければ償わないが、鉄道のことを考えれば、運河使用の利益として年六万円余の収入は無理だろう。要するに、数字上から見ても使った金を償う利益はない、と関は言う。

この時期、関の分析ほど琵琶湖疎水工事を冷徹に見た分析を私は知らない。実は、完成後の疏水事業使用料収入を見る限り、水運と製造業への利用の点では、ほぼ関の言うとおりであった。ただ、関の分析には時代的制約ゆえのある情報の欠落があった。新しい科学技術である電気についての情報である。電気は、疏水工事の最中である一八八九年に、疏水水力をこれまでの水車による工業動力利用から水力発電利用に切り替えたことから導入される。この結果、明治三〇年代から電気使用料収入が疏水事業使用料収入のうち八〇％を超え、そして電気使用料収入の上昇が疏水事業使用料収入を押し上げる形になっていく。結局のところ、関は水運および水力利用の点ではほぼ正確な見通しを持ちながら、当時の情報の限界から電気についての見通しだけはもち得なかったのである。

［図版］　蹴上発電所に初めて設置された水力発電機（一八九一年一二月。写真提供・京都市水道局）。

# 疏水と鴨川運河

高久嶺之介

琵琶湖疏水については、一八九〇年（明治二三）春の完成時までの動きに比べ、完成後の京都市中の動向は一般的にはあまり知られていない。

先に、琵琶湖疏水完成時に発表された関直彦という一ジャーナリストのこの工事に対する批判的分析を紹介した。しかし、それから二年後の一八九二年三月八日、疏水工事の継続事業である鴨川運河工事（琵琶湖疏水で鴨川に達した水を伏見まで運んだ鴨川東岸の運河。一八九〇年工事開始）について、京都実業協会は京都市会に対して、「鴨川運河中止の希望書」を提出する。この「希望書」に次のような一節がある。

琵琶湖疏水工事は我国に有名なる一大工事にして其の費用亦巨額なり、起工の当時世間の論者は此工事を以て京都の経済上其得策にあらざる事を評論したり、果せる哉、該工事開鑿の結果は甚だ思はしからず、百二十余万円の大金を費して其収むる便益は実に微々たりしは諸君の確知せらるる所なり

京都実業協会は一八九一年四月にできた京都市内の商工業者の組織である。疏水工事による便益を「実に微々たり」とこの組織が指摘する工事に対する冷めた空気、効果を疑問視する見方は、京都市中に大きく広がっていたのである。なぜか。

第一は、工事の完成時である一八九〇年を前後する時期は空前の不景気の時期であった。一八八九年には近畿の各河川の氾濫により、米の減収、そして米価の高騰がおきる。この結果、京都市民の間には、疏水の継続事業である鴨川運河について、「これ以上の工事はしばらく延期したほうがいい」という民力休養論が広がっていた。

第二に、琵琶湖疏水の効果は完成二年後も見えなかった。動力は電気に切り換わった。しかし、蹴上に発電所ができて稼動するのが一八九一年一一月である。この発電所ははじめは直流式で、遠くに送電できない。送電可能なのは約一キロ程度の範囲である。遠くまで送電できるようになるのは一八九四年、交流式の発電機が導入されてからである。第三に、すでに京都市歴史資料館の小林丈広氏が指摘（「都市名望家の形成と条件」『ヒストリア』一四五号）しているように、この時期京都市の地域開発は、鴨川の東に集中し、そのことに対するそれ以外の地域からの批判が沸き興っていた。一八八八年の鴨東地域の市域拡大、琵琶湖疏水、鴨川運河、第三高等中学校（後の京都大学）、帝国京都博物館設置計画や円山公園拡張の動きなど、この時期の地域開発は明らかに鴨川の東に集中していた。第四に、鉄道との比較で、鴨川運河の舟運の効能を疑問視する声もあった。

　この結果、鴨川運河は、工事開始―工事延期―市会での中止決議―工事再着工と迷走する。一八九二年一一月工事再着工になるのは、この年第四回内国勧業博覧会の誘致の動きが登場し、いったん内務大臣の許可を得た鴨川運河が中止になれば、大阪との内国勧業博覧会の誘致合戦に悪影響を与えるという外的要因があったためである。

　琵琶湖疏水については、その効能の評価も含めてまだ論点は多数ある。

【図版】鴨川運河の仁王門放水口。手前は鴨川（大正初期、写真提供・京都市水道局）。

# 北垣国道と京都府市政

高久嶺之介

北垣国道は、琵琶湖疏水を実現した京都府知事として有名である。北垣は、一八八一年（明治一四）一月第三代京都府知事に就任し、約一一年半にわたって府政を担当する。また、一八八九年に京都市が誕生した時、東京・京都・大阪の三府は府知事が市長を兼ねるという制度（市制特例）になり、北垣府知事は京都市長を兼任した。

北垣の府政は、琵琶湖疏水が計画され、工事が着工された明治一〇年代においては、比較的順調に進行する。しかし、琵琶湖疏水が完成した一八九〇年からその二年後の辞職の時期までは、京都における政治対立や地域利害の噴出のため府政（市政）運営にかなり苦労を強いられる。以下その理由を記してみよう。

北垣が京都府知事に就任する二年前に府の議会が誕生し、一八八〇年には府会議員から互選され行政にも関与する常置委員の制度が生まれた。北垣は、府の官僚や正副議長とともにこの常置委員に一定程度依拠しながら行政を進めた。常置委員のほとんどは府会での多数派が占めたから、北垣の府政運営は、府会の多数派協調行政であった。そして、府会での多数派は、田中源太郎・浜岡光哲など一八八九年には京都公民会（以下公民会と略称）という政社に参加した人々であった。京都市会でも公民会が多数を占めた。

また、北垣の行政のうち、商工行政の特徴の一つは、明治一〇年代後半から二〇年代初頭の企業勃興期に、新進実業家等による地元企業の育成を積極的に図ったことである。これらの企業は、京都商工銀行、京都織物会社、京都電燈会社などであったが、役員には、田中や浜岡など公民会に結集した人々が多かった。

琵琶湖疏水が完成した一八九〇年は、その年七月に第一回衆議院議員選挙という政治の季節に突入した時期であった。この選挙では、府下当選者七名中五名が公民会所属であり、かれらは衆議院では非民権系の大成会に所属した。それから一年後の一八九一年秋の京都府会では、衆議院における中央政治の「民党」連合成立の影響もあって非公民会の連合が成立し、公民会員が多数を占めた常置委員に攻撃が集中され、常置委員を守ろうとした北垣に対し「府知事栄転の建議」が第一次会で可決されるという異常事態が出現する（その後北垣が議会閉場を宣言したため議決には至らない）。すでに述べた商工行政も含め、この時期の北垣府政は、公民会癒着行政のように指弾されたのである。ちょうど同じころ、京都市中では前項で述べたように北垣が進めた鴨川運河計画がまさに破綻の直前に至っていた。

このように、北垣の後半の府政（市政）運営は種々の点でうまくいかない。このような中で一八九二年七月、北垣は第四代北海道庁長官に任命され、府知事を退任する。北垣の人物像も含めて北垣府政の全体像を明らかにするのは、私たちの今後の課題である。

【図版】琵琶湖疏水竣工式（一八九〇年四月九日）。当日の式場周辺（現在の京都市左京区冷泉通川端東入ル、京都市水道局疏水事務所付近。写真提供・京都市水道局）。

# 疏水・水道・井戸水

小野芳朗

みやこの水は、びわこの水である。

一九一二年（明治四五）の琵琶湖第二疏水の開通と、市中への水道供給以来、京都の水は琵琶湖の水になった。古来、山紫水明の地として地下水の恩恵を受け、その水質も佳良。量も琵琶湖と同等の地下湖が存在するといわれるこの盆地で、何故、湖の水を延々と引っ張ってきて供給したのだろうか。

きっかけは消化器系伝染病で、明治日本の病の歴史を代表するコレラである。コレラへの都市施設による対応は、内国勧業博覧会開催の一八九五年に起こる。コレラが、水を介して流行することは知られていた。そこで京都は地下水が豊富、佳良だから、市民は水道を買わないだろう。むしろ下水道を完備して市中に溜まる屎尿や下水を排除すれば流行抑制の効果があると、「臨時土木工事事業ニ係ル答申（大澤善助委員長）」が提出される。技術的には、汚水と雨水を分けて排除する分流式下水道が、京都帝国大土木の大藤高彦により提案される。

この答申は、時の京都市長内貴甚三郎により、「京都策二大事業」として実施が画策された。これは、京都駅を基点として烏丸通などの道路拡幅と、それに伴う下水管の埋設を計画したものであった。しかし市会で紛糾する。道路反対派は、市街鉄道をさらに拡げることこそ、都市交通の充実につながるという。主張するのは、琵琶湖第一疏水（一八九〇年）による水力発電をもとにした電力会社及び鉄道会社を持つ新興資本家グループであった。結局、内貴の提案は廃案となり、道路とセットであった下水道案も消える。

同時期、二大事業と別個に計画されていた第二疏水開削計画が頭角を現す。当初は疏水増量による水力発電増

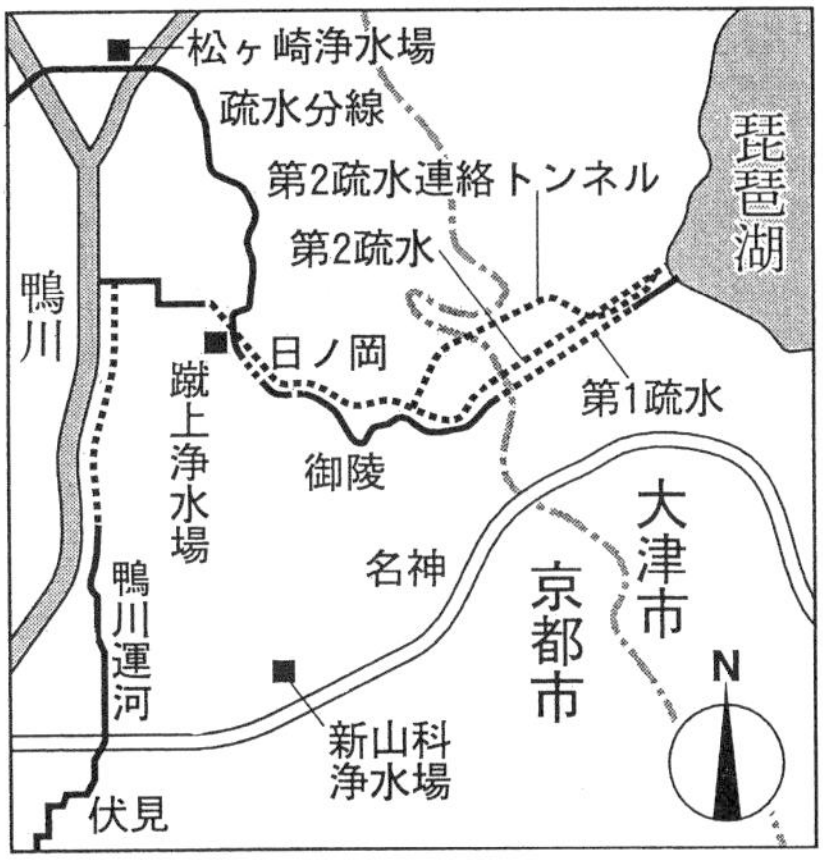


強が目的であった。しかし時を経るにつれて、第二疏水開削願書の目的は、電力に加えて、上水道がはいり、最終バージョンの一九〇二年願書には、上水道、下水溝洗浄、防火、電力の順の目的になった。電力増強よりも衛生上のインフラ建設を優先事項とすることに読める願書に変貌したのである。

このときも市議会は紛糾する。なぜ京都の地下水は十分に飲料できるのに、上水道建設か。東京や大阪とは事情が違う。なぜ下水道の改良を必要だと認めていたのに、上水道建設に転換したのか、等々。当時の市長は西郷菊次郎であった。西郷曰く、これは多目的事業で、上水も電力も皆同時に着手するのが効率的である、と。これは「京都市三大事業」道路・上水・疏水として明治四〇年代に実現する。

当時水道建設は建設費の三分の一が国庫補助金であった。下水道は、ない。加えて水道は水を売る営利産業であったが、下水道は利益にならない。そして電力推進派の存在。かくして京都の水に、ある利害のもとに琵琶湖の水が流れこんできた。市民はどうしたか。お上のいうことやから、しゃあない、水道は買おう。でも飲むのは井戸の水。そして近代水道の建設は、一時期の京都盆地に、地下水と琵琶湖という二つの選択可能な飲料水源をもたらしたのであった。

[図版]　第一、第二疏水と鴨川運行のルート（琵琶湖疏水記念館のパンフレットを元に作成）。

# 円山公園の誕生

丸山　宏

洛東、東山の麓《ふもと》に位置する円山公園は一八八六年（明治一九）一二月に八坂神社、安養寺、長楽寺、双林寺の上地された旧境内地を公園として設置された。総面積は二万二六八坪余り（約六・六九ヘクタール）で、この時点では中央の主要部分に民有地が介在していた。一八八九年四月の特別市制施行後、翌年二月に円山公園は市に移管され、その後、一八九二年、一九〇七年の二度にわたる土地収用によって民有地が買収され、ほぼ現在の円山公園域となる。

京都府三代目の北垣国道知事が一八八一年一月に着任し、京都の復興策が遂行されている時期に円山公園も設定された。ここで留意したいのは琵琶湖疏水事業である。北垣は京都百年の大計として、着任四年後に琵琶湖疏水事業を軌道にのせる。一八八五年六月三日、午前一〇時から八坂神社で疏水起工式を挙行し、引き続き夕刻五時より楼門東の今もある中村楼で宴が盛大に催された。一八九〇年四月に第一期工事が完成し、この疏水を目玉とし京都近代化策が展開する。

翌年の八月、公園整備にも疏水の導水計画が立案される。蹴上から導水し公園内に大滝と噴水を作る計画である。洛東円山はすでに江戸期以来歓楽地となっており、明治以降も例えば一八七九年に也阿弥《やあみ》ホテルが設けられ、京都来遊の外国人専用ホテルとなっていた。当時外国人の内地旅行は制限されており、来京する外国人はいわば賓客であった。また、一八七三年八月には明石博高《ひろあきら》により温泉療養を目的に人工鉱泉の円山温泉（吉水温泉）が開設されている。円山の諸坊は江戸期から書画骨董会・茶会・盆栽展等が催され、宴席としても利用されていた。

北垣はこの地を京都の「顔」として整備しようとしていたのではないだろうか。

円山公園が実現した背景には一代目の槇村正直知事在任中の一八七九年一二月に旧境内地の大半が「名所地」として官有地（国有地）に組み入れられていたことが指摘できる。一八八六年時での公園域はこの名所地と安養寺、長楽寺、双林寺等々の各境内地を合算したものである。北垣はまず官有地の市への移管を実現させたのである。また、一八九一年には公園地の北隣の元知恩院所有の桜馬場官林の譲渡を大阪大林区署と掛け合い、築地塀の撤去を目論んでいる。さらに翌年の土地収用法の適用は円山公園整備に対する北垣の強権と執念を感じさせる。公園地獲得に土地収用法を適用させるというのは異例のことである。

北垣知事転出後もこの土地収用は後任の千田貞暁知事に引き継がれる。一九〇七年の第二次土地収用は前年の也阿弥ホテルの火災を契機に行われた。ようやく今日ある公園域を獲得する。この機に京都市は円山公園改良計画案を京都高等工芸学校（現・京都工芸繊維大学）教授の武田五一に依頼し、一九一〇年の夏に道路拡張案等の計画案がほぼできあがる。庭園部分の施工はひとまわり年長の庭師小川治兵衛（植治）に全幅の信頼をもってまかせた。円山公園改良工事は一九一三年四月着工、翌年の三月に完了する。庭園には植治の得意とする渓流がデザインされ、その水源は一九一一年三月に完成した第二疏水にもとめた。

【図版】『印刷雑誌』第一巻第一一号（一八九一年一二月二八日発行）に掲載された「京都圓山全景」。左端に也阿弥ホテルの看板、中央にはその他の元安養寺六阿弥の諸楼や、金閣を模した吉水温泉の三層の建物が見える。

# 北垣国道の新市街計画

伊従　勉

京都が近代都市へ脱皮するには、既成市街の狭隘な道路を拡幅し、郊外にも幹線道路網を整備する大業が控えていた。しかし、馬車や人力車そして馬車鉄道（後に電気鉄道）の行き交う目抜き通りの必要は、琵琶湖疏水の工事が進捗する京都にあっても自明ではなかった。以後、道路網計画はどのように発案され、あるいは挫折し、あるいは実現してきたのか、これから数回（32頁以降参照）に分け、歴史都市の道路の近代を考えてみよう。

主要街路拡幅の必要は、一八八五年（明治一八）に検討が始まり八九年五月に告示された東京市区改正設計の方法が地方にもようやく伝わる。京都にも市区改正（道路拡幅）が必要なことは北垣知事が痛感するところであったが、人家の立て込む旧市街を避け、疏水を開鑿している新市街（現在の岡崎公園一帯）でまずそのモデルを示そうとした。今日でもそうだが旧市街の道幅は二間（一間は約一・八メートル）ほど、四間あればまだよいほうであった。

将来を見越した新市街計画を知事自らが訴えるため壇上に立つのは八九年九月一〇日の臨時市部会。北垣自ら議案を説明することは異例中の異例。すでに吏員による「新市街道路取調」が六月から始まっており、幅一〇間の一等道路を岡崎に六本通す案が検討されていたが、吏員が東京の街路計画を視察した結果、馬車鉄道を通す一等道路については一二間幅二本に変更した市会諮問案ができ上がる。東京では一等一類から二等までの主要幹線の道路幅が二〇間から一二間幅であったから、その下の値を採用したわけだ。

しかし、一〇日の市部会では審議未了、議員九名からなる諮問案調査委員会が組織され、四日後、一等道路を一〇間幅に削った修正案が出される。電気軌道を敷くギリギリの幅であった。知事や商業会議所会頭浜岡光哲を始め、田辺朔郎と共に米国都市を視察した、後に京都電気鉄道会社社長となる高木文平が、電気軌道を敷設できない八間幅以下は、将来に禍根を残すことを縷々説得したが、車道幅を軌道と込みで考え八間幅に一等道路を削る再修正案が可決された。後に、軌道内の諸車人間に電車接近を告げる告知人が街路を走る理由の一端は、ここにある。

皮肉なことに、北垣が京都を去ってすぐに始まる九五年の第四回内国勧業博覧会へ向けた事業として、会場の新市街と七条駅とを結ぶ電気鉄道敷設と道路拡幅が旧市街でも行われる。しかし道路幅は四間から五間に止まった。北垣や高木の心配が現実となったのである。早晩本格的な街路整備に取り組まざるをえなくなる。

新市街地に生まれた新道を確認しておこう。疏水沿いの七間道路と三条粟田口から北上する博覧会進入路はさすがに一等八間幅、三条から黒谷参道に至る広道が一等六間幅、熊野神社から広道へ至る東丸太町通と仁王門から古川町へ抜ける三等四間道路などであった。

南北の一等街路、熊野神社西側から田中へ向かう計画路線（右図中、吉田山と鴨川の間の中央の南北路線）は、博覧会の年、細いながらも一部分実現したことは意外に知られていない。当時はいまだ存在しない現在の東大路より一筋西側、丸太町〜二条間の南北小路である。

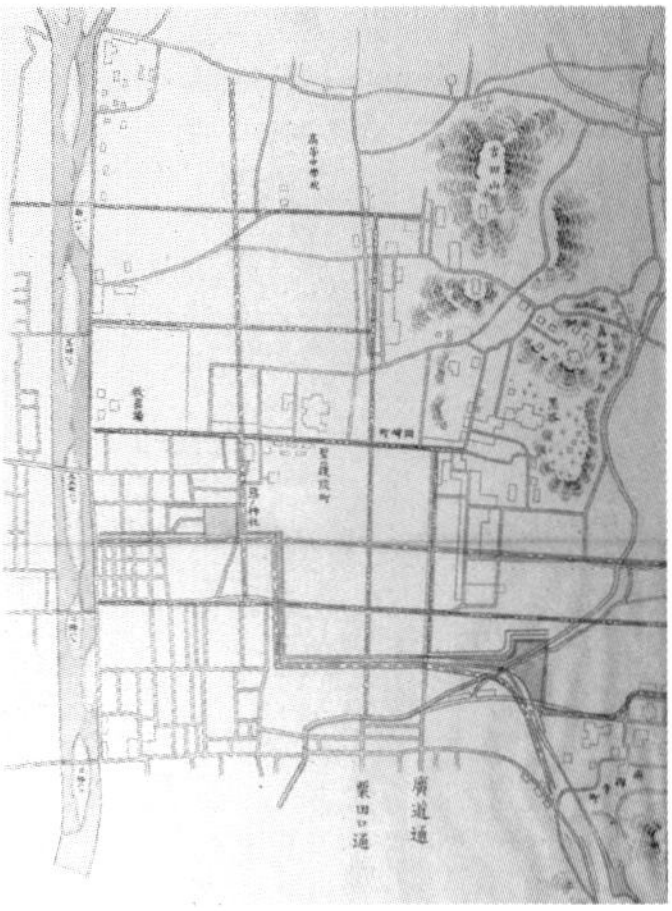

［図版］幅四間で一八九五年までに一部実現した旧一等南北路線の現状（現在の橋は一九二三年竣工。一八九五年当時は聖護院橋と呼ばれた。奥の木立は熊野神社）。右は北垣知事の新市街諮問案（明治二二年度京都府臨時市部会決議録）部分。

# 三大事業の時代

鈴木栄樹

## 外国人向ホテルの開業

一八九九年（明治三二）は、いわゆる内地雑居が始まった年である。幕末に諸外国と結ばれた不平等条約のうち、治外法権の撤廃が実現したかわりに、外国人の国内旅行・居住などへの制約が取り払われることになった。日本の第二の「開国」と言ってもよい。これにより、外国人観光客の誘致、ということが京都市の繁栄策の一項目につけ加えられることになった。

京都市では、その前年に東京・大阪両市とともに市制特例が廃された。京都市の初代市長に選ばれたのは、地元出身の内貴甚三郎である。一九〇〇年六月の市会で、内貴市長は自らの雄大な「京都策」を明らかにしたが、その中に次のくだりがあった――「京都東山の風致は京都が日本の公園たる実質を備ふるものにて、この風致を益々優美ならしむると否とは大いに京都の繁栄策に関係を持つものにて、外人が京都に来る主眼は風致にあり、名所旧蹟にあり、しかしてそれら外人は日本に来ると云ふよりも寧《むし》ろ京都に来ると云《い》ふを至当とするくらい」である、と。

ところで、外国人観光客の誘致ということになると、さしあたって問題になるのが宿泊施設である。この内貴の演説からまもない八月に、都ホテル（現在のウエスティン都ホテル京都）が開業した。これにより京都のホテル業界は、現在の円山公園内にあった也阿弥《やあみ》ホテル（京都最初のホテルとして一八八一年に開業）と京都ホテル（一八九〇年に常盤ホテルとして開業、現在の京都ホテルオークラ）との鼎立時代にはいった。しかし、いずれも外国人向けのホテルとして十分なものとは言えなかった。

一九〇六年四月一八日、也阿弥ホテルが火災をおこした。外国人を含む宿泊客に死傷者はでなかったものの、一八九九年の火災後に新築した建物を焼失した。也阿弥ホテルは、その後、当局より再建を許されることなく、京都のホテル業界からその名を消すに至る。

それからまもない五月八日付の『京都日出新聞』紙上に古愚子（宮野孝吉）記者の「ホテル市営論」が掲載された。それには「外人の我国に来る者、必ず一度、我京都に入らざるはなく、京都は実にお客商売主義の中心なりと云ふも決して過言にあらざるなり」として、とくに京都三ホテルの一つである也阿弥ホテルが焼失したため多数の外国人客が不便を感じつつある折柄でもあり、とりわけ「一大完全のホテルを建設する」ことは急務中の急務であると主張する。そして、ホテル業は営利事業であると同時に「一種の公共的事業」であり、外国人観光客の頻繁な出入りは直接的にも間接的にも京都市の繁栄を増進するものであり、「ホテルの収益位は犠牲に供するの覚悟なかる可らざる」として、その市営を唱えていた。

宮野は、日露戦争による多額の外債負担という国家的状況に対して、外国人観光による外貨獲得を構想し、そのための設備充実の一環としてホテル市営論を説くのである。その意味では、この年から始動した「三大事業」中の水利・水道・電気鉄道などの市営事業が外債の償還のための収益と直接リンクしていたのとは趣を異にしていたが、「市営」ということが、都市のキーワードになりつつあった時代の一面を示すものと言えよう。

【図版】円山也阿弥ホテル（長崎大学附属図書館所蔵）。

## 三大事業の名の由来

いわゆる「三大事業」というと、第二琵琶湖疏水の開削、上水道の敷設、そして道路の拡築と市電の敷設とを指すと説明される。しかし、素直に考えてみると、これらは事業として四つではないか。あるいはまた発電事業を加えるならば五つであるし、道路の拡築と市電敷設の組み合わせと同様に、疏水と上水道・発電をセットにするならば、「二大事業」と称してもよさそうなものである。それらをあえて「三大事業」と呼ぶのはどうしてなのか、そんな疑問がわいてはこないだろうか。

実際、事業竣工後の一九一四年（大正三）に刊行された『京都市三大事業誌　道路拡築編』は次のように述べている――道路拡築と軌道敷設とは竣工後にみればほとんど区別することができないが、事業の認可および工事施工の認可等に関する官庁への申請手続は明確に二つに分かれ、また電気事業も主務官庁が異なるため、やはり独立事業のようである、それ故にこれらは上中下の三節に分けて編集する、と。

実は、一九〇六年（明治三九）三月、西郷菊次郎市長が、市会において次年度予算と関わって施政方針を披露した際「第二疏水・上水・道路拡張、この三大事業を施設せんと欲し、諸君の御賛同を仰がんとす」と述べたように、この時点では、西郷市長の言うところの「三大事業」には電気鉄道（あるいは電灯）の市営は含まれていなかった。その後、まもなく市電敷設が加わるが、「三大事業」という表現が変えられることはなかった。「三」という数字、あるいは「三大」という修飾表現は日本人が好んで用いる。その意味では、「三大事業」は西郷市長時代の都市経営事業をシンボリックに表現したものと考えた方がよさそうである。

ところで先の「三大事業」は、その収益性という観点から考えると、二種類の事業に分かれる。第二琵琶湖疏水の建設も上水道や発電事業とリンクさせてこそ利益を得られるものである。他方、道路拡築もそれ自体としては収益をもたらすものではない。拡築した道路上を走る電気鉄道が市の収益となるのである。先の施政方針のなかで、電灯・電鉄の市営を第二疏水完成後に実行する方がよいとしていた西郷市長は「電気鉄道及電灯ヲ市有ト

スレバ、将来市債ヲ起ス上ニ付テモ利益ナリ」とも述べていた。事業の財源を外債に頼ろうとすれば、投資した費用を長期的にではあれ回収しうるようなプランが求められるのである。

西郷市長が市会で「三大事業」について述べた当時、すなわち一九〇六年二月から八月にかけて、道路拡築に関する府市共同の調査委員会の会合がもたれていた。その会合のなかで、西郷市長は、公債を募集して道路拡築の財源とすること、公債の償還には市電の敷設による収入をあてることを提案し、容れられたという。市電敷設プランは外債との関係で急速に「三大事業」に組み込まれることになったのである。

また道路拡築は、当初は下水道敷設と組み合わせて企画されていたものの、西郷市長の時代になって、下水道敷設よりも上水道敷設が優先されることになった。こうして日露戦争勝利の翌年、西郷菊次郎市長の時代において、「三大事業」は、具体的・現実的なプランとして、その形を整えることになった。

[図版]　三大事業の遂行資金捻出のため発行された外債（京都市歴史資料館所蔵『京都市政史』下巻より転載）。

## 上水が先か、下水が先か

「三大事業」には、第二琵琶湖疏水工事と上水道敷設とが含まれるが、実は、当初は道路の拡築と下水道敷設とが組み合わされ、上水道の敷設はむしろその後の問題とされていた。

たとえば、一八九九年（明治三二）一〇月に内貴甚三郎市長宛に出された臨時土木調査委員会の答申は、伝染病など衛生上の有害要因を除くためには、「上下水改良工事を施すを以てその最たるもの」とし、上水敷設については、「下水を後にして先づこれが工事を起こすの有力なる必要を発見する能《あた》はず」とまで述べ、その緊要性を認めていなかった。

また、翌一九〇〇年六月、内貴市長は市会において、下水事業の早急な起工を望むと述べ、また下水や道路拡築を「都会の設備として必要欠くべからざるもの」であると語っていた。下水問題についてのこうした見方は、当時としてはかなり一般的であった。同じ時期に書かれた幸田露伴『一国の首都』も「悪水排泄方法の完備の必要は、衛生上むしろ飲用水供給の方法の完備の必要よりも必要」と述べ、「不浄物排除の方法にして具備せざれば、都会の清潔と健康とは保つべからず、一切の荘厳をも美麗をも破壊し尽して、地獄の形相を直に目前に現出すべき也」と言いきっていた。内貴も露伴も下水問題を都会との関わりで語っていたように、当時、下水道の完備は都市の文明化の水準を表すものと認識されていたのである。

さらに、いみじくも二〇〇三年春以来のＳＡＲＳ（重症急性呼吸器症候群）問題が明らかにしたように、衛生の問題は、観光や貿易の問題ともストレートに結びつく。先の市会の場で、東枝吉兵衛議員は「世界の楽園」と言われる京都の名声を高め、産業の興隆を望むには、「多数の顧客を誘引するの計画」が必要であり、そのためには、「土地の健康を計るを以てその第一要義」であるとし、前年の神戸・大阪でのペストの発生が貿易上の莫大な損害をもたらしたことに注意を促してもいた。

しかし、東枝が、「上下水の改良をなさざる地はちょうど基礎なき所に建てられたる家屋と同様」と語ったように、また、一九〇〇年のパリ万博を機に欧州諸都市を視察した大槻龍治助役が報告書のなかで、上下水と道路拡

築とを京都市における緊要な施設としていたように、上水道敷設の意義も軽視されていたわけではなかった。そして一九〇六年、西郷菊次郎市長は、「三大事業」計画に関わって、「前後の問題としては上水を先にし、下水を後にするが当然なり」と断言するに至る。その理由は、上水は飲料水として重要であるのみならず、市民の労力と費用との節約に通じるということであった。

この時期、下水道の意義が強調された割には、明治期に下水道敷設を実施した都市は、東京のほか大阪・仙台・広島・名古屋などの数都市にすぎない。下肥としての人糞尿には経済的価値があったこと、コレラやペストなどの病原菌の発見により上水の殺菌消毒が衛生上から重視されるようになったことなどいくつかの理由が挙げられる。しかし、こうした一般的な理由とともに、財源を外債に依存せざるをえなかった「三大事業」にあっては、疏水・上水道・道路拡築という組み合せが、効率性からも収益性からも合理的であるとの西郷市長の判断があったのではないだろうか。

〔図版〕　完成した蹴上浄水場の全景（一九一二年）。手前は発電所水槽と洗堰（写真提供・京都市水道局）。

# 京都―宮津間車道

高久嶺之介

琵琶湖疏水工事で有名な第三代京都府知事北垣国道が、一八八一年（明治一四）に赴任後最初に行なう大土木工事が京都宮津間車道開鑿工事である。ただし、この車道開鑿は北垣の発案ではない。前年七月、京都府会は全会一致で京都から宮津に達する車道開鑿議案を府会に下付するよう槇村正直知事に請願するが、槇村は「聞き届けがたい」とそれを拒否していた。一八八一年一月、知事が槇村から北垣に代わり、五月に京都府会が同様の要請をした時、北垣府政はそれを受け入れたのである。

当時、宮津は日本海の良港として有名であったし、京都市中と丹波・丹後の物資の移動を円滑にすることは、とりわけ丹波・丹後の人々の悲願であった。車道とは、乗馬車、荷積馬車、人力車、牛車など明治になって増大した諸車の通る道である。全国の諸車数は、一八七五年には約二三万台であったが、一八八七年には約七九万台に増えていた。これらの車が楽に通れる道にするためには、道幅をある程度均一化し、広げるとともに、峠は可能な限り迂回し、それが不可能な場合には峻坂《しゅんばん》を切り下げるかトンネルにし、すべての河川に架橋することが必要であった。当時、丹波・丹後への道である山陰道や宮津道の道幅は、三間（一間は約一・八メートル）の広いところもあるが、二間の地域が多く普甲《ふこう》峠などは一間の道であった。また、この丹波・丹後への道は、大枝峠（老《おい》ノ坂）や観音峠や普甲峠など厳しい山道・峠道の連続であった。

**路線の確定**

計画確定以前に想定されていた車道の路線は、京都の七条大宮を起点に、乙訓郡大枝《おおえ》村（現・京都市西京区）・南桑田郡亀岡町・船井郡八木村・須知《しゅうち》村・天田郡福知山町まで山陰道の道を通り、加佐郡河守《こうもり》町（現・大江町）

から普甲峠を越えて宮津町に達する三〇里二五町余の道であった。しかし、一八八一年度府会で確定した路線は河守町より岡田由里村《おかだゆり》（現・舞鶴市）へ、そして海岸沿いの由良村《ゆら》（現・宮津市）・与謝郡栗田村《くんだ》を経て宮津に達するという路線（三四里五町余、約一三九キロ）に変更される。これは河守町から宮津町への道の途中にある普甲峠があまりに険しい坂であり、多額の費用がかかることが予想されたからである。ただし、車道路線をめぐっては、①宮津町市街の人々からは岡田山里—西方寺《さいほうじ》—山中—皆原《かいばら》各村を経て宮津に達する路線、②舞鶴市街の人々からは福知山・綾部を経て舞鶴を通り宮津に達する路線、③中・竹野・熊野・与謝郡の一部の人々からは河守町から天座村《あまざ》（現・福知山市）を経て与謝峠を開鑿し、加悦谷《かやだに》から宮津に達する路線、などの多様な要望があった。

結局、由良—栗田—宮津の路線が決定し、工事が開始されるのは一八八二年一月である。

〔図版〕　普甲峠の旧道には現在も石畳が残り、文化庁の「全国歴史の道100選」に選定されている（写真提供＝宮津市教育委員会）

### 工事費負担の内訳

京都宮津間車道工事は、当初は五年間で一七万五千円余の費用の予定であった。しかし、工事は長引き、最終的に一八八九年（明治二二）八月の完成時まで八年間で三一万八千円余の費用になった。この費用の収入内訳は、国庫補助金八万円（二五％）、地方税（京都府支出）二〇万円余（六三％）、

寄付金三万七千円余（一二％）であった。国庫補助金は、京都府会の要請をもとに、一八八二年と八七年の二度にわたって北垣府知事の政治力により勝ち得たもので、一八八二年のものは全国でも最も早い時期の道路に対する国庫補助金であった。寄付金については、北垣が三〇〇円を寄付し、さらに京都府は京都市中の上下京区長、府下郡部の郡長に寄付金応募を内達した。また、各郡でも寄付金が募集され、与謝郡では郡長・郡書記・有力者らの献金が与謝郡内工事を対象に集められた。宮津市街では、車道の最終地点（宮津元標）である大手橋の新造のため七一〇円余（大手橋工費の四五％）の寄付金が集められた。また、沿道の各郡各村では大規模な人夫提供も行なわれた。

難工事の場所は、山城から丹波への入口である沓掛村―王子村間の大枝峠（老ノ坂）、園部町―須知村間の観音峠、現宮津市域にあたる上司《じょうし》町―波路《はじ》村間の栗田峠などである。大枝峠と栗田峠にはトンネルが掘られた。老ノ坂トンネルは全工程中最大の工費（三万九千円余）がつぎ込まれた。また、栗田トンネルの工事は車道開鑿の二年前から地元で進められていた栗田峠の切り下げ工事を京都府が組み込み、トンネルに切り替えての工事であった。

**車道の幅員**

京都宮津間車道で造られた道は、ほぼ三間の道幅、広いところで四間ほどであったようである。これは土地収用などの費用のためそれ以上の道幅が不可能という京都府当局の判断があったためである。当時、京都市内では三条通と寺町通の道幅が最も広く、最大で四間ほどで、千本通などは広いところで三間ほどであった。今日一〇メートル以上の道を見慣れている我々には隔世の感があるが、京都宮津間車道の三間幅は当時の常識では広かったのである。現在の史料状況の制約により、京都―宮津間の従来の道がどのようにして車道に生まれ変わったかがすべてわかるわけではない。しかし、狭い山道・峠道が車の通るトンネルや切り下げ道になり、格段に便利になったことはまちがいない。それまで京都から宮津まで二泊三日かかった陸路が、馬車で一泊と半日になり、一八九三年には一日で行ける馬車営業が開始された。

なお、車道工事起工時、丹波・丹後への鉄道の計画はない。丹波・丹後への鉄道計画が起きてくるのは車道完成の数年後である。

【図版】 現在の栗田トンネル（左）と栗田トンネルの波路側にある「隧道開鑿首唱者売間九兵衛翁之碑」。売間は栗田峠の切り下げ計画を明治一〇年代初頭に打ち上げた。石碑は一九〇九年（明治四二）九月、宮津町・栗田村・城東村の沿道運送業者の寄付によって設立された。

# 循環街路の誕生

伊従　勉

全市街に及ぶ道路網計画は、北垣府知事にも発想がなかった。内貴甚三郎市長（在任一八九八〜一九〇四年）の時代に案が登場する。一八九七年（明治三〇）ごろより検討の始まった旧市街の道路拡幅（当時は「拡築」と呼んだ）と下水設置計画について、市長は一九〇〇年六月の市会で、鞍馬口から七条までの烏丸通拡幅案を審議に掛け、同時に東西南北の三路線ずつの拡幅事業を私案として開陳した。北から鞍馬口、御池、七条通。東から川端、烏丸、千本通の六本、しかし実現はしない。

以後一〇年、旧来のままの市街に電鉄敷設が先行する。九五年の内国博覧会に際して会場と七条駅、北野と会場との間に電車を走らせた京都電気鉄道会社が、狭軌の単線鉄道網を道幅の狭い市街地に張り巡らせようとした。七条駅から西洞院（一九〇五年開通）、堀川（一九〇一年）を北上し北野に向かう北野線を西廻り、木屋町から二条を経て寺町を北上し出町に至るもの（同年）を東廻り線と呼び、これら二本の南北線を綾小路、万寿寺あるいは五条通を介して結ぼうとする許可申請が、〇九年以降次々に出されるが実現しない。本格的な主要道路の拡幅は、博覧会から一三年たってようやく始まる。

明治末の三大事業のひとつ、道路拡幅と広軌複線電気軌道の敷設事業である。事業誌によれば、一九〇六年に設けられた中山府内務部長、川村市助役、石田府土木課長、井上市土木課長、そして田辺（朔郎）顧問からなる委員会が路線選択を行い、年末の市会審議にかけられた。当初案は、東西線として今出川、丸太町、御池、四条、七条を挙げ、南北線として、東山、大和大路、烏丸、千本大宮の合計九路線としていた。拡幅道路には広軌の複

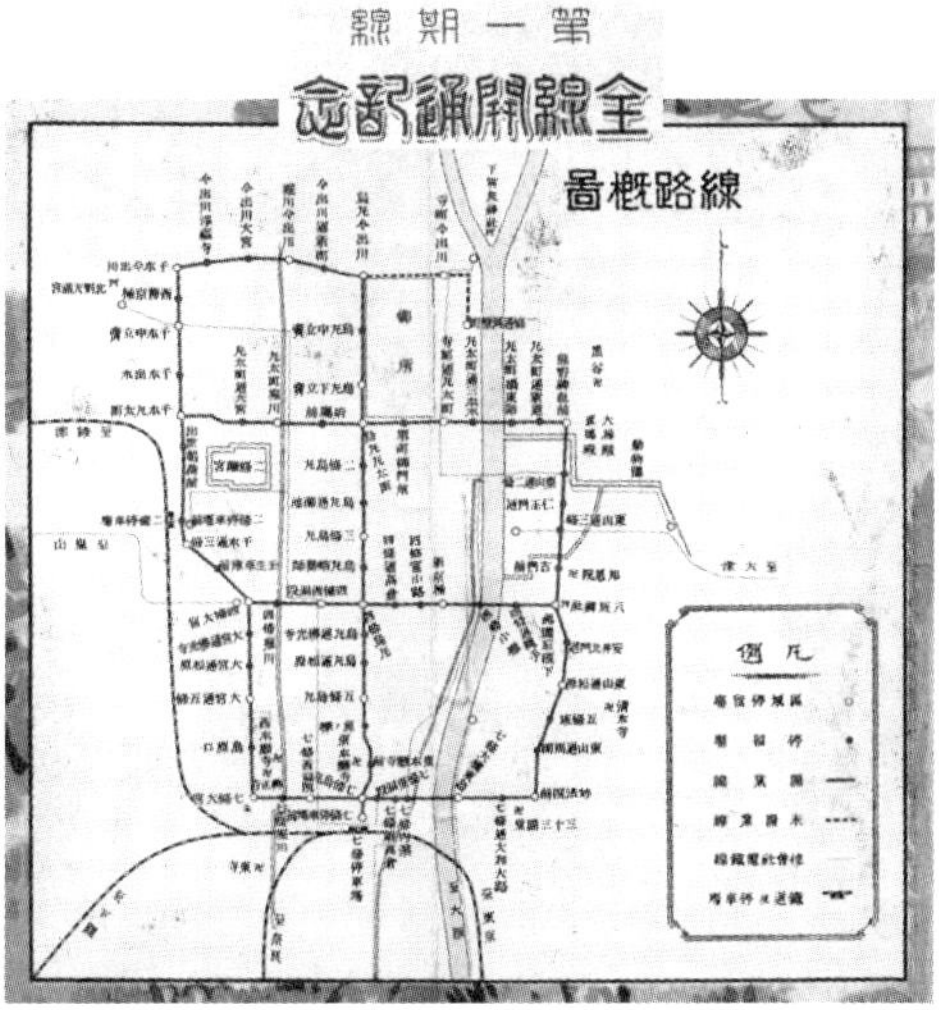


線電気軌道を敷設し、幅は一五間から八間まで多様だが、北垣構想の一等道路がようやく実現することになった。

財源は外債。償還は敷設される電気鉄道と上水道の利用収入その他に負う予定であった。繁華な場所に軌道を敷設すればそれだけ収入は多く見込める。市会の議論では、議員たちは市街の複数街路を拡幅することをもって初めて市区改正が達成できると主張した。しかし繁華街に何本も路線を開くことは、用地買収の費用がかさみ、外債発行能力を越えてしまう。最終的に、四条と烏丸という市街中心を東西南北に貫く路線をとり、他の大和大路、御池、寺町は後日拡幅する第二期線として見送られた。一九一三年に市電気軌道事務所が発行した全線開通案内パンフレットに「第一期線全線開通記念」（右図）とあるのは、拡幅と軌道敷設の未完をいうためである。

ところで、この計画の特徴は、議員たちの批判にもかかわらず、縦横貫線のほかに「町外れ」を囲う市街循環線を初めて導入した点にある。千本大宮線南部、東山線北部はいまだ人家が少なかった。南北縦貫線が大和大路しかなかった東山に新道を通した意義も大きい。これも、わずかに実現しただけに終わった北垣知事の新市街道路計画の精神に倣ったものと言えよう。しかし、千本大宮線は人家のない三条以南に異例の斜めの新道を導入し、しかも循環線の北東部は欠けていたのである。

［図版］一九一三年八月京都市電気軌道事務所発行の電気軌道第一期線全線開通記念「線路概図」。ただし、表題と路線図を合成してある。循環線のうち烏丸以東の今出川一条路線が欠けて開通した。その理由は、次項参照。

# 東北の欠けた循環街路

伊従　勉

京都初の近代的道路事業に先鞭をつけたはずの鴨東の吉田地区で、明治末の市街循環線の電鉄敷設が一時頓挫したことには訳がある。それは、内国博覧会終了後にこの地で始まる京都帝国大学設置との関係である。ところで、当時計画された市街循環線の東北部とは、今日の出町以東百万遍までの今出川通ではない。また、出町柳から百万遍に至る旧道でもない。

一九〇七年（明治四〇）六月に市参事会から内務大臣に出された「電気鉄道敷設特許申請」において、それは、東山線の始点吉田牛ノ宮（今日の東一条）から西進し鴨川に新たに架ける木造の橋を渡り河原町梶井町に至り右折、河原町通を北進し出町青竜町にて左折、今出川を西進し千本通に至る「今出川―河原町―新一条」線であったことが分かる。

河原町通が登場するのはこの部分だけで、将来の南北貫通の河原町通は、この時点では全く構想されていない。東山線の起点は、吉田牛ノ宮すなわち東一条に設定されていた。つまり東北部は折れ曲がっていたのである。

ところが、翌〇八年二月に内務大臣原敬が許可した電鉄敷設路線（前項参照）には、上記の「東北の循環線」部分、つまり聖護院山王（今日の熊野）から吉田牛ノ宮（東一条）、左折西進して鴨川渡河、河原町梶井町までの区間が除かれていた。一体何があったのか。

不許可の原因は、帝国大学理工科物理教室（当時、東一条に近い側に位置）で使用される電流計に電気鉄道が障害を与え、授業及び研究に妨害がある、ということであった。市参事会から電鉄敷設許可申請が出される前年

の一〇月に、すでに帝国大学総長木下廣次は文部省からの同問題についての照会に対し、次のように答えていた。交通機関と大学の事業の両立を図るため百方考慮を尽くしたが、物理学教室を理工科大学の諸教室から分離して単独に遠隔の地に移転することは到底不可能である、とのことであった。技術的にいうと、電流計に影響を与えないためには「複線架空式電気鉄道は、該教室より三〇〇米《メートル》以外に限り敷設する」必要があったが、物理教室の移動は二八年まで不可能であったから、東一条に電鉄を通すことは許可されなかった。東山線の起点も熊野に移されてしまったのである。

それでも鴨川端から万里小路までの新一条通を幅六間で開鑿する土地の買収が〇七年中に進んでいた。電鉄敷設を見越して川端から万里小路までさらに二間を拡げ合計八間幅道路にする土地買収予算案が〇八年三月の市会審議に掛けられた。しかし、電鉄敷設は中止された。今日、この地域にしては広い道にみえるが、これが明治末の鴨東市街北辺道路だとは、誰も思わない。

ところで、この新一条通の延長線上の鴨川架橋計画がいまだに計画として生きている。一九二七年二月に認可された京都都市計画街路二等大路第三類第七号線、吉田河原町の鴨川左岸から新架橋を経て河原町通に至る幅員一一メートルの道路計画である。京都市街には、このような計画のままの「遺物」がまだほかにもある。

【図版】市電が通るはずだった明治末の幅八間市街北辺街路「新一条通」の現状。万里小路以西は八間幅だが以東は六間幅のまま放置された。西側の延長線上にある鴨川に橋を架ける計画は、今でも生きている（京都市左京区）。

# 京都市区改正設計

伊従　勉

明治の三大事業で実現した市街循環道路のさらに外側に一九一九年（大正八）に計画される第二次循環線、それが七〇年代まで市電が走っていた北大路—西大路—九条通からなる外周道路である。

明治の道路事業は、市が主体であった。計画を市の理事者（行政官と技師）が立案し、市（部）会の審議にかけた。必要なら市会に議員の調査委員会が設けられて修正決議された。議員も実地踏査を行い、計画内容に修正を迫った。財源も自前。そのため市会では、市長・技師・議員三つどもえの熱い論戦が繰り広げられ、当時の市会議事録は今読んでもおもしろい。

ところが、第二周目の循環街路と放射状街路計画は、内務省主導の市区改正という仕組みで実施された。一九年二月に内務省に設けられた京都市区改正委員会（委員長＝小橋内務次官、委員＝政府委員多数、市長、府知事、府土木課長、学識者、府市会議員、合計二九名）が同年一二月に設計原案を修正決定し内閣が認可した。計画原案は内務省の都市計画課の指導下に市の工務課が準備したが、主導権は内務省にあった。事業執行をするのは市だが、国庫補助は三分の一で残りは市が捻出、市会は計画決定後、事業予算についてのみ審議するのは今日と同様。東京にのみ適用されていた市区改正（道路拡幅）の法体制が一八年に六大都市に準用され、内務省に組織されたのが京都市区改正委員会だが、一九年には都市計画法が公布され、都市計画地方委員会制度に移行することが確定していたから、市区改正委員会としては最初で最後であった。

内務省技師山田博愛と市工務課長永田兵三郎らが作成した市区改正原案は、市参事会員や市会議員に何ら知ら

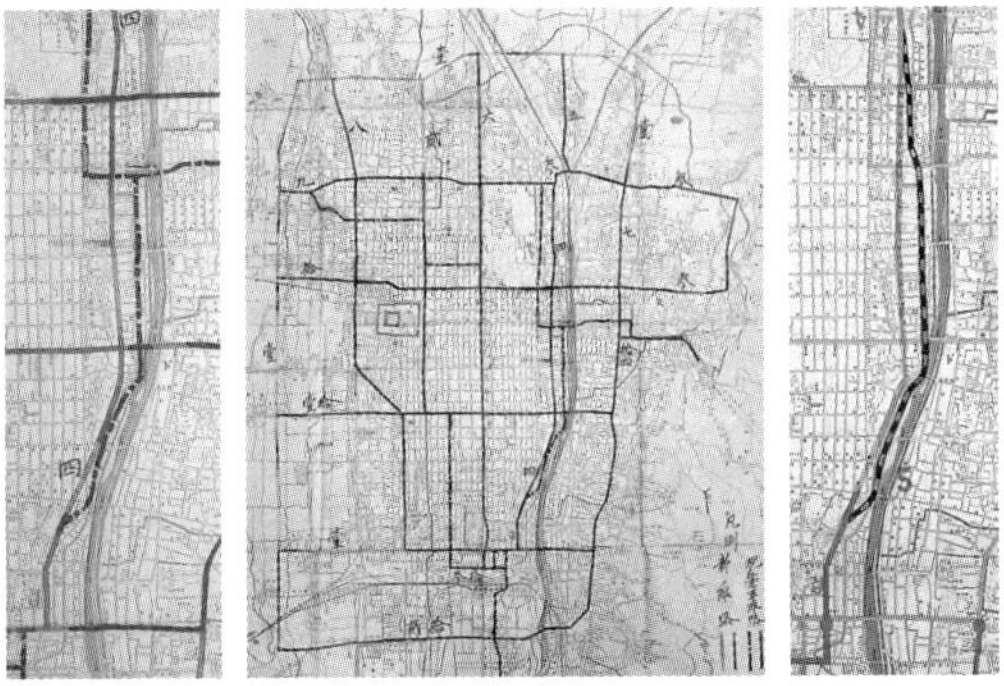

されることなく、二五日の東京での委員会直前の一九日、いきなり工務課長から新聞記者に開示され、市民の知るところとなった。京都側委員も事前に知らなかったようで、委員は急遽二〇日に準備会を開き、二二日に実地踏査を行った。河原町線（原案四号線）と浄土寺線（同三号線）の路線修正、特に河原町線の二条—五条間を木屋町に変更する修正案を西村、内貴、太田、柴田らの委員が唱え始める。委員にこの時点で配布された路線切り取り地図に基づいたと思われる河原町線反対の陳情が、直ちに下京立誠学区、永松学区民から出される。両学区で六〇〇戸が立ち退きを余儀なくされるというのである。

二五日の内務省委員会の席上、逆転が起きた。政府側委員の欠席が多かったため、京都側委員の修正案が可決されたのである。河原町線は木屋町線ルートに変更されたが、高瀬川を暗渠とする計画には、歴史景観を重視する観点が全くなかったため、年明けとともに直ちに問題化する。一月二六日から一〇日間、五〇間（約九〇メートル）の長さに達する六〇〇分の一縮尺の路線切り取り詳細図が市議事堂で縦覧されると、他の浄土寺線、西園寺別邸路線回避問題等とともに反対意見が続々市民から沸き上がり、その後二年半にわたって京都を揺るがす大論戦の火種となったのである。最終的に河原町線が復活するが、これらの事件は、主導権が国に代わった都市計画制度に対抗した京都市と市民の最初の一里塚となった。

【図版】中央は「一九一九年京都市区改正設計原案」（一二月一九日記者会見で公表された）。左は原案の河原町線部分（第四号線、一点鎖線は二条通と木屋町通の廃止対象の電気鉄道）。右は一二月二五～二六日に可決した木屋町線（第五号線）修正案、これは二一年六月の都市計画地方委員会で再修正され、原案が復活する（いずれも個人蔵）。

# 京都の区画整理

中川　理

京都の街路は平安京から続く碁盤の目だ。しかし、その多くの部分は近代に作られたものである。平安京の計画的に作られた都市空間は、造営された直後から廃れていく。現代の京都の街は、平安京が廃れた後の、近世の上京・下京を基盤にしているが、広さはその何倍にも達している。つまり我々は、多くが近代以降に造られた碁盤の目の中に生活している。それを実現させたのが、戦前の土地区画整理事業であったと言ってよい。

郊外地の市街地整備において、もっとも有効な手段として考えられた土地区画整理事業は、わが国においては、一九一九年（大正八）に公布された都市計画法（旧都市計画法）において初めて定められることになった。そこでは、土地所有者らによって任意に実施される私的事業（同法一二条認可）と、施工区域を都市計画として決定する事業（一三条認可）とに分類される。

旧都市計画法に基づいて京都市が実施した土地区画整理は、一三条認可での大規模な事業であった。具体的には、新しく新設される都市計画事業路線に沿って、その両側に路幅の一〇倍に相当する地帯を土地区画整理地区として指定するというものだった。つまり、現在の東大路、西大路、北大路、九条のいわゆる外郭道路、および白川通の一部に沿う形で、ちょうど「C」の字ように、約四二五万坪（約一四〇〇ヘクタール）におよぶ土地区画整理地区が決められたのである。

計画街路建設と区画整理を同時に実現しようとするこの手法はきわめて合理的なものであったが、京都市の独自のアイデアであったわけではない。もともと、旧都市計画法一三条に具体的な事業方法例として定められてい

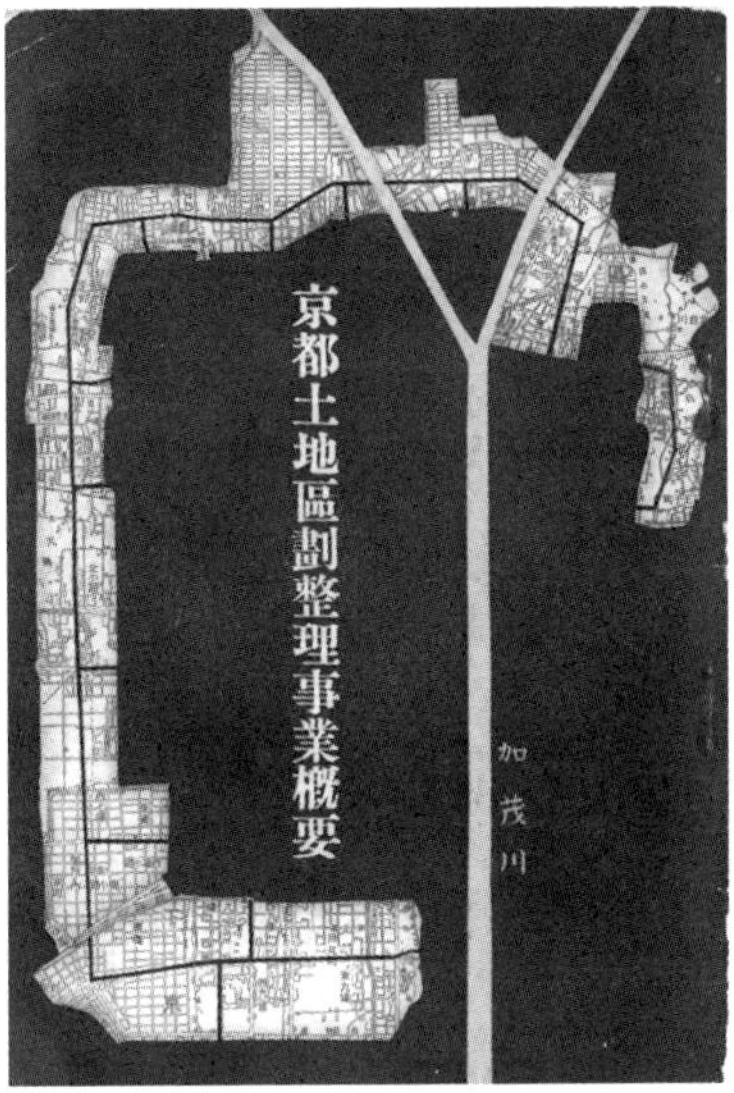


た。しかし、すでに土地区画整理の前身である耕地整理事業が進んでしまっていたり、補償問題や土地所有者の反発などから、他都市ではこの手法が使えないでいた。さらに言えば、そもそも一三条認可による区画整理事業を実現したのも京都市だけであった。都市計画事業であるならば一三条認可による区画整理事業が本来であるはずだが、京都以外の都市では、それが実現できず、一二条認可（私的事業）での実施を余儀なくされていたのだ。

いずれにしても、結果的にこの手法を採用した京都市の土地区画整理事業は、当時として郊外地での土地区画整理事業のモデルとなるべきものとして大きな評価を受けている。もちろん、実際の事業実施では、多くの困難にみまわれている。土地所有者による組合設立がかなわず、京都市による代執行を余儀なくされた地区も多かった。実際に事業の完了は大幅に遅れ、早いところで一九三九年、遅いところでは戦後にまでずれ込んでいる。しかし、この土地区画整理事業によって、京都の郊外市街地化は、虫食い的な開発・混乱から逃れることができたのは事実である。平安京の碁盤の目は、近代に再びよみがえることになったのである。その意味で、この事業は京都市民からも大きく評価されていいはずだ。

〔図版〕『京都土地区画整理事業概要』（一九三五年）の表紙。事業地の範囲がわかる。

# ■まちのイメージと環境

# 「東洋の公園」から「公園都市」へ

伊従　勉

世界の都市の多くは、自画自賛の「自画像」をもっている。プライドと希望的将来像を交えたセルフ・イメージである。例えば、「パリはひとつの森」などといえば、誰しも建物密度の高いパリを皮肉った文句かと思うだろうが、意外なことに、一九六五年フランス外務省制作のパリの公園紹介のまじめな短編映画のタイトルである。戦前の京都にも、この種の自画像が数種存在した。

京都の盛衰が、美術と名勝地の盛衰に大いにかかわると見た最初の為政者は、北垣国道府知事であった。平安文化の象徴としての京都イメージの整備は、この北垣時代に始まる（本書「『京都らしさ』と国風文化」参照）。彼の一八八九年（明治二二）の施政演説は、美術と併行して名勝地が「京都固有の財源」と指摘し、それを利用した都市開発（京都策）の道を開く。疏水開鑿にともない岡崎今熊野ほかを市域に取り込んだ別の理由は、「青蓮院から大仏まで」の東山一帯を公園として整備する北垣の腹案にあった。この案は内貴市長に引き継がれるが、実現しない。面白いことは、北垣の時代から、開発賛成派と反対派がともに京都を「東洋の公園」に譬えて論陣を張ったことだ。反対派の雄は福沢諭吉である。「東洋」あるいは「世界の公園」とは、明治後半の京都の自画像であった。

注意すべきは、この「公園」とは今日の公園ではなく、名勝地としての京都ということ。空地としての洋風公園設置の都市衛生学的必要性を理解していたのは、当時の日本では恐らく東京市区改正委員会（一八八八〜一九一九年）の公衆衛生学者たちだけで、地方では旧来の行楽地の模様替えに止まった（丸山宏〔一九九四〕参照）。

当時も今も、社寺の多い京都には公園が不要という主張が根強い。明治期の京都市には円山公園が一八八六年に開園しただけで、その全山への拡張計画は頓挫した。

しかし、この自画像は都市施設（空地）としての公園設置を求める都市計画の時代（一九一九年以降）にはいると描き替えられる。まず名勝地保存が、都市計画区域（一九二二年）、用途地域（一九二四年）、風致地区（一九三〇年）の指定で担保できるかのような期待として登場する。例えば都市計画区域の四〇％を山地に当てた理由を「公園都市たるの特徴を益々発揮せしむる」ものとみた点に、「公園都市」説の登場が確認できる。以後、役人の言葉づかいにしばしば登場するのがこの自画像である。

内務省主導の都市計画は、具体的な公園設置計画を地方都市に求めた。社寺境内が公園を代理する京都の公園説は批判され、京都市は外周道路周辺の土地区画整理事業に伴った児童公園整備を進めたが、周辺部の山地の風致地区が依然として公園の代理をする「公園都市」の構図ができ上がった一九四〇年（昭和一五）、すでに戦時下の空襲対策が迫ってきた。東京では実施に移された周辺緑地計画は、京都では風致地区指定にとどまったのである。戦後に登場した自画像は全く別のものであった。

【図版】 東山一帯の航空写真（京都新聞社、一九八一年）。華洛一覧図にみるように、江戸期から東山は市街に近い逍遥の地として愛された。近代京都がここに公園設置の狙いを付け、開発を目指したのも当然といえば当然。明治期から鋼索鉄道の設置が数度出願され、戦後東山ドライブウェーとなって開発意志を実現する。

# 柴草山の比叡山

小椋純一

明治のころ、京都周辺の山々には、どのような草木がどのように茂っていたのだろうか。そうした当時の植生景観を知る上で、夏目漱石の『虞美人草』（一九〇七年、明治四〇）も参考になる。

その冒頭部分では、二人の男が比叡山に登る様子が描かれている。そこでは、山を登り始めるときの比叡山は、「萱《かや》ばかりなる山」と表現されている。また、山の中腹では、山麓に白く光り輝く高野川の両側に鮮やかに花を咲かせた菜の花畑が広がる様子などが描かれている。そうした記述から、当時の比叡山の山道付近には、視界を遮るような高い樹木が少なかったことがうかがえる。これら『虞美人草』の記述から、山を登り詰めるまでの比叡山は、当時「草山」あるいは丈の低い樹木からなる「柴山」であったと考えられる。それは、ほとんどが高い木々で覆われ、山道からの展望もままならない今日の比叡山からは想像できない姿である。ただ、それは小説の記述であって、実際の植生はそれとは異なっていたのだろうか。

そのことについては、当時の地形図や文献などから確認することができる。明治中期に作成された「仮製地形図」と一般に呼ばれている地形図は、そのための良い資料の一つである。そこには、すぐには意味の分からない植生記号も一部に見られるが、わずかな面積の竹林や茶園なども詳しく記されている。また、たとえば針葉樹林ではマツ林の他にスギ林やヒノキ林の区分もあるように、これまで日本で作られた地形図では最も詳しく植生の区分がなされている。なお、ただちには分からない植生記号は、『京都府地誌』などの当時の文献の記述との比較から、その意味を知ることができる。

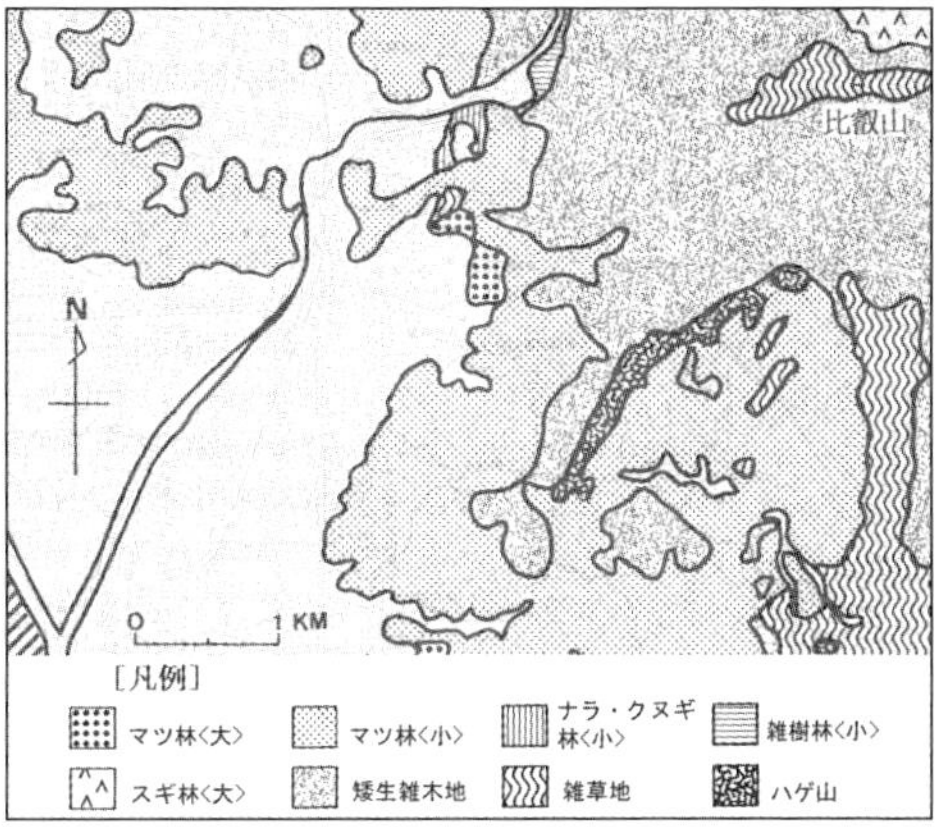


仮製地形図から、当時の比叡山付近の植生図を作ってみると、図のようになる。仮製地形図の測図は、『虞美人草』が書かれる二〇年近く前であるが、そのころも京都側から見える比叡山の大部分は、柴草山であったことがわかる。また、かつて官有地であった比叡山上部については、その付近の当時の具体的な植生が分かる文書も残されている。それによると、京都府側の植生は、高さが二～三尺（約六〇～九〇センチ）のかなり低い柴地であった。

一方、比叡山の山頂部付近は、ススキ草原と考えられる雑草地であった。また、山麓部などにはマツ林〈小〉のところも多かった。山麓部の一部には、修学院離宮の裏山などにマツ林〈大〉の見られるところもあった。なお、マツ林〈小〉は、高さがせいぜい五メートル程度までのマツ林であるが、三メートル前後までのものも珍しくなかったと考えられる。マツ林〈大〉は、マツ林〈小〉よりも高い森林であるが、その面積はわずかであった。当時、マツ林〈大〉の見られたところは、京都周辺では明治初期に上地された旧寺社林が中心であった。また、比叡山中腹の尾根筋の一部などには長くハゲ山の見えるところもあった。

このように、比叡山付近の植生は、明治のころは今とはたいへん大きく異なっていた。しかし、それは決して特別な例ではなく、同様な植生の状況は当時の京都周辺の里山ではどこでも見ることができた。もし当時の人々が現代の比叡山などを見たら、その変貌ぶりにさぞかし驚くことであろう。

【図版】明治中期の東山北部付近の植生（ベースの地図は現在のもの。左下斜線部は旧市街地）。

# 治山と植生

小椋純一

前述したように、明治期には比叡山付近をはじめ京都周辺の里山には、低いアカマツ林や柴草地が広く見られ、また草木のないハゲ山も珍しくないなど、その景観は今日とは大きく異なっていた。それは、かつては草木が燃料などとして欠くことのできない重要な資源であり、長い歴史のある京都周辺では、古くから森林などの植生が酷使されてきた結果と考えられる。文献や絵図類の研究から、同様な里山景観は江戸時代以前からあったことがわかる。

その後、森林の樹高はしだいに高くなり、ハゲ山は消え、また戦後を中心にスギやヒノキの人工林が急増するなど、京都周辺の山々の植生景観は大きく変化することになるが、その変化の原点を探ってゆくと、それは明治期にあったことが明らかになってくる。

京都府政百年の記念事業の一環として作成された『京都府百年の年表』の農林水産編から、植生景観変化に関連があると思われる事項を抽出してみると、明治前期には森林の保護に関するものが多く見られる。その具体的内容としては、森林伐採の制限・禁止、草刈り・採草の制限・禁止、山野への火入れ規制・禁止、砂防などがある。

その年表の記事からは、それぞれの事項についての詳しい内容は分からないが、『京都府布令書』など、その年表の典拠となった文書を見ると、そのほとんどが砂防と関連していることがわかる。つまり、当時の森林保護の背景には、山の樹木が乱伐されることなどにより山が荒れ、土砂が崩落して川が埋もれたり、山に樹木が少ないことにより山に水分が保たれにくくなり洪水や干害が起こりやすくなっていたという問題があった。そのため、山地・山林の保護は急務の課題であり、植樹などの砂防工事によりハゲ山はしだいに減少し、森林の木々も大きくなるところが増えていった。また、山野への火入れ規制・禁止により、火入れにより維持されていた草原が急速に減少することにもなった。

一方、明治初期より奨励されていたスギ・ヒノキの植林は、明治後期になると山野への火入れ制限・禁止などに支えられ、しだいに盛んになっていった。『京都府百年の年表』には、明治二〇年代より、「某郡の某氏がスギ・ヒノキを何万本植栽」といった事項が多く見られるようになる。また、一八九七年（明治三〇）の森林法、一九〇七年（明治四〇）の改正森林法の公布は、その流れをさらに加速した。

こうして、京都府の行政文書などから、砂防やスギ・ヒノキの植林、またそれらにまつわるさまざまな森林保護策が明治期の植生景観変化の背景にあったことがかなり見えてくる。しかし、たとえば明治以降、京都府内の砂防は順調に進み、今ではかつてのハゲ山を見ることもできないが、砂防は江戸時代においても重要な課題であり、さまざまな試みがなされてきた。それが明治以降順調に進んだ背景には、政策や技術的なものだけではなく資源やその輸送をめぐる状況の変化など、近代化に伴うさまざまな変化の影響があったものと考えられる。

［図版］　明治中期の砂防緑化工事の様子。京都府南部、山城町付近と思われる（京都府立総合資料館所蔵『琵琶湖疏水工事写真帖』より）。

# 植生変化で消えた名所

小椋純一

これまで述べてきたように、明治期の京都周辺山地の植生景観は、低いアカマツ林の他に柴草地やハゲ山も見られるなど、今とはたいへん異なるものであった。そのような景観が、その後大きく変化することにより、消えていったと思われる名所がいくつもある。

嵐山の戸難瀬《となせ》の滝も、そのようなかつての名所の一つである。その滝は、かつては多くの和歌や文献に記され、また洛中洛外図など数々の絵画類に描かれるなど、嵐山の重要な名所だった。それは、今も渡月橋の西側から大悲閣道を大堰川に沿ってしばらく歩いた左手の山中にあるが、今ではほとんど忘れられた存在となっている。

戸難瀬の滝のかつての様子については、それについて記された書物などから知ることができる。たとえば、明治後期の『京都名勝記　下』（一九〇三年）には「戸難瀬の滝…（中略）…遠く之を望むに素練《それん》を曳《ひ》くが如し」とある。こうした書物や絵画類などから、戸難瀬の滝はかつては対岸などからも見えていたことが分かる。その時代は和歌などから、少なくとも鎌倉時代までさかのぼると考えられる。

今日、戸難瀬の滝は対岸からはもちろん、近くの山裾の道からも、その主な部分を見ることはできない。対岸から見えなくなっているのは、その滝の付近の木々が大きく鬱蒼と茂っているためである。また、山裾の道から上部が見えなくなっているのは、近年造られた砂防堰堤《えんてい》のためでもあるが、それが造られる前でも、奥の方は鬱蒼とした木々に隠れて見えにくい状況にあった。このように、その滝が今ではほとんど忘れ去られてしまっている大きな原因として、かつてとは大きく変わってしまった植生の状態があるように思われる。

戸難瀬の滝と同様な例は他にいくつもある。如意ケ嶽中腹の楼門の滝もその一つである。大文字山の南方、鹿ケ谷の奥にあり、駒が滝などとも呼ばれていたその滝は、かつては多くの絵図にも描かれ、文献にも登場する。江戸初期の『洛陽名所集』には、その滝は雨の後には必ず流れを増して近づきがたく、遠くからは山半分の大きさにも見えると記されている。これらの記述や、絵図の描写から、その滝の付近にはかつては今とは異なり大きな樹木がなく、遠くからもその滝がよく見えていたことがわかる。その滝が忘れられていったのは、その付近の樹木が大きくなり、大雨の後でも遠くから見えなくなったことが大きな要因と考えられる。

また、左京区市原に明治三〇年代初期まであった「い」の字の送り火が消えることになったのも、その南側にある国有林の樹木がしだいに大きくなり、町から見えなくなったことが関係していると考えられる。このように、明治のころに始まる植生景観の大きな変化は、一部の名所や伝統行事の消失につながることにもなった。

近年、放置された里山に再び人手を加えて再生させようとする動きが強くなってきている。里山の再生は、そこから消えていたチョウや花などの生きものを復活させるが、京都近郊山地では、それによって復活する名所が出てくることになるかもしれない。

[図版]　広重『六十余州名所図会』より「山城あらし山渡月橋」図。

# 無鄰庵の作庭

小野健吉

平安時代以来、庭園文化の中心であった京都は、その地位を明治時代以後も保ち続けた。単に寺社庭園の伝統を墨守したのではない。時代に即した新たな庭園様式を確固たるものにしたのである。そこには、明治の元勲山縣有朋と庭師植治《うえじ》こと小川治兵衛の出会いがあった。

明治新政府および陸軍で重きをなした山縣有朋の最大の趣味は作庭であった。山縣は、明治から大正にかけて、東京、神奈川、京都などに多数の本宅、別邸を営むが、その大半で庭園を設《しつら》えている。このうち、一八七七年（明治一〇）ごろから東京目白に造営した椿山荘《ちんざんそう》の庭園は、自然主義風景式庭園の先駆的かつ代表的なものとして知られる。自然主義風景式庭園とは、見立てや定石を重んじる近世以前の象徴主義風景式庭園とは一線を画し、山村や渓流などの心地よい景観を実物大で写実的に取り入れるデザインを基調としたもので、はじめ明治時代の東京において、新興ブルジョアジーの邸宅の庭園として好まれた様式である。

山縣は、一八九一年、京都木屋町に別邸無鄰庵《むりんあん》を構えるが、これを一年余りで手放し、東山山麓の南禅寺に同名の新たな別邸を構える。山縣が南禅寺無鄰庵の作庭に本格的にかかわるのは、日清戦争終結後の一八九五年から九六年にかけてのこと。そして、山縣の指揮下でこの無鄰庵の実際の作庭に従事したのが植治であった。

無鄰庵作庭にあたっての山縣の構想は、東山山麓の立地を十二分に生かし、滝や小川の配置により東山との有機的な連続性を演出することで、東山を包括する雄大な庭園を創出しようというものであった。植栽では、モミを植え、滝の石組みの隙間にシダを植え、ツツジを岩に張り付くように低く刈り込み、地被には芝を用いること

を求める。山縣の目指したものは、自然主義風景式庭園に他ならない。このような山縣の構想に、それまで伝統的な京都の植木屋としての仕事をしてきた植治は、はじめは戸惑いを隠せなかったようである。しかし、聡明な植治は山縣の構想を瞬く間に理解、それまでに培ってきた技術を駆使して山縣の手足となり、無鄰庵庭園を完成に導く。のみならず、植治は山縣の構想の根底にある庭園観、すなわち自然主義風景式庭園の本質も自家薬籠中のものとするに至るのである。

　無鄰庵の作庭を契機に植治は、南禅寺周辺で對龍山荘《たいりゅうさんそう》、和楽庵、有芳園、碧雲荘《へきうんそう》といった珠玉の庭園群を生み出していく。同時に、それらの施主であった新興有産階級のネットワークを通じて、植治は活躍の場を各地に広げ、自然主義風景式庭園はその時代の庭園の一つの規範となる。無鄰庵における山縣と植治の出会いは、日本の近代庭園史のエポックであった。あわせて、東京の新興ブルジョワジーの好尚であった自然主義風景式庭園が、庭園文化の伝統を持つ「古都」京都での成功を経てはじめて近代庭園の規範としての地位を確立した点もまた看過できない。

【図版】無鄰庵の庭園。東山を借景とし、東から西へ緩やかに傾斜する地勢に渓流を配する。一九四一年に京都市へ寄付された（京都市左京区南禅寺）。

# 平安神宮神苑

小野健吉

平安神宮は、平安遷都千百年紀念祭に際して造営された神社である。社殿背後の神苑の工事着手は一八九四年（明治二七）一一月、紀念祭まで一年をきった時期のことであった。このとき築造されたのは、社殿背後東西にある現在の中神苑と西神苑。その設計から施工までを一貫して行ったのが、植治こと小川治兵衛であった。植治の述懐によれば、当時山縣有朋の無鄰庵の作庭に従事していたことから、この庭園を担当するよう命ぜられたものと言う。植治にとって無鄰庵作庭への従事がたいへん大きな転機であったことは、この点からもうかがえる。

植治はさっそく見積書と図面を提出、神苑築造に取り掛かる。しかし、平安遷都千百年紀念祭協賛会の造営事業は社殿造営が最優先で、神苑の予算はきわめて厳しいものであった。植治は、寄付された材料などを用いて作庭を進めるが、庭石については奇策と言ってもよい調達を図る。桃山官林、すなわち現在明治天皇伏見桃山陵となっている伏見山一帯に残されていた「往昔の庭石」に着目、当時ここを管轄していた大阪大林区所にそれらの石の払い下げを申請するのである。伏見山は豊臣秀吉が築き後に徳川氏が修復した伏見城があった場所。この「往昔の庭石」が伏見城に築かれた庭園に用いられた庭石であったことは間違いない。結果、大小取り混ぜ約一三〇〇個の石が神苑に搬入され、庭石として再生された。植治は、計画的に作庭を進め、紀念祭挙行時には蒼龍《そうりゅう》池《ち》を中心とした中神苑と白虎池《びゃっこち》を中心とした西神苑を完成させる。ちなみに、この二つの池の水源は一八九〇年に完成した琵琶湖疏水で、池は社殿の防火用水としての機能も担っていた。

平安神宮神苑を代表する景観のひとつになっている中神苑の臥龍橋《がりゅうきょう》。円柱形と直方体の花崗岩切石を用いた

この沢飛石《さわとびいし》も、植治の設計と施工による。その石材の由来を明かすと、一五九〇年（天正一八）前後に豊臣秀吉が築いた五条大橋と三条大橋の橋脚ならびに橋台なのである。五条大橋のものは、一九〇七年に御所内博覧会場の撤収に伴い京都市から払い下げを受け、また、三条大橋のものは一九一二年（大正元）に橋の架け替えに伴い京都府から払い下げを受けたものであった。それにしても、これらを巧みに庭景に組み入れる植治のデザイナーとしての才能には舌を巻く。

社殿東方に広がる東神苑は、一九一一年から一九一六年にかけて築造された。この東神苑の設計と施工も植治。西神苑や東神苑のときと違い、ここの庭石はほぼ購入したもので、その産地は主に琵琶湖西岸の滋賀県志賀町守山付近である。平安神宮の記録によれば、一九一一年から翌一九一二年にかけて、大一七一個、中一九三個、小一〇七五個の庭石が運び込まれている。運送手段は、大津船と疏水船。植治は、当時はすでに衰退気味であった琵琶湖疏水の舟運をフル活用したのである。

琵琶湖疏水を水源とする池、琵琶湖疏水の舟運で搬入した庭石、伏見城の古い庭石、五条、三条両大橋の石材を転用した沢飛石。「古都」の歴史風土を縦糸に近代という時代を横糸に織り成された平安神宮神苑は、まさに「みやこの近代」の具現といって過言ではない。

【図版】平安神宮の中神苑。蒼龍池に、五条大橋と三条大橋の橋材を使った臥龍橋が架かる（京都市左京区岡崎）。

# 京都御苑の近代

井原　縁

京都市の中心部に、四季を映す広大な緑の空間がある。京都御所を取り巻く「国民公園」京都御苑である。しかし、明治維新前には、現在のような緑地は存在していなかった。皇族や多くの公家の邸宅が密集しており、周辺に九つの門が設けられて「九門内」と呼ばれ、京都文化の核として町衆にも身近な場所であった。その後、東京奠都に伴って多くの公家は天皇と共に東京へと移住したため、これらの邸宅は廃屋となり、荒廃することになる。

このような状況のなか、一八七七年（明治一〇）宮内卿より京都府知事宛に、御所も九門内も荒廃しているため、京都府において保存の方法を設け、永く旧慣を失わぬように、という内容の届けが出された。京都府はその事業区域をほぼ現在の京都御苑と同じ長方形の一帯に設定し、土地を買収して建物を撤去し、四周に石垣土塁を巡らし、門を移設、道路を設けて植栽を行った。そしてこの地に、御所に付属する苑地、という意味の「御苑」という名前をつける。京都御苑の誕生である。

その後、一八八三年（明治一六）の岩倉具視の建議を契機に即位式・大嘗祭《だいじょうさい》という「大礼執行の場」としての国家的役割が付与され、その役割にふさわしい姿へとさらに整備が進められていった。道路が拡幅・新設され、植栽も充実したこの地において、大正天皇と昭和天皇の即位大礼が行われたのである。

そして注目したいのは、こうして「御苑」としての整備が進む一方で、この地は、京都の人々の身近な場所としての性格も保持したことである。そのことは、造成当初、民間においては「公園」と呼ばれ、市民有志からの

献木や献金が盛んに行われていたことがよく示している。また、一八七三年（明治六）から京都御所や仙洞御所、大宮御所を主会場に、その周辺一帯を使って開催されていた博覧会は、「御苑」造成後も年中行事として続けられ、御苑の東南部に常設博覧会場も新設された。

この他にも、御苑内への公共施設の設置が明治初期から中期にかけてしばしばみられ、地域に開かれた場所であった。しかし、設置された博覧会場や美術学校、図書館などは、「大礼執行の場」としての「御苑」整備が進められるなかで姿を消していくことになる。

いわば地域の「公園」としての性格は「御苑」としての性格が強まっていくなかでその比重を弱めたとみられるが、しかし途切れることはなかった。普段は出入りを制限されることはなく、人々は散策を楽しんだのである。第二次世界大戦直後、この地は様々な民主化の流れのなかで文化装置としての役割を付与され、「国民公園」京都御苑として再出発することになった。そして複数の広場造成など、他の国民公園（皇居外苑、新宿御苑）と比べて最も積極的な公共施設整備が行われ、親しまれるようになった。「御苑」と「公園」の性格が見事に織りなされた空間となったわけだが、その背景には、「国民公園」前史において既にこの二つの性格を持ち続けていた、近代の京都御苑の歩みがあったのである。

【図版】現在の京都御苑中心部に広がる松と芝生の広い苑路の光景は、「御苑」としての性格を今に伝える（筆者撮影二〇〇四年七月／写真提供：京都新聞社）。

# 仙洞御所と淀城址

丸山　宏

京都での公園第一号である円山公園誕生の経緯について前述（一八〜一九頁）したが、実はそれ以前にも公園計画が目論まれたことはあった。結果的には実現しなかったが、仙洞御所と淀城址の公園化がそれである。以下その概略を記したい。

ところで、わが国の公園法制は一八七三年一月の太政官第一六号の布告により緒につくが、その目的とするところは「群衆遊観ノ場所」を「万人偕楽ノ地」とすることと文中にある。京都では「八阪《ママ》社清水ノ境内嵐山ノ類」を公園にするようにと具体例が記されていたが、京都府が上申したのは仙洞御所の公園化であった。

一八七三年二月から京都御所を会場に京都博覧会が開催され、仙洞御所は禽獣園（動物園）会場として賑わっていた。その会期中の四月に長谷《ながたに》信篤知事、槇村正直参事は恒久的な博覧会場の獲得をねらい、宮内卿徳大寺実則《さねつね》に仙洞御所を「偕楽ノ公園」にしたい旨、稟申《りんしん》する。宮内省は仙洞御所の公園案に対し、当分不用の地であり特に異議はなかった。京都府は公園規則を作り、入場料を取って会場の維持管理費に充てることを企画した。ところが公園所管庁の大蔵省からクレームがつけられた。その理由は入場料を取ることは「衆庶公楽之本意ニ相背」くというものであった。仙洞御所は一八七五年の博覧会まで禽獣会場として使用されたが、残念ながら公園としては許可されなかった。

さて、もう一つの淀城址であるが、こちらは士族授産により払い下げられようとしている城址を名目的に公園とし河川改修用の石材を確保しようとしたものであった。一八七三年一二月の家禄奉還制度にもとづき、一八七

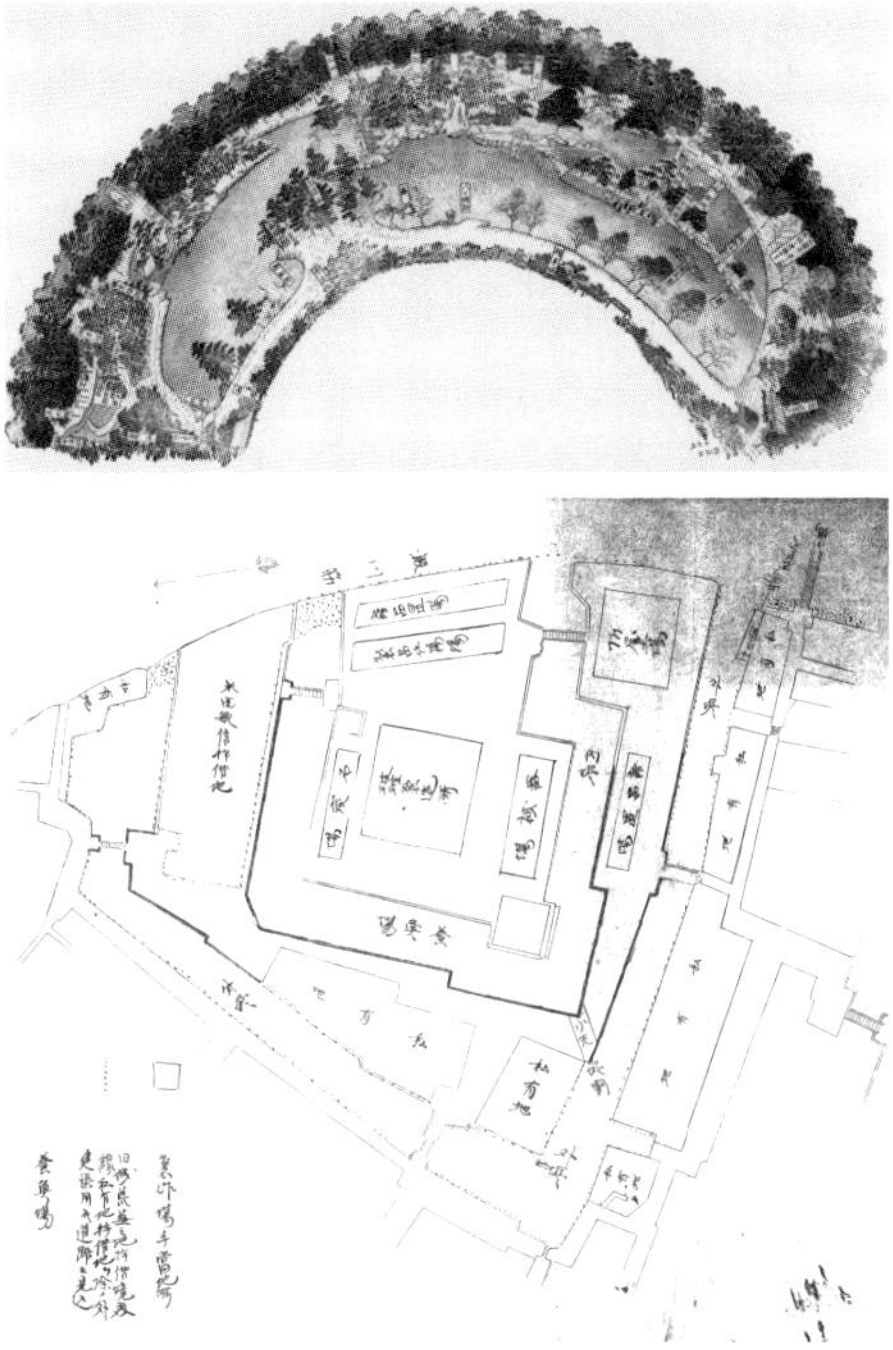

八年五月に旧淀藩士族田辺又太郎他六名が淀城址内にガラス製造所設置のため土地の払い下げを上申する。この他にも養魚場の計画もあったようである。ところがこの前年七月に府下を襲った大洪水のため、お雇い外国人デ・レーケの建言により、淀小橋付近の川巾拡幅計画が持ち上がり、内務省土木局は淀城址の石材の確保を京都府の土木掛に命じた。しかし一方では明石博高を中心とする府の勧業課が田辺等の士族授産に積極的に支援した。府庁内で土木掛と勧業課が対立するという構図となる。そこで土木掛は打開策として旧淀城址の公園化を上申し、その圧力をかわそうとした。淀城址は山城の中心で、淀川、桂川の両河川に接し、また宇治一帯を遠望もでき、本丸跡には数百年の老樹もあり勝地として相応しいと。しかし、勧業政策を重視していた槇村正直知事は土木掛の上申を一蹴し、公園は実現しなかった。

仙洞御所、淀城址の公園化は地方の勧業政策の中で生じた問題である。仙洞御所の場合は公園の大儀のため許可されなかった。一方、淀城址では京都府内部での立場の違いが、士族授産という事業の取り扱いの中で公園を否定したわけである。ここでは勧業政策が公園を排除したのである。

〔図版〕禽獣会場となった仙洞御所御庭の扇面図（上）と田辺又太郎等が士族授産のため払い下げを願い出た旧淀城址の利用計画図（下）。下図中央に「玻理製造所」「石炭場」「器械場」などが見える（いずれも京都府総合資料館所蔵）。

# 明治期の長岡宮跡顕彰事業

玉城玲子

京都の南西郊外、向日市鶏冠井《かいで》町小字大極殿の地に、平安京の直前の都、長岡京の大極殿跡がある。一九六一年（昭和三六）に行われた発掘調査によって建物の基壇跡が確認され、その三年後に国の史跡となり、公園として整備されて今日に至っている。

この大極殿公園内にひときわ高くそびえる記念碑には、史跡指定をさかのぼること七〇年近く前の、一八九五年（明治二八）の銘文が刻まれている。実はこの碑が最初に建てられたのは、現在地から約一〇〇メートル北西に離れた場所で、かつてはそこが「長岡宮大極殿址」だった。

記念碑が建立された一八九五年は、京都市内で平安遷都千百年紀念祭が盛大に挙行された年である。桓武天皇を祀る平安神宮が創設され、時代行列が催された。全国から多額の募金が集まった京都市の紀念祭事務所では、周辺の関連史跡の整備にも補助制度を設けた。桓武天皇が最初に遷都した長岡京の故地である乙訓郡（現在の向日市・長岡京市・大山崎町と京都市の一部）の人々は、この制度を利用して宮跡の顕彰を図ろうとした。

それまでは、長岡宮大極殿跡の研究はあまり進んでいなかった。江戸時代に刊行された地誌類の多くは、長岡宮跡は大原野神社付近（乙訓郡西部、現・京都市西京区）と推定していた。わずかに江戸中期の京の学者で名文家として知られた伴蒿蹊が、随筆「閑田耕筆」のなかに、鶏冠井の里にある小字大極殿の地が長岡の都の旧跡であり、まれに地中から古瓦が出る、という話を書き留めていた。

一八九三年後半頃から乙訓郡役所周辺では、補助金申請に向けて大極殿跡の所在調査に乗り出す。当初は「長岡」の名が付くため、現在の長岡天満宮付近も候補地の一つだったらしい。この時、地元で中心となって活躍したのは、新神足村（現・長岡京市）の岡本《おかもと》爺平《やへい》や、その友人で元府会議員の崗﨑《おかざき》省吾らであった。岡本の家は西国街道沿いの町場で油屋を営む商家、崗﨑は寺戸村（現・向日市）の庄屋の家筋で、どちらも代々の当主が学芸を嗜んできた文人の家の出身である。岡本は書物を博捜し、「閑田耕筆」の中にある鶏冠井の字大極殿の記述に注目する。一〇月にはその地を掘削して千百余年前の古瓦を発見し、長岡宮の大極殿跡と確定した。

整備すべき場所を特定した乙訓郡側は、一二月に京都市の紀念祭事務所へ報告し、補助を申請した。だがこれに対して、京都市側から疑いの声があがった。紀念祭委員の一人、碓井《うすい》小三郎《こさぶろう》からの、翌九四年二月付けの手紙には「当方に種々異説あり、すなわち字は大極殿と称するも、古瓦ぐらいの証拠にてはたしかならず」とある。再調査が必要となり、京都府の官吏で、当時編纂中だった京都の通史『平安通志』の責任者である湯本文彦が、現地に派遣されることになった。

しかし、岡本爺平には確信があったようである。申し出た遺跡地は決して疑わしい場所ではないとの手紙が残り、湯本による調査の際には、同行して案内することを約束している。実地調査の時の様子は伝わらないが、後に湯本がまとめた稿本「長岡京旧址略考」には、岡本による現地比定の根拠をそのまま踏襲した記述がみられる。岡本の研究は、湯本に承認されたらしい。

京都市から補助金二〇〇円の交付が決定し、九四年一〇月には乙訓郡長を委員長とする長岡宮城大極殿遺址創設会が結成され、郡内一町一〇ヶ村へ寄付金募集の趣意書が廻されて、記念碑建設は具体的に動き出した。この間、日清戦争がおこって軍資公債の募集が始まり、加えて乙訓郡では尋常科に併設されていた高等小学校の移転・新築計画もあった。募金は難航するが、それでも有志金五〇〇円近くを集めて事業に着手し、翌九五年五月頃に工事はいちおう完工する。いったんは七月四日に建碑式が挙行される運びになったが、その後、建碑の申請を出していなかったため、あわてて警察署に提出して許可を得たり、六月末には強雨のため台座の石垣が崩壊するハプニングが起こり、予定していた建碑式は延期された。

やがて秋には修繕も成って、京都において平安遷都紀念祭が挙行される三日前の一八九五年一〇月一九日、山階宮晃親王の揮毫による「長岡宮城大極殿遺址」の文字を刻んだ記念碑の建碑式が、ようやく執り行われた。当日の模様を伝える『日出新聞』によれば、来賓や発起人ら八〇余名が参列し、近くの向日神社の宮司六人部氏が祭主を勤めた式の後、こちらも新築まもない乙訓高等小学校を会場に祝宴が開かれたという。以来、長岡京遷都の日である一一月一一日には、太平洋戦争末期の混乱期を除いて、記念碑の前で毎年のように大極殿祭が催されることになる。

戦後の発掘調査によって場所が少し修正されたとはいえ、江戸期の通説であった大原野神社付近は、西へ四・五キロも離れている。それに従っていたら、今日明らかにされている長岡京の京域からも外れた地点に、建碑されていたかもしれない。書物を調べ地名と照合し、古瓦を掘り出した地元の人々の研究と熱意が、京都の知識人たちの疑念をはね返した。江戸時代から受け継がれた明治期乙訓における地域文化の力を示した、といえるかもしれない。

〔図版〕 発掘調査で新たに国の史跡となった大極殿跡に移転される長岡宮跡の記念碑（一九六五年三月。小林清関係資料。写真提供＝向日市文化資料館）。

# 向日町の町並み復元模型

玉城玲子

二一世紀を迎えたばかりの二〇〇一年一月、向日市文化資料館の展示室で、一九三五年（昭和一〇）頃の町並みを再現する模型が完成した。復元されたのは、向日市域だけでなく広く乙訓地域の行政・商業・文化の中心であった「向日町《むこうまち》」。七〇年近く前の町並みを調査し、模型を制作したのは、現代の地域住民である。ミレニアム（千年紀）の記念イベントが各所で華々しく開催されていた当時にあって、地域の二〇世紀を記録するために取り組まれた模型作りであった。

向日町は、四〇〇年以上前の豊臣政権時に、古い由緒を誇る向日神社の門前に成立した町場である。西国街道沿いの約六〇〇メートル余りの間に、江戸時代を通じて一〇〇軒ほどの商家や職人の家々が並び、乙訓郡で一番にぎやかな町場として栄えた。

明治時代に入ると、この町並みのなかに郡全体を管轄する役所が置かれ、小学校や郵便局も設けられるようになる。明治二〇年代頃からは高等小学校、裁判所や登記所の出張所、警察署、地元資本の乙訓銀行など、郡内の公的機関がますます集中するようになった。向日町は乙訓郡の「郡都」、郡行政の中心地となった。

特に高等小学校の存在は大きな意味を持った。乙訓郡内のほとんどの児童が、高等科へ進学する場合は向日町へ通った。府内では二年制が多かった当時、三年制をとっていた乙訓高等小学校は、郡内の人々の自慢だった。三年間、毎日通った卒業生にとって、向日町はとりわけ思い出深い場所となっていた。

もちろん江戸時代以来の商業の中心でもあり、昭和期になってからも一〇〇軒以上の商工業者が集まる、乙訓

きっての商店街だった。食料品や日用品の製造・販売業、呉服や衣料品店、本屋や文具商、床屋や銭湯、大工・左官・鍛治屋や家具の製造業、昭和初期に新しく庶民の間にも普及し始めたラジオ商や写真館、自転車店など、日常生活に必要なあらゆる店が揃っていた。路地を一歩入れば、カフェーや射的、ビリヤードなどの店や、常設の芝居小屋など、娯楽を提供する場所もあった。

昭和前期の向日町は、町場としてのさまざまな要素を備えた、活気あふれる場所となっていた。二〇世紀の記録として模型を制作するにあたり、近代の乙訓を象徴する景観となりうる、求心力を持つ町並みであった。

当時のようすを再現できる資料にも恵まれていた。一九三三年（昭和八）に、町並みのなかにある向陽尋常小学校で新校舎が建設され、その落成式の模様を記録した一六ミリフィルムが残されている。このフィルムには、商店で買い物する人々のようすも撮影されていた。フィルムをもとに古老に尋ね、大正～昭和初期の商店街のようすを復元した図も、一九九〇年代はじめにすでに作られていた。前後の時代についても、地域の中心地であるため、写真や人々の記憶など、他のどの場所よりもはるかに多くの復元材料が存在した。豊富な写真や映像資料の内容が、向日町のにぎわいを具体的に伝えるものであることはもちろん、記録の量や種類の多さそのものが、往時の繁栄の証しであった。

模型作りは、一般募集に応じたボランティアの人々が、対象範囲や年代、縮尺を相談するところから始まった。

町並みの写真や一六ミリフィルムなど、多彩な資料が残る一九三五年段階を作ることになった。一軒ずつの調査カードが作られ、聞き取り調査のために、メンバーは真夏の向日町を歩いた。家屋の構造や樹木とともに、かつての町の記憶が次々と語られ、記録されていった。

模型にするには、聞き書きした家並みを地図上におとす作業が必要である。そのため、法務局に保管されている昔の地割りを示した旧公図のトレース作業も行われた。戦後しばらくして米軍によって撮影された航空写真なども拡大鏡で見比べながら、緻密な復元作業が進められた。九月になって模型の原図がようやく完成し、それから実際の制作に取りかかった。

模型作りは初めてという方が大半だったが、復元する作業で現地を何度も歩いたメンバー自らが制作するため、調査成果を精確に反映させた家々が作られていった。工務店の職人さんや建築家、画家やアートフラワーの先生など、専門家が次々と仲間に加わった。制作途中の段階から広く展示・公開しており、当時の向日町を懐かしむ年配の方が展示室に見に来ては、不明だった箇所の情報を教えてくれたりもした。かつての景観を知らない若い世代は、昔の学校の姿や向日町に芝居小屋やカフェがあったことなどを、新しく知ることになった。町並みの周囲に拡がる竹やぶ作りには、多くの小学生や幼児が参加した。

こうして、地域に住む幅広い世代の人々が力を合わせ、二五〇分の一の町並み模型が完成した。復元のために集めた資料とともに、近代の向日町・乙訓を語る貴重な記録となった。地域の近代を忠実な模型で復元しただけでなく、それに携わった現代の人々の活動も含めて、記録されることになった。これからも多くの人々が模型を見ることによって、未来に向かっての新しい活動が生み出されていくように思われる。

［図版］　向日町町並み復元模型（二五〇分の一）。一九三五年頃のようすを示す（向日市文化資料館所蔵）。

# 近代地形図の改描

天野太郎

あらゆる情報が半ば強制的にデジタル化されていく喧しい世の中で、一枚の古い地図を眺めながら机上でゆったりと時空間旅行を楽しむのも趣深いものがある。ここでは、国家によって作成された近代京都を描いた地形図と、その作成過程で行なわれた一種の改描について見てみたい。

今日の地形図は、国土交通省の国土地理院において測量・発行されているが、戦前においては主として陸軍がその作成主体であった。地形図が軍事用としての側面が強かったことを物語るものである。今日でも軍が地図を作成し、日本のような自由な入手や国外持ち出しが規制されている国も韓国をはじめ数多く存在する。

明治初期より陸軍参謀本部陸地測量部を主体として近代測量が開始され、京都周辺においては仮製二万分の一の地形図をはじめとして、五万・二万五千・そして一万分の一の各縮尺の地形図が作成された。これらは、明治から大正・昭和初期といった近代日本の地表景観のありかたを示す貴重な資料であるだけでなく、その地表上に残された痕跡から、作成期以前である近世、中世、さらには古代の景観の一断面を私たちに提示しうることがある。たとえば京都の明治期から昭和初期に作成された地形図では、一六世紀末の豊臣秀吉により建造された都市囲郭・御土居の痕跡や、平安京条坊のあり方なども明瞭に読み取ることができる。なかでも一番縮尺の大きな一万分一地形図は、初期には軍用地を対象とし、後に東京・大阪といった大都市でも作成された。戦前の京都においては、大正・昭和天皇即位を記念した「京都近傍図」（一九一五年）・「京都近郊」（一九二八年）という特別な地図と、一九三八年（昭和一三）に測量された地形図が存在する。

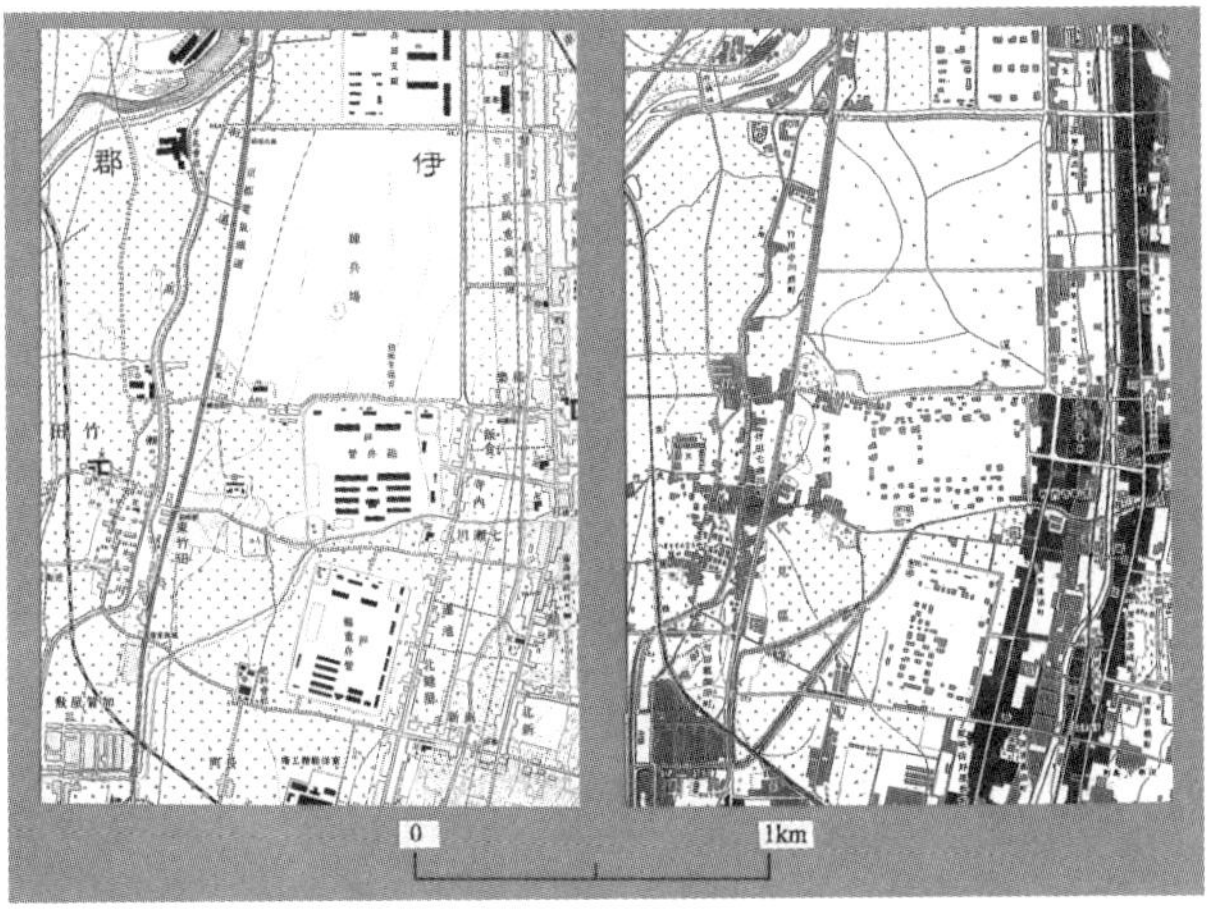


しかし、一九三七年に改正された「軍機保護法」によって、それ以後発行される地形図には、以前から行われてきた皇室関係地区と同様に、軍事関連施設をはじめとしたさまざまな施設が隠蔽され、異なった地図記号に置き換えられた。ここに掲載した現在の伏見区にある龍谷大学周辺地区は、右図（一九三八年一万分一）では荒れ地として記されている。しかし、実際は陸軍第一六師団（京都師団）の深草練兵場であり、一九一三年民間飛行家の武石浩玻により日本初の都市間連絡飛行がおこなわれた「飛行場」でもあった。また近接する砲兵営などの長細い兵舎は寸断され、不自然な宅地状へと戦時改描がおこなわれたことが、左の「京都近傍図」（一九一五年、大正四）との対比でわかる。さらに改描がおこなわれたのは軍用地にとどまらない。攻撃目標になりうると考えられた御所などの皇室関連施設、そして梅小路機関車庫などの鉄道施設、そして発電所・変電所・浄水場といった都市生活に不可欠な多くのインフラ施設も、地形図上から「消去」されてしまったのである。

今日では、衛星写真によって簡単に明らかにされてしまうこうした改描は、この時期に作成された地形図を利用する上での注意をわたしたちに喚起すると同時に、改描せざるを得なくなった当時の日本をとりまく暗い政治情勢を静かに訴えている。

【図版】　陸軍第一六師団深草練兵場付近の地図（写真提供：京都新聞社）。

# 明治版画に見る京都

田島達也

明治期の京都の歴史を振り返る時、東京に比べ、決定的に不足している視覚資料がある。それは開化絵と呼ばれる版画である。技術的には江戸時代の錦絵と同じものだが、赤や紫の鮮やかな輸入染料で彩られたため「赤絵」とも呼ばれた。明治維新後、急速に変貌する東京。開化絵は、人力車の行き交う街、洋風建築、蒸気機関車、博覧会など、文明開化のありさまをほとんど網羅している。新しい建物ができるたび、おびただしい版画が制作され、売りさばかれた。粗製濫造で美的価値が低いとされがちだが、このおかげで我々は、刻々と変わる明治初期の東京の姿を、極彩色で目の当たりにすることができるのだ。歴史の教科書にも挿絵として多く用いられているので、個別の作品名や作者は知らずとも、誰もがどこかで目にしているはずだ。ただし、これは現代の写真とは違い、あくまでも浮世絵の流れを汲む絵である。必ずしも描かれているものが真実とは限らない。取材不足を想像力で補うのは日常茶飯事だった。正確さより迅速さ、現実よりイメージ、が優先されることがとても多い。それが、東京から遠く離れた土地の姿ならなおさらである。

東京の開化絵の作者が、明治の京都を描いたものが多少ある。三代歌川広重は、初代広重の弟子で、初代と同様、風景画を得意とした。彼の「東海名所改正道中記」は、一八七五年（明治八）の刊行で、初代広重の「東海道五十三次」の明治版というべき作品。旅の前半部の主役は、明治五年に新橋―横浜間に開通した鉄道である。そして文明開化とは無縁のように見える地方の宿場にも、電信線が張り巡らされている様子が描かれ、近代化の一端が垣間見られる。このシリーズの最後を飾るのが、東海道の終点三条大橋である。三代広重は、橋越しに鴨

川東岸の家並みをあらわし、遠景に東山を描く。きわめてオーソドックスな構図である。舞妓や大原女に交じって橋の上を人力車や郵便配達人が走るところが新風俗と言えるが、遠慮がちに描かれている。江戸の面影が全くなくなってしまった東京日本橋の図とは対照的である。当時、四条の橋は鉄橋になっており、京都もそれなりに新しく変わっているのだが、そういう変化は絵には取り入れられていない。

三代広重はこの二年後、京都でおこなわれた京都—神戸間の鉄道開業式の様子も描いている。鉄道の開業は京都にとっては実に大きなイベントであり、明治天皇も式典に参加した。しかし、画面には、参列する人々と駅舎と列車以外は、遠景の山並みしか描かれていない。「西京神戸之間鉄道開業式諸民拝見之図」という絵の題名を除くと、ここが京都であることすらわからない。

この二点の作品は、テーマは異なるが、どちらも「文明開化」と「京都」が溶けあっていない、すなわち「近代化する京都」が表現されていないという意味では共通する。それこそが、東京人である作者の京都イメージを正しく反映したものに違いない。

一八九五年に岡崎で開催された第四回内国勧業博覧会は、全国の目を京都に集める催しであった。博覧会にあわせて路面電車が市内を走るようになり、近代都市京都を強くアピールする機会となった。この時の様子を描いた錦絵がある。梅翁筆「明治廿八年四月一日ヨリ西京ニ於テ開設大博覧会真景之図」は、博覧会の会場入り口付近をアップでとらえ、遠景に東山を描く。傑作なのは、東山の山中に京都中の寺社が詰め込まれている点だ。金閣寺も大徳寺も北野天満宮もこの中にある。仁和寺と黒谷が隣り合っている。作者の梅翁なる人物の詳細は不明だが、東京の絵師で京都の四条の旅館に泊まってこれを描いたことが款記からわかる。京都の人が見ればあきれるような絵だが、東京ではこれが京都のイメージとして、正直なところだったというべきだろう。

［図版］　梅翁筆「明治廿八年四月一日ヨリ西京ニ於テ開設大博覧会真景之図」（国文学研究資料館所蔵）。

# 描かれた明治の名所

田島達也

東京の文明開化を描いた錦絵「開化絵」に対し、京都では一枚摺の名所風俗画は乏しい。優れたものは、小林清親の「光線画」の影響を受けた野村芳国の「京坂名所図絵」（一八八五年、明治一八）、石田有年の銅版画「京都名所五十景」（一八九〇～九五年）など、数えるほどに過ぎない。

しかし版画以外にもっと開化絵的な作品がある。一八七三年一〇月の年紀を有する森寛斎「京新名所四季図」がそれである。紙本墨画淡彩金泥引き、二曲一双の堂々たる屏風である。ここに注目すべき四つの新名所が、四季とともに描かれている。

春は桜咲く東山の吉水温泉。この温泉は、医師・実業家で京都の近代化に大きな役割を果たした明石博高《ひろあきら》によって開かれた。一八七三年に建てられた金閣を模した楼閣が人気を博した。本図ではその最上階から望遠鏡をのぞく人物まで描かれている。

夏は四条大橋の納涼風景。四条河原は古くから納涼の名所として有名だが、江戸時代と大きく違うのは、そこにいかつい鉄橋が架かっている点。この橋の完成は一八七四年とされているが、本図に細部まで描かれている以上、すでに姿を現していたのだろう。橋脚が石の円柱であったことまでよくわかるよう克明に描かれている。

秋は庭の紅葉が色づく集書院。これは京都府により一八七三年六月に開設された図書館である。公立の一般公開された図書館としては、東京の書籍館に次ぐものとされる。現在の中京郵便局のある三条東洞院に位置した。利用には、一回につき五厘の閲覧料をとっていた。

冬は雪の降り積もる京都府中学。中学校の設立は明治三年一二月だが、ここに描かれているのが一八七三年一〇月現在の姿だとすると、同年七月に下立売新町に移転した時の建物となる。正確には、この時点では「中学校」という名前ではなく、小学取締所、独逸《どいつ》学校・英学校・仏学校からなる欧学舎、和漢学を教える立生校からなる複合施設だった。その後、幾度かの変遷を経て、京都第一中学校（京都一中）となり、今日の洛北高校につながっている。

本図の構図は右から左へ四季がめぐるだけでなく、建物の位置も東から西へ巧みに配置されている。四つの名所はどれも、この絵の執筆当時出来たてホヤホヤなものばかりである。つまり、選択の基準は新しさにあったと言ってもよいだろう。屏風絵の京名所図としては希有のことである。

森寛斎は文化一一年（一八一四）長州萩の生まれ。円山応挙の弟子であった大坂の森徹山に学び、森姓を許される。京都に住み、円山派の絵師として活躍した。一八九四年没。

寛斎の作品は、水墨の山水画など同時代の画家の中ではむしろ古典的なものが多く、この京都名所図は異彩を放っている。屏風の背面に旧所有者の貼り紙があり、「屏風講」で手に入れたと記されている。屏風講とは、屏風の購入を通じて画家を経済的に支援する有志の組織のこと。明治初期は多くの画家にとって生活が大変だった時期で、寛斎にも三条堀川に夜店を開いて絵を売ったという話がある。屏風講はそのような時期をしのぐ支えとなったものだろう。このような時期だからこそ、普段は描かないような風俗画的作品にもチャレンジしたものと思われる。われわれにとっては実に幸運なことだった。

【図版】　森寛斎「京新名所四季図」（京都府立総合資料館所蔵京都府京都文化博物館管理）と吉水温泉の楼閣部分。

# 鴨東の文学イメージ

藤原　学

鴨東とはどこか？　何を分かりきったことを、鴨川の東に決まっているではないか、と思われるかもしれない。しかし鴨川は長い。賀茂川と高野川が下鴨神社の南で合流してから伏見区羽束師で桂川と合流するまでを鴨川という。たとえば伏見区下鳥羽は鴨川の東に位置しているが、その辺りを鴨東と呼ぶとどうもしっくりこない。鴨川の東だから鴨東なのだとは簡単にいえないようだ。同じように鴨川の東に位置しながら、鴨東と、そうではない場所がある。この区別はいったい何に由来するのか？

中島棕隠《そういん》（一七七九～一八五五年）に『鴨東四時雑詞』と題された漢詩集がある。『鴨東四時雑咏』（文政九年、一八二六）の改訂版ともいうべきもので、その前身の『鴨東四時詞』は文化一三年（一八一六）に刊行されている。この『雑詞』をみると、南は高台寺・霊山、北は南禅寺までの東山が詠まれている。しかし何といっても中心は祇園花街である。一一〇首のおよそ半数近くが祇園花街の四季を詠んだものである。近代の話になるが、成島柳北「鴨東新誌」（一八七七年）や酔夢居士『鴨東新話』（一八八二年）など、鴨東を表題に持つ書が祇園を書いたものであることを考え合わせると、鴨東とはどうやら祇園花街を文人風に呼んだものであるらしい。近世中頃から文人趣味の一つとして地名を中国風に表わすことが流行し、隅田川を「墨江」などと呼んだので、これも同じようなものだろう。

『雑詞』は好評を博し昭和初頭まで新摺販売されたというから、鴨東という語を随分と広めたはずだ。しかし皮肉にもそのことが鴨東の語感から香気を失わせ、平俗なものにしてしまったのかもしれない。一八七三年には

建仁寺近くに鴨東幼稚園ができる。一八九五年に大和大路四条下ルに鴨東銀行が設立されるに至っては何といおう。ともあれ明治初年代には祇園近辺を指す別称として一般化していたことが窺える。

明治期にはもう一つ変化が訪れる。一八九五年に発行された京都案内書は、京都織物会社（現・京都大学東南アジア研究所）に関して「鴨東の風光」と記している。織物会社は荒神橋東詰だから、鴨東が示す範囲は北に拡がったことになる。北上を示す例は、疏水鴨東運河（一八九〇年）や建都千百年記念事業（一八九五年）関連の岡崎開発を伝える新聞記事などにも見える。鴨東は近代以降に新たに開発された地域へと拡がったのである。

そういえば祇園もまた一七世紀末から新たに開発された新地である。どうやら鴨東という語は新地といった語感を含んでいるようだ。当然そこには洛中に対する洛外という意味合いも含まれていよう。鴨東から文人趣味はいつの間にか消え、洛中に対する洛外、しかも鴨川東岸で新地開発された場所という都市イメージを表す語になったのである。

ところで読者諸賢にお訊ねしたいことがある。『蜆縮《けんしゅく》凉《りょう》鼓集《こしゅう》』（元禄八年、一六九五）の著者は鴨東蔌父《そくふ》と号し「賓餞堂之西軒」でこの本を書いたらしいが、「賓餞堂」はどこにあるか筆者は知らない。どなたかご存じの方があればぜひともご教示いただきたい。鴨東イメージのルーツを探る糸口になるはずだ。

【図版】黄華山による『鴨東四時雑詞』口絵（筆者所蔵）。左上に大文字如意嶽、右上に清水寺、画面下に三条から五条までの鴨川が描かれている。

# 谷崎文学と近代京都

藤原　学

谷崎潤一郎（一八八六〜一九六五年）には、京都を舞台にした作品が多い。美しく着飾った主人公の姉妹が、紅の雲のように拡がる桜を仰ぎ見る、『細雪』上巻（一九四四年、昭和一九）の平安神宮の花見の場面は、特に有名だろう。芦屋に住む彼女たちが平安神宮を訪れるのは、そこが「京洛の春を代表する」（『細雪』）からである。この点に谷崎文学における京都イメージの典型を読みとることができる。

平安神宮は一八九五年（明治二八）に、平安朝の大極殿を模して創建された近代の建造物である。一九一二年に京都を訪れた若き日の谷崎は、その社殿を見て、「平安朝の生活に憧れる人々に取つて、此の建物は絶好の企てゞあらう。私は京都に滞在して居る間、何度も〳〵此処を訪れて、じツと石甃《いしだゝみ》に腰を据ゑつゝ、遠い古へを偲ばうと思ふ」（『朱雀日記』）と書いている。谷崎にとって京都とは、平安朝へとイメージを飛翔させる場所だったのである。しかもそのイメージは、優美でみやびな王朝絵巻のようなものでなければならなかった。その舞台として、平安神宮は打ってつけだろう。

ところで谷崎は、第二次大戦後に一〇年ばかり京都に住んでいた。実際に暮らすとなると、イメージの世界に遊んでばかりもいられない。谷崎は内から見た京都を書くことを試みた。「人々の葛藤を描きながら、京都に特有な雰囲気を醸し出さう」として、『鴨東綺譚《あふとうきたん》』（一九五六年）という小説を書き始めたのである。しかし、わずか数回で雑誌連載が中断されたため、谷崎が捉えた「京都」は表現されぬまま終わってしまった。

物語は、南禅寺界隈に住む素封家の女性の自由奔放な男性遍歴を軸に、戦後の一〇年ばかりの期間が描かれて

いる。表題の通り、五条坂から南禅寺、銀閣寺付近までの鴨東地区を舞台にしている。別の随筆で谷崎は、その辺りを「洛東」と呼んでいる。洛中に対する郊外という認識を持っていたわけである。郊外を舞台にしながら、「京都に特有な雰囲気」を表現しようとしたとは、一見奇異に映るだろう。ここで再び『細雪』を思い起こす必要があるようだ。

『細雪』は戦中から執筆されたため、時局を憚り、関西の上流の人々の不倫や不道徳な面の描写を断念したと、谷崎は回顧している。断念したそのモチーフが『鴨東綺譚』を書かせた動機としてあったのではないか。同じように時局を憚り、原文の一部を削除した『源氏物語』現代語訳（一九三九〜四一年）を、戦後に改訳していることを考慮すれば、十分に考えられることだ。そしてもう一つ、『細雪』もまた郊外としての芦屋が舞台である。男性中心の経済活動の地から遊離した、女性たちが主導権をもつ生活が描かれているのである。谷崎はそのような女性を通して、都市をイメージしていたのだ。鴨東地区もまた大家の別邸が並び、洛中から遊離した雰囲気がある。『鴨東綺譚』ではそこを跋扈する女性を通して、「京都」を描こうとしたのだろう。しかしそれは描かれることなく、鴨東イメージに郊外という一面を加えただけで、内から見た京都が谷崎文学に加わることはなかった。

［図版］谷崎潤一郎撮影による、一九四〇年、平安神宮での花見の写真。左から順に、『細雪』の雪子、妙子、悦子、幸子のモデルとなった女性たちである（写真提供＝芦屋市谷崎潤一郎記念館）。

# ■まちの建築

# まちに住んだ堂上公家

登谷伸宏

江戸時代の公家は、天皇の居住する禁裏周辺に住んでいた。公家屋敷の集中する地区は「公家町」とも呼ばれ、その範囲はほぼ現在の京都御苑と一致する。しかし、注目されることは少ないが、ここで紹介する久世家のように民衆の住む町人地に屋敷を構える公家もいた。

久世家の初代通式《みちのり》は、公家久我敦道の子として文禄三年（一五九四）に生まれた。通式が久世家を興した後も、三代通音《みちおと》までは屋敷地を拝領できず、町人から屋敷を借りて居住していた。その後、寛文一一年（一六七一）には初めて荒神町（現在の上京区上生洲町）に屋敷地を拝領したが、早くも二年後には小川通今出川下ル針屋町に新たな屋敷地を買得し移住している。拝領地が常林寺という寺院の墓地跡にあたっており、穢れを嫌う公家には住みにくい場所であったことが理由のひとつとして考えられる。これ以降、久世家は近世を通して針屋町に居住することとなる。

久世家が残した文書のなかには、家政をとりしきる家来が代々書き継いだ「役所日記」が含まれる。日記には久世家内部のことから、町内での出来事まで詳細に記されており、近世の公家の日常生活や民衆との関係を知ることのできる貴重な史料となっている。

そのなかから、屋敷地に関連する記事をみていくと、久世家は隣接する家屋敷を買得・借地することで、屋敷地を徐々に拡張していったことがわかる。それは針屋町だけにとどまらず、西隣の東今町、南隣の東町にも及んだ。特に一九世紀初めから中頃にかけては盛んに屋敷地を買得し、結果として千坪以上を所持することとなった。

残念ながら屋敷内の様子については不明だが、幕末期には宸殿や三階建の殿舎があったことがわかる。

だが、屋敷地の買得・拡張は順調に進んだわけではなかった。屋敷地の売買を許可するのは町内に住む町人により構成された町中《ちょうちゅう》であり、その決定には公家であっても従わなければならなかったからである。特に町中の力が強かった針屋町では一定規模以上の屋敷地を所持することを認めなかったため、久世家では他人名義で屋敷地を買得し、表向きはその町人から借地する場合もあった。

江戸時代の町は家屋敷を所持する町人によって運営されていた。久世家もそのうちの一家として、幕府から町へ割り当てられた諸役や、町運営の諸経費を他の町人と同様に分担した。毎月町へ必要経費を納めるとともに、年二回開かれていた勘定寄合には家来が出席している。さらに、町人一同で今宮社や御霊社などへ参詣する年中行事にも、家来が酒肴を用意し参加していた。そのほかにも、「役所日記」には町との密接な関係を示す記事が多く見られる。町人地に居住する久世家は、屋敷地買得の際にみられるような緊張関係を保ちながらも、町と共存していたのである。

明治維新以後も久世家は京都に居住したが、種々の特権を失い家計は徐々に悪化していった。屋敷地の大部分は一八七六年（明治九）に上京区へ売却され、小川小学校の校地として使用されることとなった。

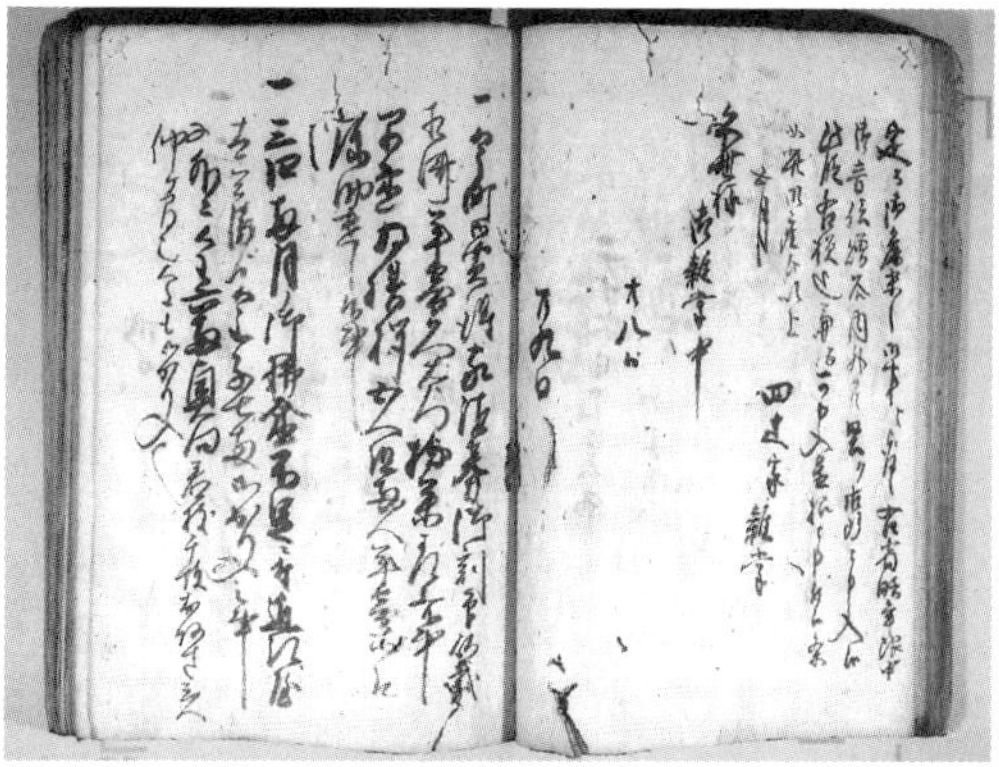

【図版】「御役所日記」文政四年五月二九日条（『山城国京都久世家文書』国文学研究資料館史料館所蔵）。東今町の屋敷地を買得した後、町年寄が町奉行所で手続きを済ませ、沽券《こけん》状を久世家に持参したことなどを記している。

# 禁裏内侍所の下賜

岸　泰子

近世の禁裏御所には、都市民衆が「参詣」に訪れる場所があった。節分の日に限り、人々は禁裏のなかの内侍所（紫宸殿の東）に参ることを許され、賽銭をそなえ、大豆や米を頂戴した。この行事は、一八世紀初めごろからはじまり、幕末まで続いていた。時には、怪我人が出るほど盛況であったという。

内侍所は、神鏡を奉安する場所であり、古代から御神楽や祓などの神事が行われる祭祀施設でもあった。応仁・文明の乱以後は、それまで内侍所で行われる節会のときのみ同所へ参っていた貴族らが、正月元日や御神楽の前に内侍所に「参詣」し、献花料をそなえ、神盃《しんぱい》を頂戴するようになっていた。さらに一七世紀中葉ごろからは、節分時に同所に参詣する貴族のすがたが確認できるようになる。内侍所が禁裏のなかで信仰の場として定着していくなかで、都市民衆へと参詣の慣習が伝播したのであろう。

さて、近世に内侍所を造営・修理する際には、まず仮殿を新造し神鏡を移した後、本殿を造営・修理するという方法がとられていた。そして、この仮殿は、上・下御霊社に継続的に下賜されている。まず、元禄九年（一六九六）に上御霊社に、以後、宝永六年（一七〇八）には下御霊社に、享保一八年（一七三三）には上御霊社に、宝暦五年（一七五五）には上御霊社に下賜された。その後、安永三年（一七七四）には特例として土御門家に下賜されるが、寛政三年（一七九一）には再度下御霊社へ下賜されている。

仮殿は新築の建物であり、本殿の修造が終了すれば役目を終える。仮殿を下賜するということは、今でいうリサイクルということになるだろうか。実際、当時、幾度となく火災に見舞われていた神社にとっては、仮殿をそ

のまま拝領することで社殿維持ができるというメリットがあった。とはいえ、内侍所の場合、仮殿といっても本殿と同じ機能をもった格式ある建物である。拝領する神社にとっては大変光栄なことであったに違いない。朝廷との結びつきを深めることで、神社の格が上がり、ほかの神社との差異が明確になったと考えられる。一方、朝廷側には、上・下御霊社は朝廷の産土《うぶすな》神であり、朝廷のための祈禱を担う重要な神社であるという認識があった。こうした両者の事情が合致して両御霊社への内侍所下賜は実現したのであろう。

しかし、上・下御霊社への仮殿下賜は、一九世紀になると途絶えてしまう。これは、朝廷が経済的に困窮していたため内侍所仮殿を禁裏内のほかの建物（神嘉殿代）に転用する方針を打ち出したためである。

その後、両社の社殿は、町の協力のもと維持・保存されてきた。上御霊社（上御霊神社）の本殿は老朽化したため改築されたが、下御霊社（下御霊神社、寺町通丸太町下ル）では現在でも寛政度に下賜された仮殿が本殿として使用されており、近世禁裏御所の様子を垣間見ることのできる貴重な遺構となっている。

［図版］『都名所図会　平安城再判』（京都大学建築系図書室所蔵）から「内裏の図」の一部。内侍所は、紫宸（震）殿の東に位置する。『都名所図会』は秋里籬島著・竹原春朝斎画で安永九年（一七八〇）刊行。

# 鴨東の建築的風景

日向　進

## 祇園町と女紅場

明治四年（一八七一）正月、全国の寺社に対して上知令が発せられた。寺社領を政府が収公するというもので、京都も例外とされなかった。祇園町といえば京都を代表するお茶屋街であるが、四条通より南側は、建仁寺領の上知を契機として、近代に入って開発が進んでいった界隈である。この開発期に、各種の建築工事を請け負ったのが、江戸時代以来の棟梁近江屋吉兵衛である。吉兵衛の残した記録を手がかりとして、明治初年の鴨東、祇園街南側の建築的風景を一瞥してみよう。

四条通に直交する花見小路が開かれると、さらに左右にも青柳小路、初音小路、南園小路など、粋な名前の小路が派生し、建仁寺塔頭《たっちゅう》が建ち並んでいた一帯は、一気に繁華な界隈へと変容していく。

上知令に先立つ明治三年、京都府権参事槇村正直は、首都としての機能を失った京都振興のため、五つの施策を「京都府施政大綱」として示した。その二と四の各項は次のような内容であった。

二、尽《ことごと》ク無用ノ地ヲ開テ地産ヲ盛ニス可シ

四、職業教授ヲ開キ遊民ヲ駆テ職業ニ基カシムルコト

第二項は、旧藩邸や上知された境内地などに茶や桑を植えて茶業や養蚕を盛んにする、第四項は、養蚕、製茶、紡績などの職業教育を通して都市遊民の生活の安定をはかる、というものであった。病院や製茶場、養蚕所など、旧都の近代化を担う厚生、殖産施設が整備、経営されていく。

事業の多くは建仁寺塔頭の施設を転活用することで始められた。

塔頭正伝院には、茶人織田有楽（一五四七〜一六二一年）によって茶室（如庵）や書院が営まれていた。焙炉《ほいろ》場や蒸し場を設けて「茶製場」とされたのは、茶人有楽との縁によるものだったのであろうか。

また、明治初年には、一般女子への日常生活や生産と結びついた教育を行う施設として女紅場《にょこうば》が創設された。島原、祇園、先斗町、上七軒などの花街においては、芸妓を対象とする「遊所女紅場」が設立される。

祇園町の場合、明治五年一〇月に設立されていた「婦女職工引立会社」を翌一一月に「遊所女紅場」と改称、明治六年三月開業式を挙行するにいたった。「習学」すべき「紅（工、巧）事」の内容として、衣服裁縫、押絵、絽刺《ろざし》、養蚕、琴三弦糸ノ製、真綿績、糸組物、鹿子絞、操綿、木綿糸製、メリヤス、裏物、襟製、縫繍、扇子団扇製、髪飾製、があげられている。

遊所女紅場の図面や仕様書によると、それは次のような建物であった。花見小路の西側に面し、東西に細長い敷地の西半を「運歩場」とし、東半に校舎が建てられた。窓には「ガラス」を使う計画であった。校舎は運歩場とは高塀で区切られ、中央西向きに入母屋造り、桟瓦葺の玄関が設けられた。校舎中央には大きな中庭がとられた。中庭に面して縁（廊下）が四周し、教室は北、東、南側の三方に設けられていた。

北東と南東の角に「舞台」が設けられているところに、花街に設けられた学校＝「遊所女紅場」の特色をみることができる。

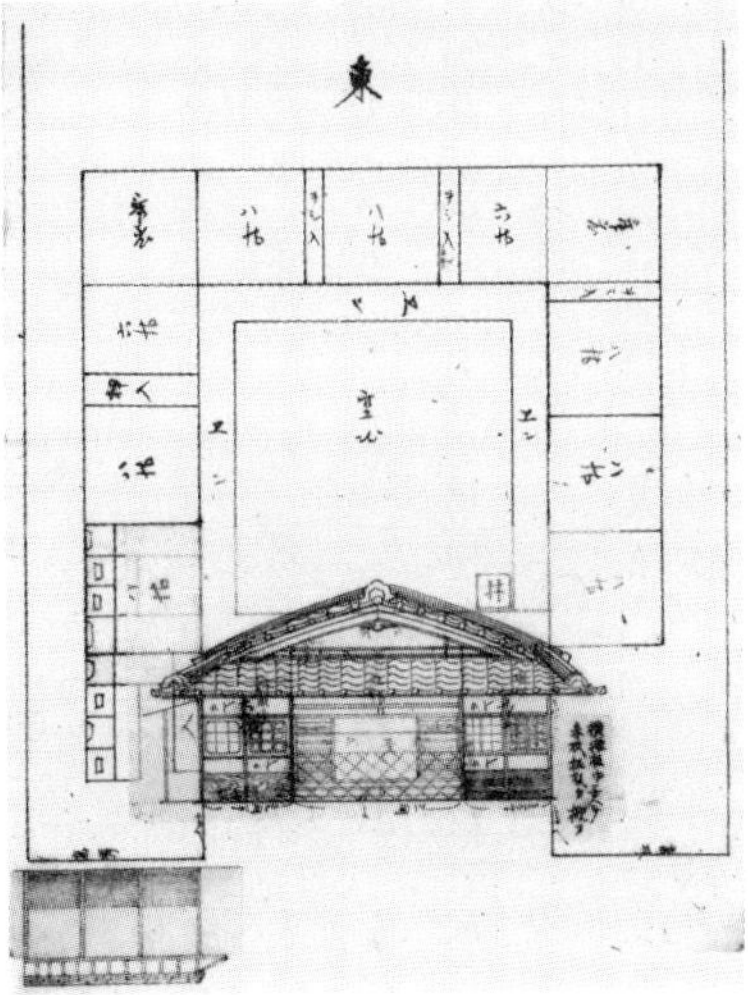


【図版】京都市歴史資料館寄託「田中家文書」から、遊所女紅場の設計図。

京都の近代化を象徴するものの一つとして、一八七四年（明治七）に鉄橋として開通した四条大橋をあげることができる。

## ぜにとり橋

京都四条の鉄橋の材料は、仏具類が破壊せられて用ゐられたとのことである。かの鉄橋は、明治六年に起工し、翌年三月に竣工し、同十六日に開通式が行はれた、総費額一万六千八百三十円で、祇園の遊廓で負担したとのことであるが、時の知事長谷信篤は、府下の諸寺院に命じ、仏具類の銅製の物を寄附せしめた。（京都府立総合資料館編『京都府百年の資料　六　宗教』一九七二年）

とあるように、廃仏毀釈によって廃棄された仏像や仏具も利用された工事であった。この費用の一部を負担した八坂新地は、借金返済のため、大人一銭、車馬二銭の通行料を徴収した。そのため「ぜにとり橋」とも呼ばれたという。その通行料金徴収所施設の工事を請け負ったのが、先にもとりあげた近江屋吉兵衛である。近江屋の記録には「銭取場」「橋番所」と記されている。

残されている数葉の図面は計画案であったとみられるが、それらによると、橋番所は次のように構想されていた。

位置は橋の東詰、南側で、規模は一間半に五間半の南北に長い建物である。在来の、小屋のような銭取場も単線で書き込まれている。東面やや南寄りに入口があり、北に土間と六畳、南に四畳半の「集会所」があった。入口を入ったところは庭で、井戸と便所が、また建物の東側には駒寄せが設けられていた。

興味深いのは外観の構成である。屋根は瓦葺と陸《ろく》屋根（水平の屋根）の二つの案が示され、瓦葺の場合も、長大な龍の棟飾りを置いたものと、おとなしい鴟尾《しび》を置いた、二種類のデザインが示されている。おそらく木造と思われるが、外壁に煉瓦を貼り、窓は花頭（火灯）窓や中国の庭園建築などにあけられる漏窓、また引き違いのガラス窓も試みられている。和風に洋風、さらに中国風が混在した外観意匠が構想されている。

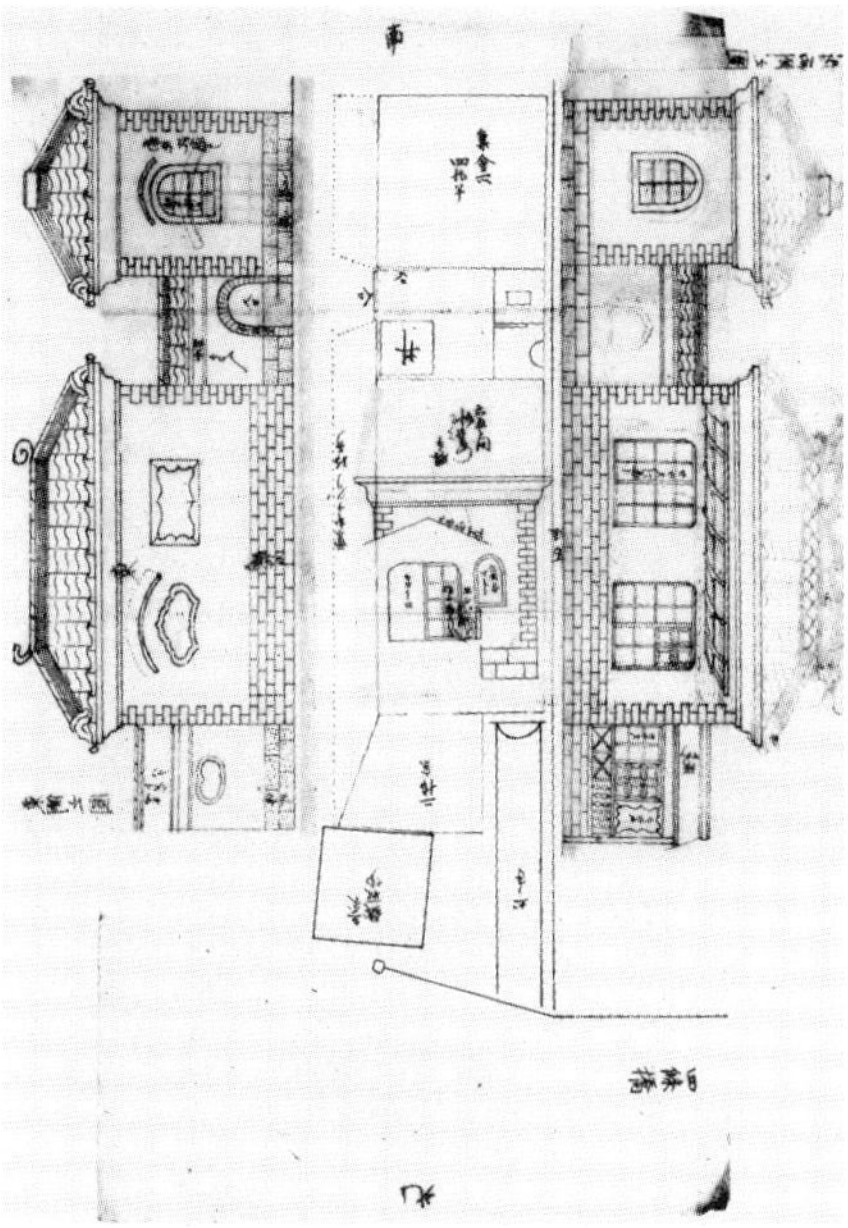

幕末から明治にかけて、全国の大工たちはいわば見よう見まねで洋風の建築を学習し、その成果を在来の構法で創出した。銭取場の建築には洋風だけでなく中国風も加えられ、材料もガラスやトタン屋根を使う計画であった。

京都府の雇い外国人ルドルフ・レーマンの住居や、レーマンが施設の設計指導をした梅津の製紙場の工事も担当していた吉兵衛であったから、レーマンを通じて洋式の構法や意匠、新来の材料に関する知識を吸収し、進取の気性で取り組んだのであろう。

江戸時代前期以降代々にわたって町家を中心に、寺社建築を請け負うこともあった伝統的な大工棟梁が、近代化の歩みにどのように対応しようとしたのか、という視点からも興味深い。

管見の限りでは四条鉄橋を撮影した写真には、設計図のような施設は認められない。計画案は実現されなかったのであろうか。

【図版】京都市歴史資料館寄託「田中家文書」から、四条大橋番所の設計図。

# 京都の洋風町家

大場　修

## 洋風町家とは？

「京町家」といえば、京格子に虫籠窓《むしご》の端正で洗練された町家を、誰もがイメージしよう。確かに市内にはこれらが多く残り、歴史的な景観を形成している。しかし、主に大正・昭和戦前期に建てられた町家のなかには、外観が完全に洋風のものが多数ある。私は、これらを洋風町家と呼んでいる。

洋風町家は、外観が伝統形式とはかけ離れているために誰しも町家とは思わず、規模も小さいし何より町中にたくさんあるので、注目されることはほとんどなかった。むろん、目立つものは近代洋風建築として個別に知られてはいるし、文化財に登録されたものもあるが、ごく一部に過ぎない。そのために、洋風町家については、学術的にも見過ごされてきたし、一般の人々もほとんどその存在に気づかずにきたと思う。

しかし、洋風町家は、伝統的な京町家の抑制のきいた外観とは対照的に、それぞれが多彩で華やかな外観を誇り、すこぶる個性的である。

まずは、市内に残る洋風町家の中で、最も古い旧家辺徳時計店を取り上げたい。家辺徳時計店は、近代建築が多く残る三条通に位置し、明治四年（一八七一）創業の、舶来品を扱う京都では草分け的な商店であった。当初は和風の伝統的な商家の店構えで、大屋根に大きな時計塔を載せていた（図7参照）。その後、一八九〇年（明治二三）に建て替えられたものが、現在残る建物である。通りに面して煉瓦造り二階建ての洋館（店舗棟）を建て、その上部にかつては塔屋と時計塔がそびえていた（図8参照）。今日では塔屋も時計塔も失われたものの、煉瓦造りを導入した最初期の本格的な洋風商店として、以前から諸誌に繰り返し紹介されている（図1）。

図1　旧家辺徳時計店
（中京区三条通富小路東入ル）

図2　平楽寺書店（中京区東洞院通姉小路下ル）

今回改めて調べてみると、店舗棟の背後には和館の居住棟があり、しかも両者が中庭を挟みつつ通り庭（土間）で接続する構成をもつことがわかった。この通り庭を軸とする家屋の構成は、いわゆる「表屋造り」と同じである。

表屋造りとは、比較的大きな京町家の伝統形式で、店舗棟と居住棟とを分けて前後に並べる点に特徴があり、京町家の代表的な事例である杉本家住宅（明治三年建築、京都市指定文化財）も同じ構成を取っている。旧家辺徳時計店は、その新奇な外観に目が奪われるものの、実は京町家の系譜に則る建築であり、京町家の近代化を物語る好個の事例であることが明らかとなった。

このように表に洋館を連結する洋風町家は他にも多い。仏教書を扱う老舗出版社である平楽寺書店はその好例で、鉄筋コンクリート造りの店舗棟は威厳に満ちた古典主義的な外観であるが、やはりその裏手には和風の居住棟が寄り添うように建ち、通り庭が両者を繋いでいる（一九二八・九年〈昭和三・四〉建築、国登録文化財／図2）。元冨長商店（一九三五年）も店舗棟は鉄筋コンクリート造りで、一見事務所ビルのようである。しかし、呉服問屋を営んだ立派な町家であって、一歩中に入れば京町家と同じ室内構成を持ち、その内外のギャップには驚かされる（現在は、レストランに改装されている）。

以上、ほんの一例を紹介させて頂いた。洋風町家は、外観が大胆に洋風化されてはいるものの、紛れもない京町家であり、その近代版なのである。

## 洋風町家の銭湯建築

京都の市中では、今日も多数の銭湯が営業している。大正・昭和初期に建てられた銭湯も多く現役で活躍している点は、京都ならではであろう。

これらは総じて和風で、町家風の外観を持つものが多い。堺町通に面し錦小路通に程近い錦湯は、その代表例である。一九二七年(昭和二)の建築で、当初の形を内外ともによくとどめている(図3)。

一般には銭湯を町家と見る人は少ないと思う。しかし、京都における戦前の銭湯建築は、家族の住居を二階に設けることが、調査の過程でわかった。つまり、当時の銭湯は店舗併用住宅なのである。しかも、昭和初期には洋風の外観を持つ銭湯が登場する。そこで、町家の延長線上にこの種の銭湯をとらえ、その特徴を見てみよう。

白川温泉は、京都東山の北白川に一九三一年頃に建てられた銭湯である。表側の脱衣場は木造二階建てで、外観は純洋風にまとめられている。しかし、内部の間取りは、細かな説明は省くが、前述の和風である錦湯と基本的には同じ構成で、二階を住居部にする点を含めて、京都における和風銭湯と変わりがない。

つまり、京都市中の洋風町家にみる、外観の近代化と室内における伝統性という、先に指摘した両者の併存状況は、銭湯建築にも共通に見いだせるのである。

伏見区深草の宝温泉は一九三一年の建築であるが、その洋風で瀟洒な外観はとりわけ印象深い(図4)。同銭湯には建築当時の図面が残されていて、これによれば、最初、宝温泉は錦湯などと同じような和風の木造二階建てで計画されていたことがわかった。しかし、設計変更により外観が洋風とされたのである。

計画当初と、設計変更後の外観はまったく趣を異にする。一方、平面には目立つ変更はなかった。設計変更の

図3　錦湯（中京区堺町通錦小路下ル）

図4　宝温泉（伏見区深草大亀谷）

眼目は外観にあり、外観を洋風にすることで、人目を引きつけようとしたものと想像される。

では、和風の銭湯が多い京都市中において、これらはなぜ洋風なのか。その答えは立地条件にあると、私は考えている。洋風銭湯の立地分布には、ある傾向が読みとれるからである。すなわち、白川温泉や宝温泉をはじめ、やはり伏見にある新地湯（一九三一年、京都市伏見区南新地）、あるいは中京区西ノ京の威徳湯や弁天湯、さらには北区紫竹の紫竹温泉など、洋風外観をもつ銭湯はいずれも町中ではなく、当時はまだ人家の少ない郊外地に建設されていたことがわかった。

住宅地としての今後の拡張を見越した立地であった。新地湯という命名などは、その経緯を端的に物語っていよう。

既存市街地に建つ銭湯と違い、これら銭湯では新たに客を積極的に誘致する必要があっただろう。洋風の外観は、銭湯の外観を大いに目立たせた。銭湯という生活に身近な施設であっても、新規創業に際して経営者は、看板（サイン）としての効果を、外観の洋風意匠に最大限期待したのではないか。設計変更をしてまでこだわった宝温泉の洋風意匠には、このような意図と願望が込められたのであろう。

## 町家の究極・箱形町家

京都市中には小さな近代建築がたくさん建っている。大きなものは有名だし文化財の登録も増えつつあるが、これらは小さいので近辺の人にしか知られていない。しかし、その小粋で洒落た外観は界隈の景観には欠かせぬ存在である。

一例をあげよう。宮川美髪館は、油小路と綾小路とが交わる小さな角宅地に、一九二七年（昭和二）に建てられた理髪店である（図5）。陸屋根の木造二階建てで、壁面は黄色のタイルで美しく飾られている。間口五間に奥行が一間半という大きさなので、一階は店舗のみとなり、二階が居住部分である。

村中理容院も、室町通に面して、蛸薬師通との交差点に建つ木造二階建ての理髪店で、一九二八年に建てられた。縦長で箱形のシルエットは、小型ながら鉾町の室町通で異彩を放っている。八坪（約二六平方メートル）ほどの建坪で、間取りは宮川美髪館と同様に一階が店舗、二・三階に居住部を積み上げている。

二つの例はともに理髪店であり、いずれも角地に建っているが、これは偶然ではない。京都では、理髪店は角敷地に建つことが多い。理髪店の組合である京都府理容生活衛生同業組合で調べた結果、例えば西陣支部では、過半数の理髪店が角地に建ち、左京支部でも約半数がそうであることがわかった。これは小規模でも営業できるという理髪店の特性と関係があると考えられる。京都市中では、角地は地割りの関係で小宅地となることが多いのである。

これら理髪店は、小規模ゆえに箱形であり洋風なのである。しかも、店舗の上に居室を積み上げるという合理的な室内構成を取る点も、通常の町家とは異なる。

箱形町家の例をもう一つあげたい。松井ビル（旧森田牛乳）は、河原町通の西側に建っている（図6）。一九二五年（大正一四）、この通りの拡張に伴い敷地の奥行幅が元の約四割に減少し、残る敷地いっぱいに新築されたのがこの建物で、鉄筋コンクリート造りの三階建てである。当初一階は牛乳店で、二、三階が住居に当てられた。

図5　宮川美髪館（下京区油小路通四条下ル）

図6　松井ビル（中京区河原町通夷川上ル）

台所や風呂トイレなどの水回りも最初から二階に配置されていた。モダンな外観とは対照的に、二、三階の室内は和室が基本である。

以上取り上げた事例に共通するのは、一階は店舗空間のみで、住居機能が上階に持ち上げられている点である。いずれも敷地条件や道路拡張の影響によるものであり、特殊な条件下でできた洋風町家の例といえよう。

近代の町家では、業務量が増加すれば店舗が拡張され、業務空間が大きくなれば、その分住居空間は狭くなり、最後は町家から住空間が分離される。戦後は、このようにして、多くの町家が業務ビルへと建て替えられていった。

そのように考えれば、先の事例は、実は近代町家の道筋を先取りした縮小形ともみなせるのである。その意味で、これらの箱形町家は、かろうじて店舗と住宅が共存する、近代町家の最終形態を示している、と私は考えている。

## 商業サインとしての洋風町家の外観

最後に、洋風町家はなぜ洋風なのか、近世以来の京町家と、なにが違うのか、洋風の意味を改めて考えてみたい。

初めに取り上げた家辺徳時計店の明治四年（一八七一）創業時の

店は、町家の屋根にそびえる時計塔が一際目を引く（図7）。しかし、町家本体の外観は、左右両側の町家と区別が付きにくく、大変似かよっていることに気づかされる。

つまり、町並みに統一感はあるが、見方を変えれば個々の町家は特徴を持たず、町家の外観に個性は希薄である。技術や建築材料の普及と規格化、さらに町衆の美意識の変化などがその背景にある。こうして近世後期に確立した京町家の均質性は、そのまま近代初頭の京町家へと引き継がれた。

それゆえ、京町家の個々の店構えは、暖簾や庇の上に立て掛けた看板により、辛うじて個性付けがされている。暖簾もある種の看板（サイン）だとすれば、業種や店としての表示は看板類が担っているといってよい。

京町家の屋根に載る時計塔は、近世以来の看板が巨大化したものに他ならない。町家の外観が持つ匿名性と、それゆえ情報発信のための看板への依存性という、相互の関係が見て取れる。

洋風町家への建て替えは、それまで看板あるいは暖簾が担った役割と効果を、洋館店舗棟の外観全体に付託したためだと考えたい。一八九〇年に改築された家辺徳時計店では、時計塔と塔屋が屋上に積み上げられ、その華麗な店舗棟の全体が、豊かな広告媒体として三条通にそびえ立った（図8）。時計塔はもはや看板ではなく、店舗棟と一体の建築要素となっている。

さらに、千本今出川交差点の角に、一九二九年（昭和四）に建てられたミヨシ堂時計店では、時計塔は、塔というよりはむしろ外壁の一部となっている（図9）。時計塔に求めた役割は、ここでは店舗を飾る壁に移し込まれ、外壁面に昇華された。

これまで看板に託してきた商業的イメージは、洋風町家においては外観の全体が発信する。町家の外観に商業性が付加され、それゆえ洋風町家の外観は多様なものとなる。先に取り上げた洋風銭湯の外観も、まさにこれと同じ意味を持つ。京町家が長く堅持してきた抑制的な統一性は、ここに来て自己否定されたのである。

伝統的な京町家と洋風町家との違いは、単に外観の和と洋の単純な相違ではない。洋風町家の外観がもつ多様性と商業性こそ、伝統的な京町家との本質的な違いであろう。

時代は遡るが、近世初頭の京の町を描いた「洛中洛外図」を眺めれば、今日残る京町家とはまったく異なる、それぞれの町家が個性を競う華やかな時代があったことがわかる。

近世後期以降の京町家は、このような外連《けれん》に満ちた美意識の否定により成立する。京町家の成熟は静的な洗練に満ちているが、その勃興期は動的な活気に包まれていた。近代の洋風町家は、ある意味で、洛中洛外図に見る京町家の姿と通ずるものがある。

洋風町家からは、近代京都の町衆の活力を汲み取ることができる。洋風町家は、みやこにおける市井の近代化の象徴として、新たな評価が望まれる。

図 7　明治 4 年創業の家辺徳時計店
(図7･8は京を語る会『京都慕情』より)

図 8　1890年に建て替えられた家辺徳時計店

図 9　ミヨシ堂(上京区千本今出川)

# 郊外住宅と文化人

中川　理

## 郊外住宅の出現

近代の都市の大きな特徴に、郊外の「発見」がある。既存市街地の周囲に、新しいライフスタイルを求めて住宅地が広がっていくのである。京都では、そうした郊外住宅地化が、東京や大阪のように大規模には展開しなかった。そもそも盆地である京都では、開発する余地が少なかったし、東京や大阪での開発を担った郊外電車が存在しなかったこともある。

しかし、それでも、明治の末ごろからは市街地周辺に新しい住宅地が少しずつ広がっていった。そして、京都におけるそうした郊外宅地化には、大きな特徴があった。その開発の先駆けを担ったのが、学者や芸術家であったということである。もちろん、既存市街地に隣接する場所では低所得者の密集市街地も広がったが、そこからさらに離れた下鴨や北白川、衣笠などの郊外地では、あえて郊外を選ぶ文化人たちが集住したのである。

その典型例として、現在の北区等持院界隈がある。このあたりは、大正時代以降、日本画家が集まり、「絵描き村」と呼ばれるようになった。その先鞭をつけたのが、文展や帝展で活躍した日本画家・木島桜谷《おうこく》（一八七七～一九三八年）である。彼は、大正のはじめに室町御池から等持院に引っ越してくる。その時に建てた住宅や収蔵庫が、現在でも財団法人桜谷文庫の管理によって残されている。そして、この桜谷の引越しを契機にして、村上華岳や小野竹喬なども含む、多くの京都画壇の画家たちが等持院周辺に移り住むようになった。しかも、それまでの枠組みを超えて、さまざまな流派の画家たちが集まったようだ。

さらに注目したいのは、建築家との交流である。木島桜谷の家のすぐそばには、京都高等工芸学校（現・京都

工芸繊維大学）の教授を務め、日本のモダニズム建築運動をリードした建築家、本野精吾（一八八二〜一九四四年）の自邸がある。コンクリートブロックを使った、当時としては過激なまでに無装飾な住宅である。そして、周囲の画家の家の何軒かは彼に設計を依頼している。そのうちの一つで、一九三七年に建てられた住宅が、つい最近まで残されていた。また、京都帝国大学の教授を務め、京都市内に多くの住宅を設計した藤井厚二（一八八八〜一九三八年）の作品とみられる住宅も一軒残されている。

木島桜谷の住宅こそ旧来の伝統的木造家屋であるが、その周囲の住宅は、現在残されている遺構からしても、モダンな趣味のものが多かったと想像できる。日本画として新しい画風を求める画家たち。一方で、モダニズムの新しい流れを模索する建築家。彼らが、郊外という新しい場所で、サロンのような場を作っていたようすがうかがえるのである。

他にも、下鴨周辺には、同じように画家たちが集住した。一方、北白川界隈には、京都帝国大学の教授たちが集住し、まさに「学者村」の様相となった。こうした文化人による郊外宅地化は、一九一八年（大正七）に下鴨村などの周辺町村が京都市に編入されて以降、とりわけ顕著となった。その結果、一般の人々の郊外への関心も高くなり、不動産業者による開発も進んでいった。こうした郊外宅地化を契機にして、京都の街は、町家だけでない多様な住文化を持つ街へと変貌していったのである。

［図版］現在も残る木島桜谷（現・桜谷文庫）の収蔵庫。煉瓦造だが内部は和室のしつらい（京都市北区等持院）。

# 京都の郊外住宅

石田潤一郎

「郊外住宅」というとどんなイメージを持つだろうか。田園調布や御影の豪邸を思い浮かべる人もいるだろうし、プレハブが建ち並ぶ造成地が郊外だと感じる人も多そうだ。しかし、どちらの「郊外」にしても、日本では二〇世紀になって現われた存在である。というのは、近世的な住宅というのは職場と一体化したものだったからだ。上級武士の住まいは「役宅」であったし、庶民の住まいは店舗や作業場を含み込むものだった。住むためだけに供される「専用住宅」はほとんどなかった。中・下級武士の住宅がそれに近い官舎だったぐらいである。それだけに、都心からことさらに離れた住宅といったら、別荘か「下屋敷」「隠居所」など、文字どおり浮世離れした性格のものに限られていたのである。

一九〇〇年（明治三三）ころから、東京と大阪では、人口の飽和による家賃の高騰や工場の煤煙に代表される生活環境の悪化によって、人々は都心を忌避しはじめる。一方、この二〇世紀初頭は交通網の整備が進む時期でもあった。その結果、それまで近郊農村と思われていた地域に日常生活の本拠を移す人々が現われる。郊外居住という新しい生活様式の出現である。このことがいかに注目されたかは、一九〇八年（明治四一）四月に『大阪毎日新聞』がその「日曜附録」の見開き二ページを使って「郊外生活」というルポルタージュを載せたことでもわかる。そこでは、関西一円の郊外居住の実態がこと細かく活写されている。

ところが、そのなかで京都は「山紫水明の地にして市内至る所殆ど遊園と申しても差し支えなき程に御座候。従って京都市にては俗塵を避けて不便なる市外に移転する必要を認めず。……今日交通機関も不便にして全く市

内と郊外との連絡を欠如せるに於いては郊外生活の稀なるも当然の儀と存じ候」と報告されている。実際、一八九八年から一九〇八年までの一〇年間に、京都市域の人口は約二九万人から約四四万人へと五〇％以上の増加を示すのに、後年典型的な郊外住宅地となる下鴨村は一七五八人から二二三五人と二七％程度の伸びにとどまり、白川村は一九四二人から一七九三人へと、むしろ微減している。

　京都に現れた本格的な郊外居住地の早い例が、現在の北区北野西白梅町の衣笠園である。一九一二年（明治四五）ごろに藤村岩次郎が開設したもので、約四二〇〇坪（約一三八六〇平方メートル）の敷地を十字形の街路によって区画し、賃貸住宅を配した。画家の来住を想定していたといわれ、実際、土田麦僊《ばくせん》や宇田荻邨《てきそん》らが住んだ。画家以外にも一九一四年（大正三）に志賀直哉が来住したことが知られる。各戸は、高板塀や生け垣で区画された敷地の奥にあり、平面も中廊下型であって、町家とは全く異なる形式がそこにはあった。塀と見越しの松、その上にのぞく入母屋屋根といった地域の景観は、同時期に現れた大阪南郊の天下茶屋や北摂の池田室町の郊外住宅地と共通する。そして、塔之段や下鴨の住宅地へと受け継がれていくのである。

【図版】明治時代末期に開かれた郊外居住地「衣笠園」の現状。町家がたちならぶ景観とは異なる新しい町並みだった（京都市北区北野西白梅町）。

## 三高京大教官の郊外居住地

郊外居住の担い手は、いわゆる「サラリーマン」、すなわち会社員、官吏、教員、職業軍人といった頭脳労働系の給与生活者であった。京都の郊外住宅地の形成が遅かったのは、ひとつには官僚と軍人が少なかったからである。紳士録のたぐいで京都の郊外居住者を調べると、一九二〇年代半ば、つまり大正から昭和に変わるころまでは、教員、それも京大および三高の教官が大半を占めることに気づかされる。

京大が発足して日の浅い一九〇四年（明治三七）をみると、住所が判明する教授・助教授七五名のうち、既成市街地に住むものが四七名と過半数で、一方、愛宕郡部が下鴨村八名、田中村四名、上加茂村一名、上京区内でも吉田・塔之段・浄土寺などの周縁部が一四名という内訳になる（一人神戸に在住）。これが、二四年たった一九二八年（昭和三）の京大教授・助教授の住所を見てみると、判明する二二三名中、下鴨三五名、塔之段とその周辺二四名、吉田一八名、北白川・小山各一六名など、郊外居住者が一二三名に上っている。

前記中の塔之段は、相国寺の東側、寺町通が今出川通を越えて北に伸びた先が専用住宅地化したものである。住民からは「街に遠く、電車も遠いので学者の住居には持って来いである」と評価され、「不便であるが静かな聖域」とまでいわれた。一九〇四年ごろの京大生を題材にした夏目漱石の『門』には「閑静な町外れに移って勉強するつもりだとかいって、わざわざこの不便な村同様な」下鴨の下宿に引っ越す学生が描かれるが、同じような心理が教官にも働いていることをうかがわせる。

だが、京都においても第一次大戦期の好況を契機に会社員層が増えてくる。そして彼らは積極的に郊外に住みはじめる。一九二五年（大正一四）

に開始された市街地外延部の土地区画整理事業はその機運をふまえたものであった。会社員たちは、学者と違って不便なほうがいいなどとはいわなかった。彼らがまず住んだのは、交通の便の良い烏丸車庫近傍の小山地区である。既成市街地とは電車だけで結ばれた飛び地といっていい存在であり、その意味では京都に初めて田園調布や箕面桜ヶ丘と同質の住宅地が生まれたのである。

京都の地名の付け方に「頭《かしら》」というのがある、縦の通りの北端の地域を指し、「室町頭町」といったように町名にもなるが、しばしばそうした固有名詞とは無関係に実情に応じてつけられた。上記の室町頭町は寺之内通との交点だが、一九二〇年代に通称として使われる「室町頭」は五〇〇メートルほど北の鞍馬口通との交点付近、つまり旧市域と旧愛宕郡との境界であった。

一九二三年（大正一二）の北大路開削を受けて、烏丸北大路の交差点付近が「烏丸頭」と呼ばれるようになった。その名は京都の郊外発展の象徴ともいえる。しかし、その後の土地区画整理事業の伸展によって、農村地域まで整然とした街路割りが拡がり、それまでのような既成市街地と農村との画然たる差がなくなると、「頭」という地名の付け方そのものが消えていく。「烏丸頭」は最北端の、そして最後の「頭町」なのである。

［図版］ 塔之段の住宅地の現状。明治～昭和初期には京大の教員たちも数多く住んだ（京都市上京区）。

# 美術と工芸

# 応挙と近代京都画壇

並木誠士

円山応挙（一七三三〜九五年）は、京都郊外の亀岡に生まれ、画家を志して京都へ出てきた。はじめ狩野派の画家石田幽汀に画を学ぶが、応挙は、ここでの教育にかならずしも満足しなかったようだ。この時期の狩野派における絵画教育は、与えられた手本を写すことが基本であった。これは、絵を見て絵を描くことであり、結果として描かれた作品が形式化することはやむを得なかった。

その応挙に大きな転機が訪れる。それは、玩具店ではたらくことにより、当時オランダから日本に入ってきた眼鏡絵に接したことであり、応挙自身も二〇代のころに眼鏡絵の制作をすることになる。眼鏡絵とは、覗機械《のぞきからくり》という道具を使って見ると立体的に見える絵画のことで、線遠近法を使って、それまでの日本の絵画にはない奥行き感のある表現を生み出していた。応挙が描いたとされる眼鏡絵としては、三十三間堂や上賀茂神社の馬場のような、線遠近法で描きやすい題材を用いた作品が知られている。

この眼鏡絵に接し、みずからもそれを手がけることにより、応挙は、三次元的な空間把握についての感覚を身につけることになる。そして、このことをきっかけとして、応挙は、眼前の事物を見て、見たままを描くという写生にもとづいた絵を描くことを積極的に進めてゆくことになるのである。応挙が写生にもとづいて描いた孔雀には、狩野派の画家たちの作品には感じられない、迫真的な存在感が宿っている。

応挙は、人物画を描く際にも、その着衣の下の人体を意識したうえで衣装を描くように主張しており、実際、応挙が裸体の人物を描いた「人物正写惣本」（天理大学附属天理図書館所蔵）も知られている。そのリアルな人体表現からは、見たままを描きたいという応挙の気持ちがはっきりと伝わってくる。また、応挙には、弟子を腑分け（解剖）に立ち会わせたというエピソードが伝えられているが、このエピソードからは、人体のさらに内側をも知ろうとする応挙の欲求をうかがうことができる。

　現代では当たり前のことになっているこの写生という姿勢を絵画制作の基本に置いたところに応挙の新しさがあった。そして、この応挙の流れを汲む円山派の画家たちや応挙の弟子の呉春以降の四条派の画家たちの系譜が、江戸時代後期の町人階層の支持を得て、やがて近代京都画壇を形成してゆくことになる。近代京都画壇の画家たちの作品は、いずれもわかりやすい平明な画題を扱っているが、それは風景にしても花鳥にしても、眼前のものをありのままに表現しようとした結果といってよいだろう。そして、その基本には、応挙によりその価値が見いだされた写生がある。近代の京都画壇は、応挙のこの姿勢からはじまったのである。

【図版】円山応挙「牡丹に孔雀図」（相国寺所蔵／重文）。

# 幸野楳嶺と画学校

並木誠士

幸野楳嶺（一八四四〜九五年）は、京都の四条に生まれた。はじめ円山派の画家中島来章に絵を学ぶが、明治の初年には四条派の塩川文麟に師事し、文麟没後は、その門人たちを統率することになる。四条派は、江戸時代後期以来、京都の市民層の支持を得ており、楳嶺はその四条派の中心的な画家として活躍していた。

しかし、近代の京都画壇に対して楳嶺が果たしたもっともおおきな役割は、一八七八年（明治一一）に望月玉泉と連名で、京都府知事に画学校設立の建議書を提出したことである。絵画教育を専門とする画学校の設立は、京都の伝統産業を支える人びとの切実な願いであった。この建議書が功を奏して、一八八〇年には京都府画学校が設立した。

この画学校は、いくつかの点で、京都だけではなく近代日本のなかでおおきな意味を持っている。第一点は、一八八七年（明治二〇）創立の東京美術学校に先駆けてできた美術学校であるという点である。美術学校による絵画教育という近代的な事柄は、この京都府画学校からはじまった。第二点は、東京美術学校が明治政府の美術行政を推進したアメリカ人のフェノロサと岡倉天心の主導によって設立された官立の学校であったのに対して、民間からの要求により設立されたという点である。そして、第三点は、東京美術学校が、伝統的な美術を教える機関として、洋画を排斥し、日本画と木彫、工芸の三科からなっていたのに対して、絵画に限定されているとはいえ、洋画をも組み入れていた点である。

京都府画学校は、やまと絵や円山四条派系の東宗、洋画系の西宗、南画系の南宗、狩野派系の北宗という四科

にわかれていた。伝統産業を基盤として設立された京都府画学校に洋画を教える場があった点に、開明的な近代京都の気質を垣間見ることができる。この京都府画学校は、やがて京都市の管轄になり、また、工芸、彫刻を加えて、総合的な美術学校として、現在の京都市立芸術大学の基礎を築くことになる。

楳嶺は、開校した画学校北宗科の教員となるが、すぐに退職して私塾をはじめ、そこで後進に絵画を指導した。その後、一八八八年にはあらためて京都府画学校の教授になり、翌年には教頭になったが、一八九〇年には美術学校を退職した。また、楳嶺は、久保田米僊らと一八八九年に京都美術協会を結成した。京都美術協会は、一八九五年より新古美術品展を開催し、京都の美術の活性化を推し進めることになる。このように楳嶺は、一貫して近代京都の美術活動の中心的役割を果たしている。一八九三年には、農商務省の依頼によりシカゴ万国博覧会に「秋日田家」（東京国立博物館所蔵）を出品した。弟子に、近代京都画壇の基礎を築いた竹内栖鳳がいる。

【図版】幸野楳嶺「秋日田家」（東京国立博物館所蔵／Image: TNM Image Archives Source: http://TnmArchives.jp/）

# 京都画壇と栖鳳

並木誠士

竹内栖鳳（一八六四〜一九四二年）は、京都の料亭亀政に生まれ、一八八一年（明治一四）には幸野楳嶺に師事して四条派の絵画を学んだ。その後、一八八三年には、楳嶺の建議により設立された京都府画学校に入り、絵画の勉強をする。早くからすぐれた才能を示し、一八九五年には京都美術工芸学校の教諭となり、以後美術学校での教育を続けた。その一方で、竹杖会という画塾を開き、それぞれの場で小野竹喬、土田麦僊、上村松園、村上華岳ら多くの弟子たちを育てた。これらの画家たちが、いずれも明治末から大正、昭和にかけての京都画壇の中心的位置を占めたことを考えると、栖鳳は近代京都の日本画壇の基盤を固めた画家といえるだろう。

このように京都画壇の実力者であった栖鳳は、一九〇七年から開催された文部省の美術展覧会（文展）に審査員としてかかわることになるが、一九一八年（大正七）には竹喬、華岳ら弟子たちが文展の審査に不公平感を抱き、脱退して新たに国画創作協会という日本画の団体を結成した。このような弟子たちの動向に対しても栖鳳は寛容に接し、国画創作協会に栖鳳は顧問として参加した。

栖鳳は、まだ若年の一八八九年には百貨店高島屋に勤務し呉服部で着物などの下絵を制作した。栖鳳は、高島屋を離れた後も、染織品の下絵などを手がけており、このように地場産業、伝統産業と深いかかわりがあるという点が、東京の画壇とは異なる近代京都画壇の特色のひとつであると言ってもよいだろう。

画家としての栖鳳の転機は、一九〇〇年にパリで開催された万国博覧会に「雪中燥雀」を出品し銅牌を受賞し、渡欧の機会を得たことにより訪れた。一九〇〇年から〇一年にかけてヨーロッパを巡遊した栖鳳は、フランスはもとよりオランダ、イタリアなどの風景に接することになる。

また、この巡遊の折にヨーロッパのさまざまな絵画作品に触れ、なかでもターナーやコローの絵画に惹かれた。帰国後の栖鳳は、ローマやヴェニスなどの風景を題材にした作品を好んで描いている。大気の表現をその特徴とするターナーやコローの作品の影響は、栖鳳が得意とした水墨画と水彩画を融合したような独自の表現に現れており、帰国後の栖鳳作品のひとつの特徴になった。一九〇四年に高島屋の依頼により制作した「ヴェニスの月」も、栖鳳が、イタリアで実際に見た風景をもとにして描かれている。

栖鳳はつねに東の横山大観と並び称された。ふたりは、一九三七年（昭和一二）に制定された文化勲章の第一回の受賞者でもあり、この点からも、栖鳳が近代京都を代表する画家であることがわかるだろう。

［図版］竹内栖鳳「班猫」（山種美術館所蔵／重文）。

# 浅井忠とデザイン教育

並木誠士

浅井忠（一八五六〜一九〇七年）は、佐倉藩士の子として江戸に生まれ、早くから絵を描くことに興味を示していた。一八七六年（明治九）に明治政府が開設した工部美術学校に開校とともに入学し、イタリア人画家フォンタネージに油画を学んだ。フォンタネージの感化を強く受けた浅井は、後任者に満足せず退校し、その後教員などをしながら絵画制作を続けた。一八八九年には、小山正太郎、松岡寿らの洋画家と明治美術会という洋画団体を結成する。同年に開校した東京美術学校が、日本画を教育する機関としてスタートしたことに対する、洋画家たちの対抗策であった。この明治美術会は、のちにフランスから帰国した黒田清輝らを加えたことにより、黒田を中心とする新派と旧派とに分裂することになる。

浅井は、一八九八年には、前々年に設置された東京美術学校の西洋画科の教授となったが、一九〇〇年には竹内栖鳳が銅牌を受賞したことで知られるパリ万国博覧会を視察するためにヨーロッパに派遣された。そして、栖鳳にとってと同様に、浅井にとってもこの渡欧は重要な意味を持つことになった。

アールヌーボーと呼ばれる装飾的な美術運動が全盛であったパリの美術界を目の当たりにした浅井は、装飾デザイン教育の重要性を認識した。そして、同時期に渡欧していた中澤岩太の勧めを受けて、開校準備の進んでいた京都高等工芸学校（現・京都工芸繊維大学）の図案科の教員となることを受け入れた。一九〇二年に帰国した浅井はすぐに京都へ来て開校したばかりの高等工芸学校の教授に就任する。そこで浅井は、後に京都帝国大学の建築学科を創設した武田五一らと図案教育を進めた。しかし、浅井が京都の工芸界、図案界に与えた影響は、高

等工芸学校という場だけではなかった。浅井は、京都の若手陶芸家たちとの集まりである遊陶園や漆芸家たちとの集まりである京漆園を結成し、みずからその中心となって図案を提供しつつ、同時に新しい図案の開発を進めた。伝統産業と結びつきつつ、デザインという概念を普及させた点に、浅井が近代京都に果たした大きな役割があった。

また。本来の洋画についても、関西の洋画教育の中心的な存在となった。すでに洋画家として知られていた浅井が京都に来ると、数日を経ないうちに教えを請おうと若手の画家たちが浅井を訪問したというエピソードも残っている。浅井は、聖護院洋画研究所を開設、それは一九〇六年には関西美術院となり、関西における洋画教育の拠点となった。そこからは、明治後半から昭和を代表する安井曾太郎や梅原龍三郎、京都大学で美術史を教えたことでも知られる須田国太郎らが出た。その点でも、浅井は近代京都画壇に大きな足跡を残した画家であったことがわかるだろう。

［図版］　浅井忠「梅花図筒形花生」（京都工芸繊維大学美術工芸資料館所蔵：ＡＮ３２８３）。

# 美術専門出版社　審美書院

村角紀子

審美書院は明治三〇年代から大正期を通じて美術書出版社の代表的存在だった。その刊行物には、日本で最初期の豪華美術全集として出版史に残る『真美大観』（全二〇冊）や『東洋美術大観』（全一五巻）がある。高い印刷技術と広範な人脈を武器に当時の日本美術史研究を牽引した書院の活動は、近代における〈日本美術〉イメージの定着を考えるうえで非常に重要であるが、その出発点は意外にも京都の禅寺にあった。

審美書院の活動は、一八九八年（明治三一）八月の「日本仏教真美協会」設立に始まる。場所は建仁寺塔頭禅居庵。設立発起人には金閣寺長老・伊藤貫宗をはじめ有力寺院の僧侶が名を連ねた。だが実質的な中心人物は田島志一（一八六八〜一九二四年）だったといってよい。田島は山口県出身で本姓は福山氏、自身は僧ではなかったが、兄・進藤端堂が黄檗山執事だったことが縁で京都で仏教研究を始め、雑誌『禅宗』の編集に携わるようになった。協会の目的は、田島の論説「教化上に於ける美術利用に就きて」（同誌三八号掲載）等にも示されたように、「美術の嗜好を利用して仏教思想を喚起する」ことだった。こうして布教の「方便」として企画された仏教美術写真集が『真美大観』である。その第一冊（一八九九年五月刊）には、当時、美術行政の権威だった九鬼隆一とフェノロサの序文を載せ、作品解説には藤井宣正、高楠順次郎ら仏教学者を起用した。また図版印刷に美術雑誌『國華』を手がけていた小川一真、森川応翠、田村鐵之助の面々を起用したのが成功し、パリ万博（一九〇〇年）で書籍部門金牌を受賞するなど国内外で高い評価を得た。

だが、刊行の目的はまもなく仏教から〈美術〉そのものに向かった。寺院所蔵品を掲載していた図版には第三冊から華族・財閥・博物館のものが加わり、第五冊以降は帝室御物も多く掲載されるようになった。

これにつれて出版元も京都を離れた。一九〇二年一月、神戸の大富豪・光村利藻が第六冊以降の発行権を買い取ったのが転機となり、同地で新たに「日本真美協会」が発足。田島はその理事となって仏教界からも離れた。翌年、協会は「審美書院」と名を改め『光琳派画集』『元信画集』等を発行。しかし光村の事業失敗により、一九〇五年、発行権は再び手放された。

日露戦争後、舞台は東京に移る。一九〇六年一月、京橋区に「株式会社審美書院」設立。田島が書院主幹を務め、主筆に東京美術学校教授・大村西崖を迎えた。筆頭株主は宮内大臣・田中光顕。その尽力で多数の政界・財界人が株主となった。この時代が書院の最盛期だった。『真美大観』を完成させ、正倉院御物図譜『東瀛珠光』（〇八年）、日英博覧会出陳『特別保護建造物及び国宝帖』（一〇年）、『東洋美術大観』（一九〇八～一八年）等の発行を続けた。その多くは昭和戦後まで東洋美術史研究上の定本とされた。

しかし田島の退社や関東大震災による社屋半壊と複製用版木の焼失等から、書院の事業は徐々に衰退していった。一九三九年（昭和一四）頃には京都の美術印刷会社・便利堂の四代目社長・中村竹四郎が書院の取締役を兼任するようになり、一九四四年一二月には名実ともに便利堂に合併された。審美書院は、最期もひっそりと京都に帰ってきたのである。

禪宗

第参拾八號

教化上に於ける美術利用に就きて

［図版］『真美大観』表紙（右）と臨済、黄檗二宗の機関誌『禅宗』第三八号（一八九八年四月発行）に掲載された田島の論説（左）。

# 藤岡作太郎と『近世絵画史』

村角紀子

藤岡作太郎（一八七〇～一九一〇年）は明治期後半に活躍した国文学者だが、日本美術史の分野では名著『近世絵画史』の著者として知られている。本書は一九〇三年（明治三六）に金港堂から初版が刊行され、一九二六年（大正一五）までに一五版を重ねた。さらに一九四一年（昭和一六）には創元社、一九八三年にはぺりかん社から復刻された。刊行から百年、本書がいまだ「生きている」と言われるゆえんだ。

しかしこの『近世絵画史』も、よく引用される割には藤岡自身の執筆意図や背景が考慮されることはほとんどなかった。ともすれば異分野の学者の片手間仕事、江戸期の画史画人伝の寄せ集め、と見なされがちである。

誤解されやすいが、この本は「日本絵画史」でも「江戸時代絵画史」でもない。正確には「寛永期から明治三〇年代までの日本を舞台とした絵画史」だ。伝統画派の狩野派をとりあげているのは勿論だが、時代順に諸派の展開に均しく目を配っており、司馬江漢や亜欧堂田善など洋風画についても資料や口伝を詳しく収録している。今日よく知られている平賀源内の油画《西洋婦人図》（現在は神戸市立博物館蔵）を写真図版で紹介した最初の本でもある。さらに明治維新後にも同様の情熱を持って筆を進め、日本画・洋画のへだてなく双方の展開を説いているのが特長だ。対象を日本の伝統画法に限定せず、時代の新旧に拘泥せず、その態度はうらやましいほど自由で、視野が広い。

藤岡の美術研究が自由でありえたのは、彼が東京と京都のふたつの都市で暮らしたことが大きいだろう。藤岡は一八七〇年（明治三）に金沢に生まれ、同地の第四高等中学校をへて一八九四年帝国大学文科大学国文学科を

卒業した。その後、大阪府第一中学校教員をへて九五年一〇月京都真宗大谷派第一中学校に赴任、九七年九月第三高等学校教授となった。以後、一九〇〇年九月に東京帝国大学助教授となって東京に戻るまで約五年間を京都で過ごした。

藤岡はこの間、京都近郊の展覧会はもとより、兵庫、大阪、奈良、さらに四国や広島など各地の寺社、史跡を見てまわった。『近世絵画史』には「観者をして腋下に涼風を生ぜしむ」（円山応挙《瀑布図》）といった、その絵と時間をかけて向かいあった者だけが持つ実感にあふれた形容がしばしば登場するが、それはこの京都時代に蓄積した経験から生まれている。また藤岡は既存の文献にとどまらず、地方の蒐集家や考証家の談話を情報源として有効に活用しているが、これも京都時代に知己を得た相手が多い。大阪の著名な古書肆・鹿田松雲堂もよく利用し、その交友は藤岡が東京に移っても続いた。

だが藤岡の現代性を養うことができたのは残念ながら京都ではなかった。藤岡の京都時代の著作に、同時代美術に言及したものはない。東京に戻った翌年の論文「画道における東京と京都」（『帝国文学』七巻八、九号掲載）がその嚆矢となったのである。

【図版】藤岡作太郎肖像（右／『東圃遺稿』巻一掲載、大倉書店、一九一一年刊）と『近世絵画史』初版表紙（左／金港堂、一九〇三年刊）。各派の画家印章をあしらったデザインは藤岡自身による。

# 森寛斎の画業

芳井敬郎

## 寛斎の京都

小宅から二筋東、室町通二条を下った仕舞屋《しもたや》軒下に「森寛斎宅蹟」と記した石碑がたっている。

森寛斎（一八一四〜一八九四年）とは長州藩士で、勤王画家と呼ばれた人物だが、今日では専門家の間でも取り上げられることが少なくなった。しかし、彼は明治期、第一回帝室技芸員に指名された最高峰の画家であった。『京都美術協会雑誌』の死亡通知記事によると、明治の応挙と称され、不朽の傑作が少なからず、また高潔の人であったと高い評価が与えられている。私は先年、勤務する大学の付属歴史博物館での森寛斎展に関係することがあった。

筆まめな寛斎は死亡する一八九四年（明治二七）まで日記を書き続けたが、そのなかで、尊皇攘夷派の士としての詳細な動きをはっきりと摑むことはできない。しかし、明治三年（一八七〇）山口藩庁の文書では京都で尊攘に尽力することで扶持米が与えられていたことがわかる。また絵師として藩に抱えられていたが、その職を離れた際には藩側から一〇〇両もの金子《きんす》が支給されている。単なる絵師の立場であったならば、これほどの額は与えられなかっただろう。

彼は離藩し、京都に常在するようになった明治四年までにしばしば、旅をしている。その目的は二つあった。江戸期の画家たちが地方の資産家や有力者を訪れて作品を残したように、寛斎も大パトロン讃岐の金刀比羅宮をはじめ、画業のために旅をした。一方、しばしばの京都・山口間の旅は京都での探索報告を国元へ伝えるためであったろう。

それならば寛斎が攘夷運動でどれほどの役割を演じ、仲間内でいかなる評価を受けていたか、その問いに答えることはなかなか難しい。彼の娘、綾女は一九二八年（昭和三）一一月一二日の『京都日日新聞』に幕府の目をくらますために、彼が変装して使役を勤めたことや桂小五郎と三条の橋の下で会ったことなどを述べている。寛斎が志士たちとの交友の広かったことは日記から推測できる。明治以降、寛斎宅には画家仲間のほか、京都府知事槇村正直、北垣国道、山縣有朋、品川弥二郎等、高官たちが訪ねている。特に品川弥二郎とは親しく、彼は赴任先のベルリンから、わざわざ家内の無事と帰国後の寛斎宅への訪問希望を手紙で伝えている。

勤皇派であった寛斎は終焉の地と考えた京都の新時代にふさわしい教育面にも力を入れた。維新前から続く手跡指南所篤志軒を営む西谷湛水と共に、京都府に小学校建設を願い出ている（『京都の歴史』七）。このように森寛斎が日本の近代化への発展に貢献したことは明らかであるが、それだけならば草莽の志士で終わっていただろう。しかし、次に触れる画業で歴史に名を残すことになった。

［図版］　森寛斎筆「竹林図」（筆者蔵）。

## 寛斎の時代と画業

ところで、今日の最高峰と評価される日本画家の書に失望したことがある。その「春夏秋冬」と書いた墨あとには余韻がない。線に自在さがないためである。これはいうまでもなく現在

の日本画が運筆を重要視しなくなった結果といえよう。

寛斎の時代には即興で描く席画が見られた。一八七三年（明治六）、第二回京都博覧会では御所で物品の陳列と共に、「陶器製造」「書画之会」等が行われ、一流の作家が制作工程を会場で披露した。書画の部では寛斎をはじめ、岸竹堂、塩川文麟、幸野楳嶺等が見学者の求めに応じて、絹、紙、そして素焼きの皿にまで揮毫している。

今日では高名な画家が注文に応じた画題で、即興で描くことなど考えられないことである。当時の客は四季の床の間を飾る無難な題材を求めたに違いない。寛斎宛の元京都府知事槇村正直の手紙（一八九四年付）にも「嵐山春景」等数種の画題を指定すると共に、四条派でと、画風まで申し入れて揮毫を依頼している。このような要求に応えられるのは諸粉本（名画を写した参考資料）を熱心に写すことが学習の第一であったことによる。すなわち先学の描いてきた自然物や人物等の表現を頭にたたき込んで記憶するだけではなく、筆を持つ手が自然に動くまでに学習したためである。それは型の熟達を第一に考える能や歌舞伎の世界に相通じることといえる。

近代以降、日本画は洋画の影響を受け、より個性的であることを標榜するようになり、型の学習は疎んじられるようになった。現代日本画ではそれまでの筆の運びで表現する画法が徐々に後退した結果、よく計算された構図に基づき厚く塗ることが主流となっている。

短時間に作品を完成させる席画は線と墨の濃淡で表現することが多い。この表現法は伝統的なわが国絵画のテクニックだが、墨の濃淡はともかく、今日、味わいある線を描ける画家は少なくなった。

寛斎は幕末から続く、画家たちの研究会である如雲社を明治一〇年頃から長老格として主宰するようになった。毎月の例会には物故者を含み、画家、学者、歌人の作品が並べられ、若い画家たちの作品批評が行われた。また一般の趣味人に対する席画も見られた。

寛斎らの次代を担った竹内栖鳳はこの会を「風流を楽しむ機関」であり、主宰者寛斎自身も風流な生活を楽しむ人であったと述べている。また席画を寛斎が好んだ記憶も見られる。これは人々の求めに気安く応じる町絵師寛斎の姿が見え隠れする回想である。

寛斎の転宅に際して、弟子たちとの酒宴で書いた席画が残っている。近代日本画史上に名を残す山元春挙や養子の森雄山らが寄せ書きをし、中央に寛斎が戯《ざ》れ唄《うた》をしたためたものである。いずれも達者な筆遣いである。

このように今日よりも絵画を、画家も愛好家も身近で楽しめたのが寛斎の生きた時代であったといえる。

**［図版］** 寛斎と弟子たちによる席画（花園大学歴史博物館所蔵）。

# 武田五一と京都の工芸界

清水愛子

武田五一(一八七二〜一九三八年)といえば、関西を中心に近代建築を数多く手がけた著名な建築家である。特に京都では、近代的な都市空間の要となっている京都市役所、京都府立図書館、京都大学の時計台など、数多くの建築作品を設計しており、その多くが現在でも活用されている。その武田が、京都の工芸界に対しても、多大な影響を与えた人物であることはあまり知られていない。

一九〇四年(明治三七)、武田はヨーロッパから帰国後すぐに、京都高等工芸学校図案科(現・京都工芸繊維大学)の教授として赴任した。ちょうどその頃京都では、不振に陥っていた工芸界の活性化を目的に、京都高等工芸学校校長中澤岩太を中心に、洋画家浅井忠、図案家神坂雪佳、日本画家菊池素空、同じく谷口香嶠、京都陶磁器試験場場長藤江永孝といった多彩なメンバーが集結していた。このような人物を指導者として、陶芸界では一九〇三年に遊陶園、漆芸界では一九〇五年に京漆園、染織界では一九一三年(大正二)に道楽園といった工芸団体が結成され、新たな工芸品づくりが試みられたのである。

武田は、京都に赴任すると同時に遊陶園をはじめ、京漆園、道楽園へも参加した。このような工芸団体における武田らの役割は、図案の考案、その図案をもとに製作者が作った工芸品の評価や指導、あるいは西欧で見聞した美術工芸事情を伝えることであった。

では、具体的に新たな工芸品製作にあたり、武田自身はどのような意思をもって指導したのだろうか。そこで注目したいのが、マルホフ式図案である。この名称は、オーストリアのデザイナー、エマニュエル・マルゴルド

とその師ヨーゼフ・ホフマンの頭二文字をとって武田が命名したものである。

マルホフ式と名づけられた工芸品は、遊陶園の展覧会に出品されていたことが当時の雑誌記事から確認できる。そこに掲載されている五代清水六兵衛作の陶磁器「マルホフ式花瓶」をみると、円錐形の花瓶全体に、チューリップのような花と葉の文様が、渦状の先端をもつツル文様の間に配されている。このような図案を通じて武田は、既成の図案の模倣・アレンジや、写生をもとにした図案の考案法に対し、自らの発想によって図案を創造する重要性を説いている。

マルホフ式による工芸品や図案は、一九一三年（大正二）より開催された工芸界最初の官展、図案及応用作品展覧会（農展）でも多数出品された。それを契機に、織物、友禅など染織業界でも頻繁に用いられるようになり、工芸界全体に流行していったのである。

確かにマルホフ式図案は、工芸界の活性化に貢献した。しかし、武田の意図とは反し、当時人気を博した光琳派模様や古代模様などと同様に、一つの図案パターンとして取り入れられていくという結果に終わった。その背景には、自ら文様を創り出し、図案を創造するという近代的な考案方法そのものが、工芸界で必要とされ、取り入れられていくには時期を待たねばならなかったという実情がうかがえる。

武田が「図案」に託した意図は、決して工芸界から失われてしまったわけではない。その後、工芸作家が生まれ、今日の工芸界へと伝えられてきた新しいものを創造するという気風は、この時に築かれたといっても過言ではないだろう。

【図版】五代清水六兵衛作「マルホフ式花瓶」（右／『建築工藝叢誌』第一期第六冊より転載／写真提供：京都新聞社）と武田五一図案「百合花模様花瓶」（左／京都工芸繊維大学美術工芸資料館所蔵：AN2557）。

# 神坂雪佳と京都の工芸界

清水愛子

明治三〇年代の京都では、低迷していた陶磁器、漆器、染織各業界を、意匠の改良によって活性化しようとする活動が盛んに行われた。特筆すべき点は、洋画家浅井忠、建築家武田五一、日本画家谷口香嶠など、当時の京都において第一線で活躍していた人材が結集し、図案の考案・指導を行い、新しい工芸品づくりに影響を与えたことである。このような活動に、当初から工芸図案の専門家として参加し、活躍したのが神坂雪佳（一八六六～一九四二年）である。

雪佳は、一八八一年（明治一四）、一六歳の時から日本画家となるべく修業をしていたが、一八八八年、工芸品の図案家へと転身する決心をし、著名な図案家であった岸光景に師事した。やがて、雪佳は、漆器、染織、陶器、金工、指物といった様々な分野の図案を手がけ、京都の工芸界に根ざした活動を行うようになる。その後、京都市美術学校図案科の教諭、展覧会の審査員、自ら考案した図案集の発行、工芸団体の結成、婚礼家具のコーディネートなど、従来の図案家の領域を超え、幅広く活躍するようになった。

このような数ある活動の中でも、雪佳が目指した工芸界の革新を知る上で重要となるのが、競美会（後に佳都美会、佳都美村、京都美術工芸会、京都美工院、佳都美村へと改称）という工芸団体の創設である。一九一〇年（明治四三）、雪佳は、日本画家の谷口香嶠や若手の工芸製作者を集め、理想とする工芸品製作を目指して競美会を結成した。競美会では、雪佳が考案及び監修をした図案をもとに、漆器、陶磁器、染織品、指物の製作者が完成させ、それらを展覧会で展示・販売した。展覧会に出品された雪佳の図案による工芸品には、河村蜻山作「菊花透し彫鉢」（右図）、清水六兵衛・杉本古香合作「麦の模様番茶器」（左図）などがある。このような工芸品の特徴は、目新しさというより、江戸時代から受け継がれてきた技法や意匠にアレンジを加え、シンプルに仕上げたところにある。

もっとも、競美会で試みられた革新的な活動は、意匠改良によるものだけではなかった。特定の工芸団体が、直接買い手に届く即売形式の展覧会を試みたこと、大阪・高島屋呉服店という百貨店へと展覧会場の開拓を進めていったことは、雪佳が新しく工芸会に導入したものである。それは、作り手と使い手を直接結ぶ新たな流通システムの確立に大きく貢献した。高島屋呉服店にとっても初めての工芸品展覧会であったことや、現在の工芸家にとって百貨店という展示即売会場の存在が欠かせないことからも、このような試みがいかに画期的であったのかがうかがえよう。

このように、雪佳が図案家として試みた京都の工芸界の改革は、意匠改良に留まるものではなく、工芸品の生産・流通システムにまで及ぶものであった。そこに、西洋的なデザイン思想を導入することで工芸界の改革を目指した武田五一や浅井忠とは本質的に異なる点がある。工芸会で活動していた経験から、当時の低迷していた状況の中で、次代の工芸が負うべき課題を的確に察知し、国内の市場に合った図案を考案するとともに、それを販売していくためのシステムの近代化にいち早く目を向け、実行したこと、そこにこそ雪佳の独創性があったといえよう。

［図版］河村蜻山作「菊花透し彫鉢」（右／個人蔵／写真提供：京都新聞社）清水六兵衛・杉林古香合作「麦の模様番茶器」（左／京都工芸繊維大学附属図書館所蔵『競美會佳都美會作品集』より転載／同前）。

# 栖鳳と絵画の革新

高階絵里加

一九〇四年（明治三七）、高島屋百貨店大阪支店は、竹内栖鳳、山元春挙、都路華香の三人の京都在住の画家に、ビロード友禅壁掛け「世界三景（雪月花）」の下絵を委嘱した。世界三景とは主要三大陸の代表的風景をいい、栖鳳の「ヴェニスの月」はヨーロッパを、春挙の「ロッキー山の雪」は新大陸を、そして華香の「吉野の桜」はアジアを、それぞれ表している。完成した三点の壁掛けは、一九一〇年にロンドンの日英博覧会に出品された。栖鳳と春挙による二点は一九九四年に大英博物館に購入の運びとなり、一九九五年にアメリカのセントルイスで開催された「NIHONGA―日本画」展において、下絵と完成した綴れ織りとがはじめて並べて展示された。

「ヴェニスの月」

このうち栖鳳の「ヴェニスの月」は、現在大阪の高島屋史料館に所蔵されており、紙本に水墨で描かれた下絵ではあるが、絵画としてそれ自体完成作品といってよい品格と調和を持っている。ドガーナ（海の税関）の建物やその奥にドーム型の屋根を見せるサルーテ聖堂の横を、大運河がゆったりとアドリア海に注ぎ込み、逆光の中に黒々と濃墨でとらえられた船は、柔らかな夜の光に満ちた画面を引き締めている。

栖鳳にはこの数年前、一九〇〇年から〇一年にかけて渡欧の体験があり、当時ヨーロッパを訪れた多くの日本人と同じように、ヴェネツィアにも立ち寄っている。絵画の題材は目に見えるものだけでなく音楽や文学にも求められるように思う、と語ったこともある栖鳳の胸には、一八九二年以来十年近くにわたって『しがらみ草紙』に連載され、〇二年に単行本として出版されたばかりの森鷗外訳『即興詩人』の一節「ヱネチアは大いなる悲哀

図1　竹内栖鳳「ヴェニスの月」
（1904年／高島屋史料館所蔵）

の都なり……日の夕となりて、模糊として力なき月光の全都を被ひ、随所に際立ちたる陰影を生ぜしとき、われはいよいよヱネチアの真味を領略することを得たり。死せる都府の陰森の気は、光明に宜しからずして幽暗に宜しければなり」が、思い浮かんでいたかもしれない。

「ヴェニスの月」のもっとも驚くべき特徴は、その大気と空間表現の見事さだろう。縦二・二メートル、横一・七四五メートルの堂々たる情景を満たす湿潤な大気は、月や建物の輪郭をおぼろげに見せながら、画面をこえて立ちのぼってくるかのようであり、いっぽう水面は、はるか遠くへと奥まってゆくと同時に手前に向かっても扇形にぐっと大きく広がって、いつのまにか観客をもそのなかに包み込んでしまう。この絵の前にしばらく立っていると、あたかも潮の香りをふくむ微風に吹かれながらすぐ足元にひたひたと押し寄せるさざなみの上をたゆたっているような、軽いめまいに襲われさえする。視覚を通じてわれわれの身体は湿度や大気や光を感じ、まるでその風景の中に実際に身をおいて呼吸しているような気がしてくるのである。このような、臨場感に満ちた、体感的ともいうべき空間は、おそらくは画家の西洋との出会いを通じて生まれたものであった。

## 空間と大気の表現

竹内栖鳳の空間と大気の表現を、時代を追ってみてゆくと、明治三〇年代に大きな変化があらわれることに気づく。たとえば、一八九六年（明治二九）の「平安神宮・円山公園」と一九〇二年の「和蘭春光・伊太利秋色」とを比較してみよう。

前者は、前景の建物、中景から後景にかけての松林、そして背景の山なみと、ところどころに霞《かすみ》を入れながら、いわば水平面を並べてゆくように空間が奥まってゆく。これに対して後者は、同じ六曲一双屏風ながら、右隻と左隻の両端に主なモティーフ（古代建築の廃墟と風車小屋）を置き、そこから二隻の中心の消失に向かって収束するように、空間が奥まってゆく。そして大気の扱いも、前者では、中景の不必要な部分や松林の一部を隠すために霞が用いられている。そのやり方は、四条派風の自然な表現になってはいるが、おおよそは伝統的東洋絵画の約束事に従っているとみてよいだろう。これに対し後者では、まず画面全体を、もやがかったような褐色でうずめ、おもにその微妙な濃淡によって、光や蒸気の含まれる大気を表現している。同じ余白の部分でも、前者にくらべて後者はあきらかに、観る者がいわばその空間に入り込んで呼吸できるような、生きた空間となっている。

大気や光をリアリティーを持って描き出そうとするこのような新しい意識は、やはり三〇年代に制作された「羅馬古城図」や「ヴェニスの月」にも通じる。画面全体をひとつの実質的な空間として扱い、光や温度や湿度をその微妙な変化とともに描写する手法である。

また、近年発見されて話題となった六曲一双屏風「羅馬之図」にも、やはり、画面全体を息づくひとつの別世界へと変えるセピア色の大気と、斜めに奥まってゆく空間表現がみとめられるが、「羅馬之図」では「和蘭春光・伊太利秋色」よりも複雑にモティーフを配置し、完成度も高くなっている。

全画面が生きた空間となって観る者を包み込むこのような有機的空間描法、あるいは栖鳳がコローに見出したような西欧近代的空間把握ともいうべきものは、しかしながら、一九〇〇年の画家の渡欧をきっかけに突然あらわれたものではないようだ。たとえば、「春郊細雨・秋谿暮烟」は一八九八年秋の日本絵画協会第五回共進会・日本美術院第一回展連合展に出品された六曲一双屏風であるが、栖鳳本人によれば、「春の雨のほうは加茂川を

図2　竹内栖鳳「羅馬之図」右隻（明治36年／海の見える杜美術館所蔵）

散策したときの体験にもとづくが、じゅうらい日本画の雨はどの季節にもかかわらず淡墨を刷毛で引き下したようなものが多いように思われる、これに対して自分は何とか春らしい雨にしたかった」、という。この作品は「春艸の生々たる、空色の朦朧たる、能く其真態を写し得たるもの」「場中の傑作なり」と、高い評価を受けた。とりわけフェノロサは、「竹内栖鳳氏の『春雨』と『秋霧』（秋暮）の二点は、雨と霧と言う自然現象を誠に見事にとらえている。私はこの二つの作品から、降りつのる雨を感じ、谷を渡る霧の匂いをかぐことができる」と、栖鳳作品を全身の感覚で受け止めている。

## 西洋から学ぶもの

竹内栖鳳が、そのヨーロッパ外遊（一九〇〇～〇一年）以前に西洋近代芸術の理念と出会った時期は、一八八六年（明治一九）六月のフェノロサ上洛時にさかのぼる。祇園中村楼で「京都の画工たちへ」と題して行われた演説会は、『日出新聞』にその内容が掲載された。その大意としては、「現在の日本画家は昔からの画法をいたずらに墨守するばかりで、何か実際にものを見て感動したところを描くということをしていない。京都はせっかく風光明媚な土地であるのに、皆同じような描き方から脱することが出来ないでいる。これからは古い描き方や流儀にとらわれることなく、なるべく東京と連携しながら新機軸を出し、進歩してゆくべきである」ということであった。このとき幸野楳嶺の弟子であった栖鳳は二三歳、「当時復興ということがしきりに唱導されたために、かえって西欧の優秀な芸術の存在に一倍の憧れを覚えた」と回想している。

日本画の諸流派のなかでもとりわけ「実際にものを見て」描くことを重んじる四条派の流れを汲む栖鳳であったが、青年芸術家の鋭敏な感性は、まだ見ぬ西洋の絵画には異なる形の写実が存在し、さらにそれは「感動」すなわち描く者の心の動きを重要な契機としている、ということに気づいたのであった。

「画家がもし新鮮な刺激を得て、感奮を感じたときは、遠慮なくそれを作品に盛り立てるがいいと思う。それを握りつぶすと却って絵心を腐らせてしまう」と語る栖鳳にとっては、動物であれ風景であれ、ある対象を前にしたときの新鮮な感動こそが、創造の出発点であった。いっぽう東京において、フランスから明るい色彩の洋画を持ち来たった黒田清輝も、「まず景色を見て起る感じを描く」ことが肝心である、と言っている。黒田にとってはこの「感じ」を描いた代表的な画家は、コローやミレーであった。また、明治二〇年代後半から黒田とともに東京美術学校において日本絵画の革新を目指した岡倉天心も、「仏人ミレー、コローの如きは写実より写意を主唱す。実物より面白みを添ゆべしとなり」と、その「泰西美術史」講義において述べている。そして栖鳳自身も、近代の画家のなかでとくにコローとミレーの名前を挙げて、「重き絵具を用ひて淡雅なる用筆と渋みある色つかいて……意簡にして情充ち溢れむ斗《ばか》りで光線の用い様も緩和であつた」と高く評価しているのである。

図3　青年期の栖鳳。30歳、1894年(明治27)ごろ(京都新聞社発行『栖鳳・松園　本画と下絵展』図録より／写真提供：京都新聞社)

日本の近代絵画は、一八世紀以来、西洋からまず何よりも「写実」の精神と技法とを学び、吸収してきたが、一九世紀後半に新しい自然の見方を追究したフランス近代の画家たちに、東洋絵画の「写意」の伝統にも通じるような表現を見いだしたのが、栖鳳や黒田や天心であった。とりわけ栖鳳は、自然の写実を基礎とする点においては古今東西同じであり、日本画家は大いに洋画を学ぶべきである、と日本画革新のために洋画の研究を勧め、あくまで日本画家としての立場から、西洋に何を学ぶべきかを冷静に見きわめていたといえるだろう。

## 栖鳳の京都

明治二〇年代末から三〇年代初頭にかけて、東京美術学校を中心とする洋画と日本画の動きに刺激を受けて間接的にヨーロッパ美術を学び、新しい大気・空間表現の創出に意欲を見せた栖鳳であったが、おそらくは一九〇〇年（明治三三）の渡欧をきっかけに、独自の空間描写をめざすようになる。岡倉天心は、日本画に西洋画法を取り入れるために線描を廃するという実験的試みを行い、さらに画材そのものの改良まで考えたこともあった。これに対して栖鳳は、西洋美術を実見した結果、墨や岩絵具の持つさらなる可能性を探求することで、西洋絵画のある部分は日本画に取り入れることができると直観した。そのような研究の成果の一つに、セピア色の背景がある。栖鳳は、具体的な背景を描かずに対象をリアリティーのある空間に置くために、セピアの濃淡を用いる独特の方法を考え出した。

たとえば、一九〇一年ごろの作とされる四曲一双の「金獅」では、座る一頭の獅子が、あたかも猫がするように首を後に向けて、左後ろ足の先を舌で舐めている。まるで金の細い糸が集まって内側から輝きを発しているようなみごとなたてがみの表現（実際には金色は使われていないが、題名からもわかるように、少し離れると黄金の輝きにみえる）や、四曲屏風のちょうど中央に大きな二等辺三角形になるように獅子にポーズをとらせるという、きわめて安定した構図の巧みさに加えて、ここでは、微妙な濃淡によるセピア色の背景のみでこの獅子のい

図4　竹内栖鳳「金獅」
（1901年ごろ／株式会社ボークス所蔵）

る空間を決めている点が、瞬間をとらえたポーズと相俟って、迫真性と臨場感を生み出している。左後ろ足を挙げて体をねじるという不安定なポーズのバランスを取るために、猛獣は右前足を手前のほうに出してぐっと押し付けている。観る者がこの右足の重みを感じた瞬間、セピアの色面は固い土の地面へと、魔術のように変貌を遂げる。説明的な描写は一切ないが、この屏風の向こう側にはまぎれもなくもう一つの空間があり、獅子はそこに、ある容積と重さとを占めている。

　このようにして、栖鳳は、金地や東洋的主題という方向ではなく、日本画の技法による体感的な空間表現のさらなる探求へと進んだ。水墨のみによるそのような表現の一つの到達点を示すのが、「ヴェニスの月」であったといえる。岡倉天心も、これからは色の代用としての墨の研究が主に必要である、との考えを持ってはいたが、「此方《こなた》で墨画をやるにしても、……彼地のスケッチより一段妙趣のあるものにならねばなりません」と決意した栖鳳のほうが、むしろ日本画そのものの伝統の中から、西欧近代絵画に匹敵する墨の可能性を示してみせたといえる。「一方で西洋人の賞賛する所と、日本の洋画を見て日本画に猶色々な光線蔭影などを加えやうといふ、其の中間に一つ空隙があつて、そこが色々研究する場所であらうかと思ひます」という栖鳳の冷静的確な判断は、写実の精神の伝統をもち、なおかつ西洋の衝撃に直接さらされることのなかった京都の地にあってこそ、ありえたといえよう。

# ■なりわいと政治

# 大年寄と総区長

小林丈広

明治維新当初、京都市民の代表者の役割を果たしていたのは、「大年寄」に任じられた数人の有力商人たちであった。大年寄は苗字帯刀を許され、そのもとには十数名の手代と数名の書記が置かれるなど市政に関わる役所の原型が形作られた。ただし、明治元年（一八六八）八月、最初に任命された七人の大年寄、河崎善兵衛、佐々木与八、上野利助、杉本治郎兵衛、清水源兵衛、森田武兵衛、千田忠八郎のうち、千田は古手古道具商の取締役、残りの六人は、町組の連合体「大仲」の代表者から選ばれており、その選出方法は旧態依然としたものであった。明治二年、大年寄の顔ぶれは、千田、杉本、石東市郎兵衛、熊谷久右衛門、猪飼喜右衛門、北条太兵衛などへと大きく変化するが、これは「大仲」の代表者が一年交替であったことのなごりであろう。大年寄は町に影響力を持つ有力商人が、年番で勤めていたものと思われる。

大年寄が「総区長」と名称を改めるのは、明治五年五月のことであったが、この頃になると、総区長は人数に応じて市内を分割して担当するようになった。総区長が、猪飼、熊谷、岩佐孫兵衛、長尾小兵衛、船橋清左衛門ら六人であった時には、市域を六分割して、それぞれが一区域を担当していたのである。

歴代の大年寄・総区長は、京都を代表する有力商人であると同時に書画や詩歌に秀でた文化人でもあった。なかでも、幕末には尊攘派志士のパトロンとして知られた熊谷久右衛門は、全国にもその名を知られた存在であった。熊谷は一八七五年二月にこの世を去るが、同年一一月に東京で熊谷追悼の書画展覧会が催されたという。

当初は六人だった総区長の定数も次第に減少していったようで、一八七八年六月には杉浦三郎兵衛、田中善右

衛門、竹村藤兵衛の三人が務めていた。田中は上京、杉浦と竹村は下京に居住していたが、担当区域がどう分けられていたのかは明らかでない。

もともと、京都市域には上京・下京という枠組みがあったが、これは中世以来の町の形成・発展の過程で自然に形作られてきたものであり、上京・下京という単位に対して役所が置かれたりしたことは一度もなかった。そうした事情は、明治維新以後も基本的には変わりなかった。むしろ、行政区画としては小学校の「学区」の方が意味があり、総区長も複数の学区をかけ持ちする形で担当区域を定めていたのである。

ところで、一八九七年になると、ようやく現在の役所の形式に近い上京区役所と下京区役所が設置される。この時、最初の区長に選ばれたのが、他ならぬ杉浦と竹村であった。市政の担当者が人望ある実業家の中から選ばれるのは、文政年間の「大仲」以来の伝統であったが、その伝統は、区役所時代にも受け継がれた。杉浦は呉服商、竹村は貿易商として京都でも指折りの存在であった。

しかし、一八八九年に上京区長となる増田正と一九〇二年に下京区長となる中山研一は、いずれも府庁出身の実務家であった。もともと町衆の共同体として発展した上京・下京という枠組みが、京都府や京都市に付属する役所のひとつ、あるいは行政区画のひとつに転換し終えるのがちょうどこのころだったといえるであろう。

（注）「大仲」の呼称は主に上京で用いられたが、本文中では上下両京の町組の総称として使用した。

［図版］熊谷久右衛門直孝の肖像写真（鳩居堂所蔵）。熊谷は五〇歳代で大年寄に任じられた。奈良屋の分家杉本治郎兵衛や猪飼喜右衛門が四〇歳代、千田忠八郎や北条太兵衛が三〇歳代で大年寄に挙げられたのと比べ、かなり遅い。大年寄になるには、まだまだ実績よりも家柄や格式が重んじられた。

# 「諸侯」の民・「郡県」の民

小林丈広

先に紹介した熊谷久右衛門が大年寄に就任したのは、明治二年（一八六九）五月二八日、五二歳の時であった。その一週間前には、熊谷らの寄付によって上京第二七番組小学校（のちの柳池小学校）が開業するなど、大年寄が市政に果たした役割は大きかった。しかし、この時期の大年寄が何よりも気にしていたのは、行幸したままの天皇がそのまま東京にとどまってしまうかどうかであった。

明治天皇はすでに、明治元年九月と明治二年三月の二度東京に行幸し、政府も二度目の行幸によって実質的な遷都に踏み切っていたのであるが、京都市民に対してはなお還幸の可能性を示唆していた。しかし、明治二年九月、皇后が東京に行啓することが発表されると、市民の間にも俄然遷都に対する不安が広がった。

この時、皇后東啓に反対する数多くの文書の中に「大年寄連名」による上申書があった。上申書の中で大年寄らは、もし遷都がおこなわれれば、有力者の東京移住が加速し、京都経済に大きな打撃を与えると訴えた。大年寄らは、遷都に絶対反対というのではなかったが、遷都するならばそれなりの京都振興策が必要であると主張した。興味深いのは、大年寄らが文中で「不肖ながら市長の場に居り」と、期せずして「市長」の語を用いていることで、大年寄には市民の代表者としての自覚があったことをうかがわせていることである。

話はさかのぼるが、天保の大飢饉の際、京都の儒者猪飼敬所が仙台と江戸と京都の困窮状況を比較したことがある。この時猪飼は、（本来飢餓が激しいはずの）仙台に比べて、江戸や京都の方が飢餓に苦しんでいることを指摘し、これは仙台では領主である伊達家自らが困窮者の救済に乗り出しているのに対し、江戸や京都には伊達家

のような領主にあたる者がいないためであると説明した。猪飼の言葉を借りれば、「諸侯」（大名）は治下の民を「我《わ》が民」と考えるが、「郡県の吏」（官僚）は治下の民を「我が民」とは考えないというのである。また、さらに困窮が激しくなると、江戸では幕府が救済の手をさしのべたが、京都ではそれもおこなわれなかったという。わかりやすくいえば、町に〝殿様〟がいない京都では、上からの救済は期待できないというのである。

明治維新は、「諸侯」による統治を廃止し全国的に「郡県の吏」による統治を実現したということができるが、京都では早くからこうした状況に慣れ親しんできた。明治維新以後、地域によっては何らかの苦難にぶつかった時、「諸侯」による仁政を懐かしみ、また仁政を期待して著名な大名の事績が顕彰されることがあるが、京都にはそれに類する郷土の偉人はいない。それは、京都では早くから「諸侯」すなわち〝殿様〟に救済を期待することがなかったことをあらわしているのではないだろうか。

明治維新の際、大年寄が「市長」と記した時、それは長い間に培われた自立心を表現するものであったということができよう。もし、京都市民が救済を求めるとすれば、それは〝殿様〟よりも上位に位置する将軍か天皇でしかなかったであろう。実際、明治維新以後も、東京では幕府を懐かしみ、京都では天皇を懐かしむ気運が高まることがあった。「東京遷都」反対運動は、京都市民の救済願望を表現したものといえるが、同時にそれは、京都が近代化を遂げるための最初の痛みのあらわれでもあった。

〔図版〕熊谷久右衛門直孝の父直恭が天保の飢饉の際に行った救済活動を描く『天保八年救助所図』所載の救助小屋の様子（鳩居堂所蔵）。

# 市制特例と京都

小林丈広

一八八九年（明治二二）、全国に市制が施行された時、東京、大阪、京都の三市には特例が適用され、府知事が市長を兼任することになる。いわゆる「市制特例」といわれるこの制度は、江戸時代には三都と称された三市に限ったもので、三市を政治的に重視したための措置であったが、横浜、名古屋、神戸などの諸都市が市長を自ら選べるのと比べると、著しく均衡を欠くものになった。一方、市会は市制に基づいて設置されたので、市制特例期の市政は、内務省の任命による府知事（＝市長）と、選挙によって選ばれた市会との対立構図として描かれることになった。実際、大阪では市会の有力者らによって構成される市参事会員の辞職が相次ぎ、東京では水道鉄管汚職事件が発覚するなど、府と市会との関係はスムーズにはいかず、特例撤廃運動により拍車がかかることになったのである。

ところで、市制特例が適用された時、京都府知事は北垣国道であった。琵琶湖疏水の開削で知られるこの府知事は、インフラ整備と財界育成に対する関心が高く、市内の実業家との折り合いも悪くなかった。新たに設置された京都市会にも、北垣が育成してきた商工会議所、銀行、新聞の経営陣が多く選出され、北垣市政を内側から支える基盤となった。北垣は、一八九〇年二月、祇園中村楼に府の幹部や市内有力者を集め、市政に対する抱負を開陳する。商工業奨励、教育、美術、衛生、貧民救済、名勝地保存、疏水の活用、都市計画など十項目を具体的に列挙した北垣の演説は、長年の府知事としての実績と自信に裏打ちされたものであった。

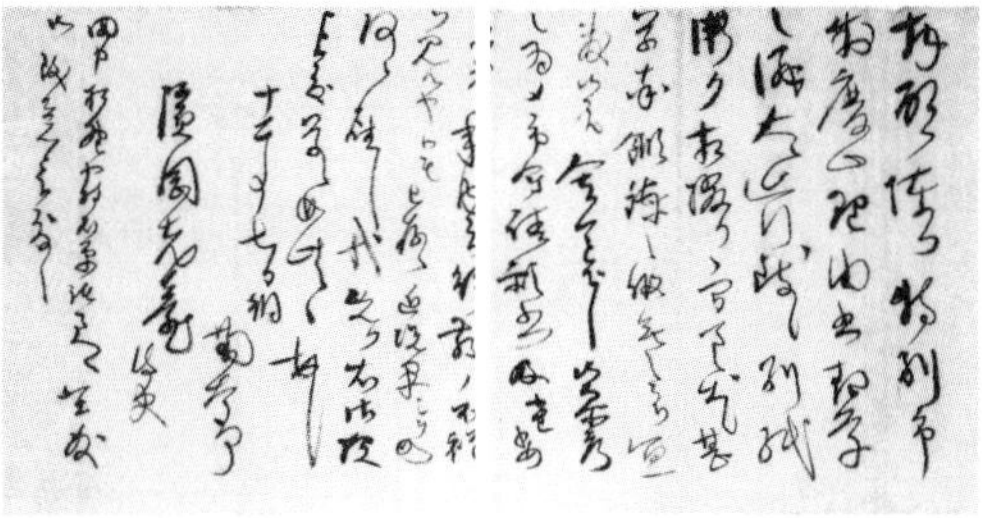

［図版］　雨森菊太郎とその書簡。雨森は市議・府議・衆議院議員などを歴任。書簡は一八九一年末に起草した市制特例撤廃理由書を衆議院議員の浜岡光哲宛に送付した際のもの（京都市歴史資料館寄託「浜岡（泰）家文書」）。

しかし、本書の「北垣国道と京都府市政」で高久嶺之介氏が指摘したように、一八九一年秋頃から北垣府政にもかげりがみえるようになる。とくに、府政から取り残されつつあると感じていた郡部の府会議員を中心に北垣批判の声が高まったのである。北垣は市会との対立ではなく、府会との対立によって府知事を去ることになった。

一八九一年末、国会に提出するための市制特例撤廃理由書を起草した雨森菊太郎は、市制特例の弊害として、府知事に失政があっても市会が責任を問えないことを挙げただけでなく、もし府知事が市政にとって必要な場合にも国の意向で交替させられてしまうことを挙げた。市会を代表する雨森と北垣の関係、当時の北垣が置かれていた状況を考えると、雨森の主張は後者に力点を置いていたと考えるべきであろう。

北垣が去った後も市政には北垣の影響が色濃く残る。一八九八年、ようやく市制特例撤廃が実現されると、市会は市制実施準備委員会を設置して市長候補の選出にかかるが、最初に候補に挙げられたのは他ならぬ北垣であった。結局、同委員会は老舗呉服商の内貴甚三郎を市長候補に内定するが、これは北垣にとっても意中の人物であった。

ところが、いざ市会の本番で選挙をおこなうと、内貴の二七票に対し、竹村藤兵衛が一四票を集める。市会内の潜在的な批判票が竹村に集まった形だが、北垣が府知事に着任する以前から区長をつとめていた竹村は、北垣らとは一線を画す存在であったのであろう。三市は市制特例が撤廃された一八九八年を自治獲得の年と位置づけるが、内貴市長の誕生以上に、内貴批判票の顕在化にこそ自治獲得の意義があらわれたのである。

# 公の観念と商人たち

小林丈広

公家町、武家屋敷、下京の商業街、西陣の職人町、有力寺院の門前町、被差別部落、遊郭などが入り組んでひとつの都市を形作っていた京都は、明治維新によって大きく変容した。京都ではもともと武家の影響は限定的であったが、「東京遷都」によって公家社会の求心力も失われた。京都の再生は、商人を中心とする市民の手にゆだねられることになる。それまでは武家、公家、農民などと身分や立場によって異なった習慣や価値観に従って生きてきた人々の中で、「京都市民」としてのアイデンティティーをつくり出すことができるのは、新しい都市の経済活動を担う商人たちに他ならなかった。

困難な時期にその担い手となった香具商熊谷久右衛門（直孝）は、父直恭の代から取り組んできた困窮者救済、種痘、大文字送り火に対する支援などを受け継ぎ、自らもすすんで、小学校制度の導入や京都博覧会の創設などに参画した。新政府の土台すら未確立な時期に着手されたこれらの事業は、京都だけでなく、近代日本の先駆けとして注目を集めた。

熊谷よりも一四歳年下の貿易商竹村藤兵衛は、熊谷らによって始められた試みを維持し、より恒久的な制度の中に定着させていく役割を担った。竹村は、一八七九年より十数年にわたって下京区長を務め、一八九〇年には私財を投じて失業者のための授産施設を設立しようと試みる。重要なのは、熊谷、竹村らが、幕末から商人として私的な経済活動に携わっただけでなく、都市の公共的な事業に積極的にかかわることを当然のこととしたことであった。

それでは、この熊谷と竹村には何か共通する思想的な背景はあったのであろうか。商人たちは自ら思想を語ったり、書き残したりすることはなかったが、もし共通するものがあるとすれば、そのひとつはいわゆる石門心学であった。

武士に対する治者の学の奨励と、被治者である農民に対する教化とに二極分化していた近世の「知」の空間の中で、幕府から一定の距離を保っていた京都は、新しい「知」の実験場であった。山崎闇斎や伊藤仁斎など、京都で思考を体系化させた思想家は数多いが、石田梅岩もまたその一人である。梅岩によって始められた心学は、商人らに生活感覚に即した新しい倫理規範を提供し、全国に多くの支持者を獲得した。心学の講話は、通俗的すぎると他学派から揶揄されるほど平易なものであったが、経済的に成功した人々に社会的実践への参加を促す役割を果たすことになった。明治初年の京都の小学校が、石門心学を取り入れようとしたことはよく知られているが、それは決して偶然ではなかったのである。

いうまでもないことだが、このような役割を果たした学問は決して心学だけではなかったであろう。心学の普及は、商人たちが自らに即した新しい「知」を求めていたことを象徴的に示しているのである。日本の近代史とは、このように内側から育ててきた「公」の観念と、維新政府によって外側から与えられた「官」の発想との対抗と相互浸透の歴史でもあったのである。

〔図版〕熊谷直恭の種痘活動をたたえた富岡鉄斎の絵（鳩居堂所蔵）。

# 地方税改革の遅れ

中川　理

東京遷都によって衰退しようとした京都は、必死になって近代化を目指した。琵琶湖疏水を開削し、日本で最初の小学校を開校し、さまざまな勧業政策に努めた。しかし、市民生活のレベルでの近代化はどうであったのか。実は、他の大都市に比べ、近代化を拒む力が大きく働いていたと思える史実が多いのである。そのことを端的に示すことがらとして、地方税の制度改変をめぐる出来事を紹介しよう。

わが国の地方税は、国税に比べてきわめて整備が遅れる。明治・大正期までは、国税の付加税が中心で、独立した財源としては戸数割または家屋税がほとんど唯一認められていたにすぎなかった。したがって、都市の基盤整備が急務となっていく明治の末以降は、どこの大都市でも、この税目の著しい増徴で、その事業経費を賄うことを余儀なくされていった。

戸数割とは、その字のごとく経費を総戸数で割るという、維新直後の民費の配賦方法の一つとしてあった素朴な税目が、そのまま残ったものである。貧富の差は考慮されにくく、税の逆進性が大きいし、各戸から徴税するために徴税事務も煩雑となった。そこで、課税対象を家屋に改めたのが家屋税である。家屋所有者、つまり家主から徴税することで、徴税欠損も少なくなる。これは、いわば地方税の近代的改革である。実際に、家屋税への変更は、一八八二年（明治一五）に当時の東京市から始まり、遅くとも明治の後半期には、ほとんどの大都市で終えていた。ところが、唯一京都市だけは戸数割を続けたのである。

もちろん、家屋税を導入しようとする動きは何度かあった。しかし、ことごとく地主・家主（いわゆる地付き

●統一案復活

資産家層）の市会議員の反対で退けられている。彼らにとって、家屋所有者から徴税され、空家も課税対象となる家屋税は、明らかに不利益なものであったのだ。そして、京都の市会は彼らによって長い間掌握されていたのである。その間、明治の末から大正はじめにかけて、多くの市民が京都市内の戸数割課税を嫌って周辺町村に逃れるという現象さえ起こっている。初代の京都市長・内貴甚三郎も、戸数割がいかに不公平な課税法であるか嘆いた。

一方、東京や大阪ではなぜ家屋税が導入できたのか。産業資本の確立とともに、新興の商工業者勢力が育っていき、彼らが議会をコントロールし、制度の近代化に努めるようになったからである。要するに、京都市会では、そうした新興勢力が育たなかったのだ。結局、京都市の家屋税は、内務省が周辺町村の編入の条件として導入を迫ったために、ようやく一九一八年（大正七）から実施されることになった。京都の真の近代は、この家屋税の導入から始まるという見方もできるかもしれない。

しかしである。戸数割にこだわった古い勢力を、近代化を阻んだ者として一方的に批判することはできないはずだ。実は、戸数割だけではなく、戦前の京都では、近世の町人用と同様な独自な徴税システムが温存されてきた。合同組合費、衛生組合費、神事費、教育会費、神宮初穂料など名目もさまざまだ。これらも、当時の新聞では古くからの「悪習」と批判されている。しかし、町単位で行われるこうしたシステムは、最近話題のコミュニティー・マネーなどとも、どこかで通じるのではないか。京都にとって、近代化とは何をもたらすものであったのか、改めて検証してみる必要がありそうだ。

【図版】家屋税案の京都市会通過を告げる一九一七年一二月二七日付『京都日出新聞』夕刊。各会派は前夜から会合を開き、廃案賛成派議員の多かった公民会の会議は「議論沸騰の結果殴打騒ぎの活劇を演じた」と報じる（写真提供：京都新聞社）。

# 日露戦争と西陣

秋元せき

近年、西陣の再生策をめぐる動きが活発である。とくに注目を集めているのが、西陣の町家を活用した都市再生策である。これは、西陣地域のブランドイメージや、京都の街中にある交通の利便性、市街中心地と比較して家賃が低廉であることなどが、人気の背景にある。

しかし、西陣という地域のアイデンティティーを支えてきた「西陣織物」と、その担い手としての織物職人に目を向けると、機業の京都市外への流出や生産・販売量の低下により、織物業者数は激減している。これに対し、若手の奨励など産業振興の地道な取り組みがなされているが、これは、西陣織を支えているのが、織物職人の技術であり、そうした技術者は継続的に育成されなければその水準を維持できないということを、西陣の人びとがよく知っているからである。

高級織物＝奢侈品を基幹とする西陣は、景気の変動の影響を受けやすく、殊に戦争に伴う需給の変化や経済統制は、西陣機業のあり方に少なからず影響を与えてきた。

一九〇四年（明治三七）二月の日露戦争の勃発は、数年来の不況の影響で低迷していた西陣の経済を直撃し、後年には「お粥騒ぎ」「粥騒動」と呼ばれる事件に発展した。

日露開戦の気運が高まると、西陣織物の取引は急減し、銀行も西陣機業者や撚糸業者への融資を停止するようになり、西陣機業者は休機《きゅうばた》を余儀なくされることになった。

同年三月、上京区長は、西陣窮民の実態を把握するため、上京区吏員十数名を派遣し、西陣窮民の戸数・人員について、裏借家を中心に調査させている。この上京区の第一回調査によると、西陣の窮民は合計四四六五人（一〇一六戸）、この内「焦眉の急に瀕せる者」は三一一六人（五三八戸）、「窮状の稍緩なる者」は一三四九人（四七八戸）であった。こうした中で、大報恩寺千本釈迦堂境内で行われた施粥には、糊口を凌ごうとする職工・賃機業者等が多数詰めかけた。

元来、西陣の施粥・施米は、職工・賃機業者の足留め策として、近世以来の慣行をもつものであった。しかし、一九〇四年の施粥に対しては、施与的な救済は「惰民」を助長すると考える当時の救済観から、政財界や知識人から多くの批判が寄せられたのである。一方、西陣機業家や織物商らも、施粥とあわせて、職人に仕事を与える救済事業に積極的に取り組むようになる。

［図版］ 西陣の施粥風景（『京都日出新聞』一九〇四年三月二三日付）。同年四月公布の非常特別税法には、強い反対を受けた絹布消費税は盛り込まれなかったが、法改正により翌年二月から織物消費税が実施された（税率は毛織物が価格の一五%、毛織物以外は一〇%）。国家非常時に伴う特別税だったが、一九〇九年二月、政府は無期限存続の意向を発表。廃止運動が再燃する（写真提供：京都新聞社）。

# 西陣の失業者対策

秋元せき

明治後期の西陣経済は、日清戦後のバブルともいえる好況の後、一九〇一年の恐慌を経て低迷していた。一九〇四年（明治三七）二月には日露戦争もはじまり、失業・休業する賃機《ちんばた》業者・職工が増加した。

同年四月、西陣織物商の有志者は、賃機業者・職工の救済に向けて、西陣補救会を組織し、織物商らから義捐金を募り、設立時に八千円余を集めた。補救会の方針は、施米などの慈善的救済を三割、職業を授ける事業的救済を七割の割合とするもので、施粥による救済は、失業職工を助けるものではなく、むしろ「四方の貧民を集め、遊惰を奨励する」結果を招くとの見解を明らかにしていた。

他方、西陣機業家の有志者は、西陣賃業者職工救済会を結成した。これは当初、西陣補救会（織物商側）と連合するはずであったが、方針が折り合わず、別組織となったもので、同会の規約で、「何種の業を問はず、救済の一端となるべきものは之を採択し、適宜其業を授くべきものとす」と定め、救済方針をめぐる論議よりも、失業者に対して、速やかに仕事を与えることを最優先しようとした。

西陣賃業者職工救済会の役員には、人見勘助・鎌田清兵衛・今西平兵衛・伊達虎一ら、西陣織物同業組合の幹部が選ばれている。同組合は一八九八年に設立され、京都市内一円および愛宕《おたぎ》郡六ケ村（田中・下鴨・白川・大宮・上賀茂・鷹峯）と葛野郡五ケ村（大内・七条・衣笠・朱雀野・花園）の地域の同業者により組織され、職業紹介などの事業も行っていた。同年五月、救済会会長人見勘助は、京都市参事会に対し、西陣救済に充てるため、疏水分線堀取土砂の無代下付を請願し、聞き届けられている。

西陣機業家と織物商は、双方で、西陣の失業者救済に取り組み始めたが、機業家側からは、織物商の対応への不満の声が上がった。西陣有数の機業家であった今西平兵衛は、「中京辺に於ける仲買其他有志者の組織に係る西陣補救会は救護する救護すると言いつつ何か故障を附けて実際は豪も救護せぬ」と織物商を強く批判した（『京都日出新聞』五月一八日付）。こうした背景には、当時、商取引の主導権を織物商が握っていたことに対する機業家側からの反発があった。

機業家らを中心とする西陣賃業者職工救済会は、西陣補救会から資金の分与をうけて、救済活動を進めることになる。市内に「救済所」九か所を設け、西陣織物同業組合員と被雇用者を対象に、四月二六日から七月一五日までに、延べ三万九千人余（一日平均四八一人）の失業者に鼻緒製造や屑糸《くずいと》繋《つなぎ》などの雑業も含めた仕事を与えた。この救済所には、それまで、施粥により救済されていた賃機業者・職工も収容され、救済会は施粥などの施与的救済の方針を転換していくこととなったのである。

この年の七月ごろから、次第に商況が回復し、再び西陣のまちで機音が聞かれるようになった。

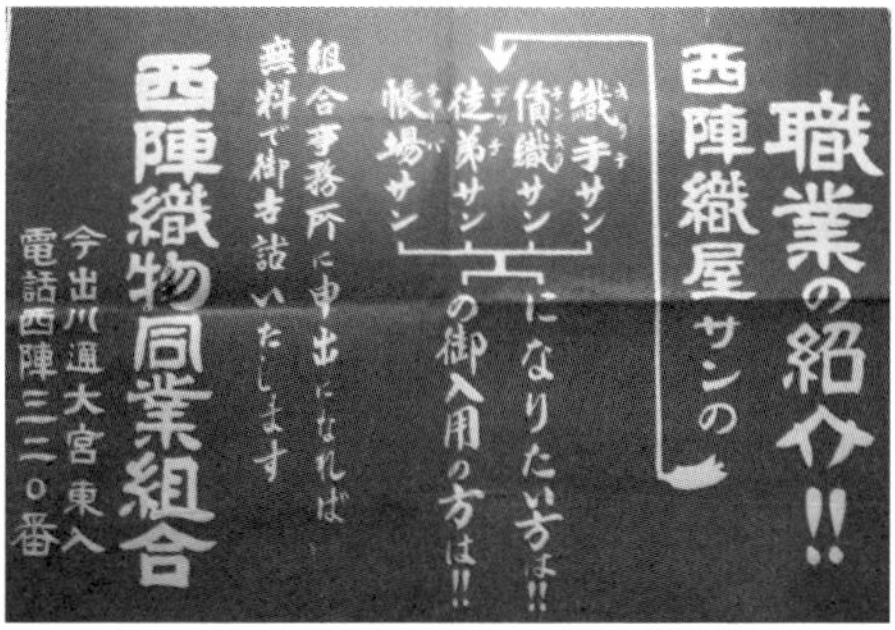

［図版］　西陣織物同業組合の職業紹介ポスター（財団法人西陣織物館所蔵）と今西平兵衛の肖像写真（一九〇二年一〇月撮影、今西武奈太郎氏所蔵）。今西平兵衛（一八四九〜一九一九）は、西陣織物同業組合や京都商業会議所の役員を歴任、市政でも京都市会議員や市参事会員をつとめた。今西錦司氏の祖父にあたる。

# 新聞報道にみる西陣の窮状

秋元せき

一九〇四年の日露開戦前後には、深刻な不況に伴う休業者・失業者が増加し、西陣を中心に、京都のまちの各所で施米や施粥が行われた。

この時、新聞各紙は、各所の施米・施粥や窮民の実態、篤志者の寄付の状況などを、連日にわたって報道した。なかでも、『中外日報』は、寄付金を募集すると同時に、記者自身が現地で救済活動に参加し、詳細なルポルタージュを連載した。同紙は、眞渓涙骨《またにるいこつ》が創刊した宗教新聞で、『教学報知』(一八九七年に西本願寺中心の宗教新聞として創刊)を前身として、宗派にとらわれない総合的宗教新聞を掲げて、一九〇二年に発刊されたものである。『中外日報』は、西陣の窮民は戦争の影響で失業した職工が大部分を占めると報道し、一九〇四年四月、社主眞渓涙骨の提案により、中外日報社の貯蓄金をもとに、一枚につき米五合の施米券を西陣の窮民に配布している。その際には、社員自らが窮民の自宅を訪問して、実地に調査し、窮民に直接手渡したのである。

当時、施米や施粥の方法には、京都日出新聞などの新聞社や、官公署に寄せられた寄付金をもとに、区役所吏員や警察署員が施行券を対象者に配布するものや、篤志者が数人で大釜に粥を炊いて施与するものなどがあった。また、粥を一杯五厘などで販売する商売も各所で行われた。同年三月下旬から四月中旬の窮民は、数千人に及び、この中には、解雇され、宿舎を立ち退かされた職工や、炊事用具まで質入れしてしまった者など、施米を受けても、米を炊くことすらできない窮民が少なくなかった。同年四月の『平民新聞』は、西陣職工の惨状について、三月初め「西陣工場の職工男女百名」が一時に解雇され、宿舎の立ち退きを命じられ、三月下旬には更に一五〇

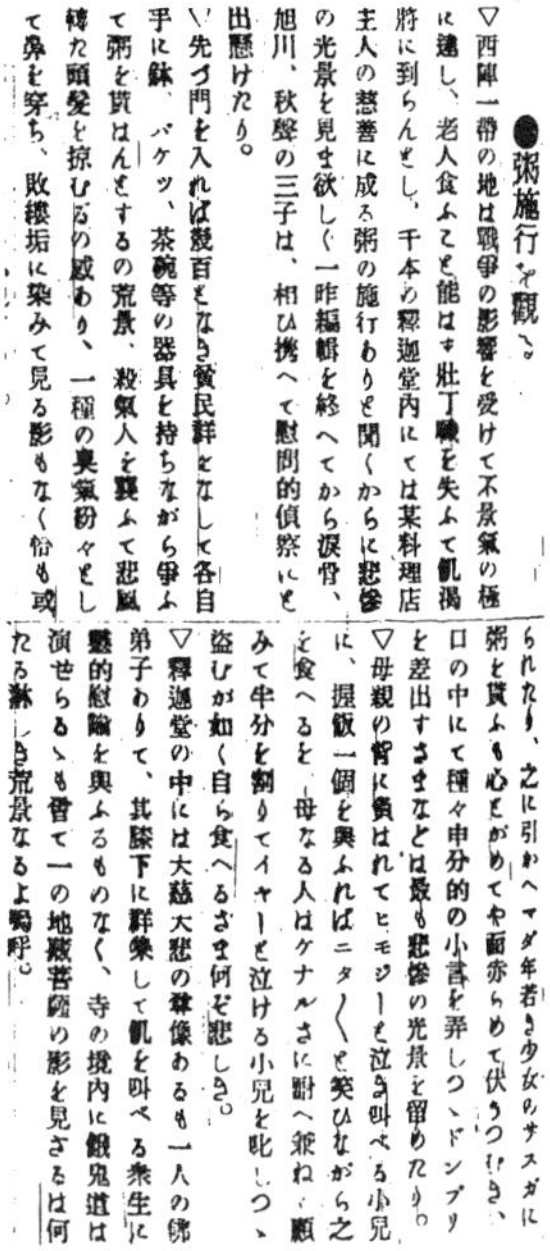

●粥施行を観る

▽西陣一帶の地は戰爭の影響を受けて不景氣の極に達し、老人食ふこと能はず壯丁職を失ふて飢渇に到らんとし、千本の釋迦堂内にては某料理店主人の慈善に成る粥の施行ありと聞くからに悲慘の光景を見まく欲しく一昨編輯を終へてから涙骨、旭川、秋聲の三子は、相ひ携へて慰問的偵察にと出懸けたり。

▽先づ門を入れば幾百となき貧民群をなして各自手に鉢、バケツ、茶碗等の器具を持ちながら爭ふて粥を貰はんとするの荒景、殺氣人を襲ふて悲風轉た頭髪を掠むるの感あり、一種の臭氣紛々として鼻を穿ち、敗縷垢に染みて見る影もなく恰も或られたり、之に引かへマダ年若き少女のサスガに粥を貰ふも心とがめてや面赤らめて伏うつむき、口の中にて種々申分的の小言を弄しつゝドンブリを差出すさまなどは最も悲慘の光景を留めたり。

▽母親の背に負はれてヒモジーと泣き叫べる小兒に、握飯一個を與ふればニタ／＼と笑ひながら之を食へるを、母なる人はケナルさに對へ兼ね、顧みて半分を割りてイヤーと泣ける小兒を叱しつゝ盗むが如く自ら食へるさま何ぞ悲しき。

▽釋迦堂の中には大慈大悲の尊像あるも一人の佛弟子ありて、其膝下に群集して飢を叫べる衆生に靈的慰諭を與ふるものなく、寺の境内に餓鬼道は演せらるゝも曾て一の地藏菩薩の影を見ざるは何たる淋しき荒景なるよ嗚呼。

人もの職工が解雇されたと伝えている。「此中には宮内省の御用物を製作し居たる大頭《おおがしら》の連中」六、七名も含まれていたという。

また『中外日報』は、出征軍人の遺家族には国家的救済措置があるが、戦争で失業した職工をはじめとする窮民には救助の手が差しのべられていないことを指摘し、失業者救済の必要性を主張した。

ところが、政財界の有力者の多くは、施粥などの施与的救済に対して批判的であった。例えば、貴族院議員の田中源太郎は、「施米施粥等の如き一時的のものは何らの効果なき」ものであると考えていた。高木文平も、「真正の機業家」を救済するには「市役所なり区役所なり府庁なりが其行ふべき所を行ふ」べきであり、施粥などは断じて差し止めるべきであると論じている。

そうした批判もあり、貧民救助や労働者保護を内容とする救貧立法の制定が数度にわたって見送られた。救済行政の対象を拡大する必要があることが、新聞などで指摘されながらも、この時は実現せず、本格的な社会政策が行われるようになるのは、大正期以降のことになる。

[図版]　『中外日報』創始者・眞渓涙骨（一八六九〜一九五六年、写真提供：中外日報社）と『中外日報』一九〇四年三月二五日付の記事「粥施行を観る」（資料提供：京都府立総合資料館）。

# 出版業の明治

廣庭基介

現在、京都に出版社と呼ばれる会社が何社あるのだろうか。少々古いが、一九九九年版『出版年鑑』に記載されている京都の出版社は一三六社である。

想像される通り、図書出版をとりまく世界でも明治以前と以後との間で想像を絶するような大変化が起こった。徳川家康が天正一八年（一五九〇）、江戸入府に際して、急速に町作りを行うために京・大坂の諸職人、諸商人の江戸への移住を促し、あるいは江戸に支店を出すように免税などの優遇措置をもって勧誘したことは有名であり、江戸の書物屋は京都の数軒の書店が支店を開業したことを出発点とするのである。

一方、大阪書林の起源については、浜田啓介京大名誉教授の論文『「生玉万句」以前の大坂刊本を疑う』や、佛教大学の長友千代治教授の著書『江戸時代の図書流通』が、大坂の整板（＝木版）板木も最初は京都で製作されていたとされ、現在確認される最古のものが寛文一〇年（一六七一）刊行の俳書『蛙井集《あせい》』であったと述べられている。

江戸時代全期を通じての出版書肆の数を見てみると、京都＝一二五三軒、大坂＝八六六軒、江戸＝八九六軒、その他＝九四六軒、総計＝三九六一軒となっていた（坂本宗子編『増訂慶長以来書賈集覧』より）。つまり、江戸時代の寺院出版を除く営利出版（町版とか坊刻版という。坊とは寺のことでなく都城制の一区画で四町四方）は、京都で開始されたので、出版書肆が最も多数であることは当然であった。

もっともこの数の中には、慶長・元和時代から明治まで存続した老舗もあれば、他店の版木を買い取って、た

だ一回出版しただけで消えて行った泡沫《ほうまつ》店も含まれている。

明治維新の一五年前、嘉永六年（一八五三）の「京都書物問屋・京都本屋組合」加盟店は二〇〇軒、明治元年（一八六八）の「京都書林仲間」は一六三軒、一八九五年（明治二八）の「京都同盟書肆」はわずか六〇軒、その後ややもちなおして、本稿冒頭のように一九九九年に一三六社となった。

同年版の『出版年鑑』に記載の統計を見ると、全国の出版社は四四五四社で、東京に三四八一社が集中し、出版社数の上での京都と東京の関係は、江戸時代とは全く逆になってしまった。

明治になって、印刷方式が整版から活版となり、紙は和紙から洋紙に、装丁は和本仕立てから洋製本へ、皮またはクロース装丁へと、全く血統の断絶した書物に変わったのである。この大変化を克服する技術と道具、需要と供給は、首都となった東京に集中したのは当然の帰結であった。政府各機関も、外国の官私の駐在員も、最初の官立・私立の諸学校も東京に集中した。さらに廃仏毀釈の嵐が本山寺院を多く擁する京都への逆風となり、多くの出版業者が店を畳むか、東京へ移るかしたのである。

しかし、いかに首都の出版需要が巨大であるとはいえ、京都は廃仏毀釈の痛手をみごと克服した仏教諸宗の総本山・大本山を多数擁していて、得度・研修のために入洛する僧も多く、茶道・華道・能・狂言・日本舞踊などの家元の数も全国の群を抜いている。さらに東京には及ばないまでも、大学など高等教育機関や博物館・美術館も多い町である。

このような京都に出版業はもっともよく似合う企業であったはずである。京都の町が明治時代から製薬工業やベンチャー企業とともに、出版業を積極的に保護育成してこなかったことが悔やまれる。

［図版］ 江戸時代の面影を伝える竹苞書楼（京都市中京区寺町通御池下ル）。宝暦元年（一七五一）の創業で、江戸時代には漢籍や漢詩集を中心に幅広く出版した（写真提供：京都新聞社）。

# 洋式製本の魁

廣庭基介

京都で初めて洋製本を手がけたのは、烏丸今出川の近辺で和本仕立てを業としていた瀧本柳吉である。一九七五年六月一九日、京都図書館協会青年部は、当時七一歳だった柳吉の孫の瀧本勝二氏を講師に招き、「京都の製本屋の歴史」と題して話していただいた。以下はその要約である。

祖父・柳吉は安政元年（一八五四）、江戸の生まれで、明治の初年に大阪に来て草紙屋に奉公し、和本仕立てを修得しました。明治以前は独立した製本業はなく、草紙屋に付属していたのです。しばらく後に、京都へ移り、烏丸今出川上ル西側辺で謡本や茶道・華道などの本の和本仕立てを始めたと言っておりました。

そこは同志社の向かいでしたから、外人教師のラーネッドさん（筆者注＝Learned, D. W. 一八七五年、新島襄の招きで来日、同志社英学校から同大学まで継続して五五年間、教授として神学・経済学・科学を教えた）やカーブさん（筆者注＝Cobb, E. S. 一九一一年、同志社大学講師に就任、一九一三年神学部教授。聖書文学を講ず）などが横文字の本を製本してくれと言われますので、ずーっと和本仕立てで製本して納めていたのですが、そのうちに先生方が洋式製本に挑戦してみてはどうか、と勧められるようになりました。しかし、祖父は洋製本の知識が全くなく、材料や道具に関する情報もないのです。すると先生方が「資財をアメリカから取り寄せて、製本のやり方を教えてあげよう」と言われ、実際に教えられたそうです。

しかし、いくら努力しても出来ない。背表紙に金文字でタイトルを入れることをはじめ、和本の紙は薄いので、半折にして開いた側を綴じますが、洋書は逆に折り目の側を綴じるとか、和本では接着剤に膠を使うことはない

など、全く五里霧中で仕事にならず収入もない。仕方なく夜は夜泣き蕎麦の屋台を引っぱり、昼は本を壊しては製本の研究に没頭したそうです。それから三、四年たってようやく人に見せられる製本が出来るようになったということです。

　ところが、今度は製本用のクロースがない。イギリスのウインタという会社のクロースを輸入するしかなかった。荒神橋東詰の京都織物会社（現・京都大学東南アジア研究センター）で試作した当時の国産クロースは黴が生えて使い物にならなかった（筆者注＝現在の日本製クロースは優秀で海外へ輸出されている）。難物が背表紙の金文字で、試行錯誤の末、金屏風に使う金箔を本の背に貼り、印刷用の活字を熱して一字ずつ手で捺しました。工具も全部手作りしたもので、それを今もそのまま使っております。

　何百枚もの紙を切断するには包丁を使いましたが、昭和に入って大阪で裁断機を一〇〇円で購入しました。当時、店が寺町丸太町上ル信富《しんとみ》町にありましたので、伏見まで船に乗せて、店まで牛車で運んで来ました。

　祖母は近所の新島襄先生の奥さんと仲良しで、そのご縁で同志社の製本をやりましたし、近くの立命館の仕事もやりました。一八九九年（明治三二）に創設された京大の図書館では、東京から製本師を連れて来られました。それ以来、祖父から始まった京都生まれの製本師の系統と、東京に源流を持つ系統が、戦後まで併存して続いてきたわけです。

瀧本勝二氏は一九八一年に他界され、現在は長男の勝氏が四代目として営業中である。

【図版】　瀧本製本所が修理を手がけたシーボルト『*FAUNA JAPONICA*（日本動物誌）』（京都大学理学部動物学教室所蔵）と瀧本製本所に残る古い製本用具。手前の三本が背文字に金箔を入れる道具。左は本の背の丸みを出すための締め付け万力（写真提供：京都新聞社）。

# 日本初の公共図書館

廣庭基介

次の文書は、明治五年（一八七二）四月、御用書林村上勘兵衛・書籍会社大黒屋太郎右衛門・鷹司家家来三国幽眠・滋賀県貫属梅辻平格の四人が、各人百両（現在の約一千万円の値うち）ずつを、将来京都府が創設する予定の「集書院」の入費の補助にするよう寄付し、同院設立までの間は自分たちが「集書会社」を東洞院御池下ル町に開設して運営することを許可するよう願い出た時のものである。

集書会社基本

（前略）夫レ西洋文明ノ諸国ニ於テハ、都府毎ニ文庫アリ。之ヲ、「ピフユリオテーキ」（筆者注＝Bibliotheque）ト云ヒ、日用ノ書籍図画等ヨリ、古書珍書ニ至ルマデ、万国ノ書皆備リ、衆人ヲシテ随意ニ来リ読マシムトゾ。今窃《ひそか》ニ其意ニ倣《なら》ヒ、同志相謀テ会社ヲ結ビ、各《おのおの》所蔵ノ書籍ヲ持出シ、之ヲ会社ニ備ヘ置キ、彼此互ニ交換シテ、之ヲ読ミ、又新著珍書ノ出ルニ随テ買ヒ入レ置キ、衆人ノ望ニ応シテ貸シ与ヘ、倶ニ知識ヲ広メテ以テ国家文明ノ意ヲ奉セントス。（中略）

規則

一　此会社ニ入ント欲スル者ハ、各人銀一円ヲ出シ、以テ書籍ヲ購《あがな》フノ資トス。若《も》シ一時ニ一円ヲ出スヲ好マザル者ハ、一月ニ金二朱ヅツ、十ケ月ノ間ニ納ルヘシ。

一　社外鑑札ナキ人モ、一月ニ銭二百文ヲ納ルレハ、随意ニ閲見スルヲ許ス。モシ自宅ニ持チ帰ント欲セハ、其書ノ元価ヲ納レ、其品類ニ応シ、期日相応ノ見料ヲ納ムヘシ。（以下略）

京都の知識層は、明治二年に完結した福沢諭吉の『西洋事情』全一〇巻からよほど強い刺激を受けたらしく、そこに紹介されていた記事に学び、同年中に京都市内に小学校を六四校も開設し、明治五年五月六日、来洛して小学校を視察した福沢は大いに感嘆して『京都学校の記』を書いている。京都府は『西洋事情』に依拠して公開図書館も設置しようと企てていたのであった。

集書会社については、見料をとるような読書施設は貸本屋だという説もあるが、図書館の先進国英米でも、一九世紀半ばまでは会費制図書館であり、右の「基本」中に「ビブリオテーキ」(独仏語の図書館)の知識を披瀝していることからも、公共図書館を目指した、わが国最初の図書館と見なければならない。

参考までに、この集書会社を推進した四名の略歴を記しておこう。大黒屋今井太郎右衛門は元長州藩士で、同藩の在京都御用商人であった今井家の養子に入る。木戸孝允と親しく、吉田松陰は同家を京都での定宿にした。村上勘兵衛は慶長年間創業の京都書林中屈指の老舗。京都府の御用書林。東京奠都まで『太政官日誌』を発行、『京都府日誌』『京都新聞』(明治初期に創廃刊)などの発行元。現在、集書会社の跡地において平楽寺書店として営業中。三国幽眠は越前三国の回船問屋の三男。青年期に彦根・京都で儒学を学ぶ。勤皇公卿・志士と交わり、関白鷹司政通の御抱え学者となる。梅辻平格は近江生まれ。幼時より学を修め、御所内学習院の御用掛に就任、三国幽眠と親しく、維新後は韮山中学校長に任じられた。なお三国、梅辻に関しては多田建次著『京都集書院』に詳しい。

[図版] 集書会社は京都府が「集書院」を設置するまでの事業として発足した。明治五年九月、三条東洞院に設置された「集書院」(写真提供＝京都府立総合資料館)。

# 上賀茂神社の明治維新

落合弘樹

明治維新は様々な方面に大きな変化をおよぼしたが、宗教もその例外ではなかった。廃仏毀釈による寺院への打撃はよく知られているが、神社も時代の波と無縁であったわけではない。以下では、近代化の過程で神社がどのような変貌を遂げたかを、上賀茂神社（賀茂別雷神社）の例を通じてみていきたい。

## 維新期の上賀茂神社

上賀茂神社は、自然豊かな境内に国宝の本殿・権殿《ごんでん》ほか三六棟もの重要文化財指定の社殿が建ちならび、世界遺産の一つに登録されている。葵祭のきらびやかな行列は王朝時代の雰囲気を今日に伝え、独特の景観を保つ社家町は国の重要伝統的建造物群保存地区となっている。しかし、朝廷と密接なつながりを持ち、高い格式と伝統を誇ってきた上賀茂神社も、あるいはそこに長らく奉仕してきた社家も、明治維新による時代の変化の波に大きく翻弄されることとなる。

幕末を通じて上賀茂神社は重要な祭儀の場となった。たとえば、ペリー艦隊の浦賀来航に際しては孝明天皇より調伏を命じられる。文久三年（一八六三）には上洛した将軍徳川家茂以下を随従させての賀茂社行幸が行われ、朝幕関係の変化を全国に示した。ただし、神社も社家も政治に積極的に関与するような姿勢は見せていない。王政復古後に貴船社では所司代の高札が神官によっていち早く廃棄されているが、上賀茂神社は京都町奉行所廃止が社領経営に支障をきたすのではないかとの懸念を訴えるのみだった。しかし、新政府の基盤が構成されるとともに、神社にも時代の波が大きく押し寄せてくるようになる。

政府は祭政一致の立場をとるとともに、既存の神道のあり方を大きく改革するため、神仏分離を命じた。その結果、神仏混交によって神社に混在した仏教的要素は一掃されることとなる。上賀茂神社でも神宮寺の社僧に還俗が命じられ、堂宇や仏具、経典は撤去される。唯一の例外は後柏原天皇宸筆と伝えられる『紺地金泥法華経十巻』で、神祇官への伺いを経て今日も現存する。一方、古来続いてきた皇室と上賀茂神社との格別の関係も徐々に変質を見せていった。賀茂社家の多くは、神官であるとともに下級公家（地下《じげ》官人《かんじん》）の役割を兼務していた。しかし、明治三年（一八七〇）一〇月に兼務を差し止める通達が発せられ、神社にやむなく社務の返上を願い出る例が相次ぐ。明治四年五月に政府は神官の叙爵を廃止し、神社を官社と諸社に分離するとともに、社家の世襲制度を廃止した。その結果、上賀茂神社は官幣大社となったが、六月に政府の指示にもとづいて神官の職位の返上がなされる。そして翌明治五年一月に、旧来の社家の神勤が停止されることとなる。

その後は公家だった久我建通など、中央から派遣された人々が宮司に就いたが、禰宜以下は社家の人物が大半を占めている。神社制度が安定する明治中期にいたるまで、社務の多くの部分は社家出身者が取り仕切り、神社の伝統を守りつつ近代への順応に努めた。

【図版】王朝の趣きを今に伝える上賀茂神社。世界遺産に登録されている（京都市北区／写真提供：上賀茂神社）。

## 上賀茂神社の近代

先に述べたように、社家のありかたは大きく改変されたが、神社を取り巻く情勢の変化は、それにとどまらなかった。明治三年一二月、政府は版籍奉還後も社寺のみが土地と人民を私有しているのは不相応だとして、境内以外の土地の大部分を接収した。この措置は上賀茂神社の維持に多大の打撃を与え、神事にも支障が生じるようになった。

なお、朝廷は葵祭を古来きわめて重視し、幕府からも手厚い保護が加えられてきたが、明治政府は原則的な対応を示し、宗教的には最も重要な祭儀である御阿礼《みあれ》神事を今後は私祭とみなし、官費による助成は一切行わないと通告した。さらに、文明開化の風潮の中で伝統文化が軽視され、さらに地租軽減と西南戦争の戦費調達で政府財政が悪化するなか、政府は一八七七年（明治一〇）一二月五日、上賀茂神社、下鴨神社、石清水八幡宮、春日大社、八坂神社、北野天満宮における神楽・走馬・東《あずま》遊《あそび》などの執行をすべて廃止してしまった。しかし、こうした往古からの祭儀の断絶を明治天皇は遺憾とし、一八七九年に資金を下賜して賀茂両社の東遊・走馬と石清水八幡宮の神楽を再興させている。そして一八八四年に賀茂祭は旧儀を再興して執行され、以後は勅祭として位置づけられることとなった。

上賀茂の社家は朝廷や幕府の保護がなくなったうえ、社領の接収で収入の多くを断たれたため生活が困窮した。同様の立場に置かれた京都の各神社の社家は結束し、旧藩士と同様に自分たちにも家禄を給付するように政府に要望したが、思うような成果はなかった。しかし、一八七九年に、明治天皇からの恩賜金三万円により、地下《じげ》官人や社家、宮門跡の家士など京都の官家士族救済のため、産業誘導社が設立される。同年には、上賀茂の旧社家を対象に人形製造の伝習がなされた。こうした就産活動は、全国の士族授産事業と同様にあまり成績がかんばしくなかったが、葵祭が再興された一八八四年（明治一七）には平安義黌《ぎこう》が設立され、官家士族の教育支援に大きな役割を果たしている。

古来格別の位置にあった上賀茂神社と皇室との関係も、維新後は一般化し、明治政府の構築した神社制度にあてはめられていく。明治天皇の意思で一部の祭儀は復旧したが、社家の人々にとって、維新前は身近だった天皇との距離は遠ざけられてしまった。なお、出雲大社の千家《せんげ》家や熱田神宮の千秋《せんしゅう》家などは由緒を認められて華族の族籍が与えられたが、上賀茂神社と下鴨神社の社家からは、地方の旧族より自分たちの方が朝廷との関係がはるかに近かったとして、華族編入願いが政府に出されている。数多くの同族を編入するのは困難で、結局は却下されたが、彼らは最後の拠り所を名誉としたのである。

【図版】明神川沿いに並ぶ上賀茂の社家。維新後の変動を受けつつも、景観を今日に保ち、社家の伝統も守られている（京都市北区／写真提供：上賀茂神社）。

# 第一回府会議員選挙

原田敬一

第一回京都府会が開かれたのは、一八七九年（明治一二）五月七日だった。会場は、上京区新町下立売上ルにあった京都中学の正堂を使用した。二階建てのこの建物は、一八八五年には京都府庁に充てられることとなる。

第一回府会の時の京都府知事は槇村正直で、選ばれたばかりの府会議員たちは、七月三〇日に閉じるまで約三ヶ月、八五日間も熱心に審議した。三ヶ月もかかったのには理由があるが、今回は「選ばれた」府会議員たちについて報告する。

## 名望家の府会議員たち

京都府会議員の略歴を調べるには、『京都府議会歴代議員録』（京都府議会編・刊、一九六一年）という一二〇〇ページほどにもなる大部の参考文献があり、たいへん役に立つ。また一八七九年から九五年までの京都府会の経過については、湯本文彦編になる『京都府会沿革志』（中西嘉助刊、一八九七年）という出版物があり、詳しくわかる。湯本文彦は、本書の他項でも平安奠都千百年祭で活躍し、京都最初の通史である『平安通志』をまとめたことで、有名である。その後の余業の一つが『京都府会沿革志』である。

しかし、この二冊の書物でも、第一回府会議員選挙の結果について正しい結果は分からない。この時期をカバーする京都府内発行の新聞の一つ『西京新聞』を見ても、投票数などはわかるがそれにとどまる。詳しい状況がわかるのが京都府の行政文書「明治十三年府会一件」という史料である。表題には「明治十三年」とあるが、中身を見ると一八七九年の選挙の顚末が判明する一次史料がまとまって遺されている。それを読み解くことで、

第一回府会の会場とされた京都中学の正堂
（田中泰彦氏所蔵／写真提供：京都新聞社）

3月25日投票結果

| | 票数 | 氏名 | 住所 |
|---|---|---|---|
| 上京区 | 79 | 市田文次郎 | 丸木材木町 |
| | 65 | 石東市郎兵衛 | 瑞光院前町 |
| | 51 | 山本覚馬 | 下丸屋町 |
| | 37 | 山中小兵衛 | 〃 |
| | 32 | 山中平兵衛 | 〃 |
| 下京区 | 93 | 杉本新左衛門 | 矢田町 |
| | 82 | 三井源右衛門 | 西六角町 |
| | 55 | 井上治郎兵衛 | 西門前町 |
| | 32 | 田中善八 | 不動堂町 |
| | 30 | 安村吉兵衛 | ト味金仏町 |

維新後十数年にして始まった府県会議員選挙というものを浮き彫りにしてみよう。

一八七三年（明治六）に欧米遣欧使節から戻った木戸孝允らは、議会制度導入が避けられないことを認識していたが、なかなか政府の政策として浮かび上がってこなかった。二年後から始まった自由民権運動の高揚に対処するため、大久保利通を中心とする政府は、ようやく府県に議会を設置すると決断した。全国各府県ごとに府会・県会を設置し、地租五円以上納入の男性に選挙権を与えるという内容の府県会規則を、一八七七年七月に公布する。この時同時に公布された郡区町村編制法・地方税規則とともに、これらは「三新法」とよばれる画期的な制度とされている。翌七八年に東京府会が設けられるなど、全国に府県会が設置されていた。納税している者が、税金の使い道を自分たちで決めることができる、という府県会は、自由民権運動の要求でもあり、各地の名望家が熱心に参加していった。京都でもほぼ同じだった。

京都府での府会議員選挙は、七九年三月二五日に投票されて、即日開票され、得票が多数であった者を当選者とした。現在の京都市部にあたるのは（京都市が設置されるのは一八八九年）、上京区と下京区だけであるから、その二区の当選者を表にしてみる（定数各五名）。選挙管理者である区長・郡長は、彼らに当選状を翌二六日に渡す予定だった。

### 議員職の辞退問題

初の京都府会議員選挙は一八七九年(明治一二)三月二五日に投開票を終えたが、すぐ当選者確定とはならなかった。下京区の当選者、三井源右衛門は、二六日付で「議員辞表」と題する文書を下京区長の竹村藤兵衛に提出した。理由は二つ。①「多年博覧会社幹事」で、三月一五日には博覧会社頭取になり「日々繁務」②「平素多病」でこれまで「区町之公務」も代理者に任せていて、事情がよくわからない。これを、竹村区長はあっさりと認め、次点の上原三右衛門(衣棚町)を議員として当選状を渡したいと府への伺いを二六日出す。ところが、上原も二七日付で「御断書」を出し、竹村区長はまたも認め、さらに次々点者を繰り上げたい、という伺いを二七日に提出する。上原の理由は、六四歳という老齢で健康も思わしくない、というものだった。次々点は柴田弥兵衛(清水町)。

こうして竹村区長は、三月二八日府知事に、「府会議員人名御届」として、杉本新左衛門(四一歳一一ヶ月)、井上治郎兵衛(五一歳四ヶ月)、田中善八(四二歳)、安村吉兵衛(三〇歳八ヶ月)、柴田弥兵衛(三二歳七ヶ月)の五名を届けた。が、すぐに竹村をいらだたせることが始まる。府庁に「御届」した同じ日に、確定したはずの杉本が、「議員退職之義ニ付願」を竹村宛に差し出してきたのである。理由は、もっていた地所と建家一軒を売り渡したので、地租八円余りを削ることになり、府会一〇円以上納入者ではなくなった、というものだった。三井の辞表はすんなり認めた竹村も、今回は怒ったようである。すぐさま「難聞届《ききとどけがたし》」と返事してよいかと府庁へ伝えた。竹村の理由は、土地換えも申し出ていないし、地租帳簿の切り替えも済んでいないから、所有権の移転は認められない、というだけでなく、これを認めれば、他の議員からも同様のことが申し立てられ、断りが増え「開会モ差迫リ大ニ不都合」だ、という点が強調されていた。杉本の辞任は認められなかった。しかし、杉本は粘り続け、以後も「病気」を申し立て、四月八日に竹村区長は、井上治郎兵衛と杉本が病気だ、という届け出をする。

いったん選出した議員が、当選状交付前後に辞退するということは、下京区だけの事例ではなかった。この時

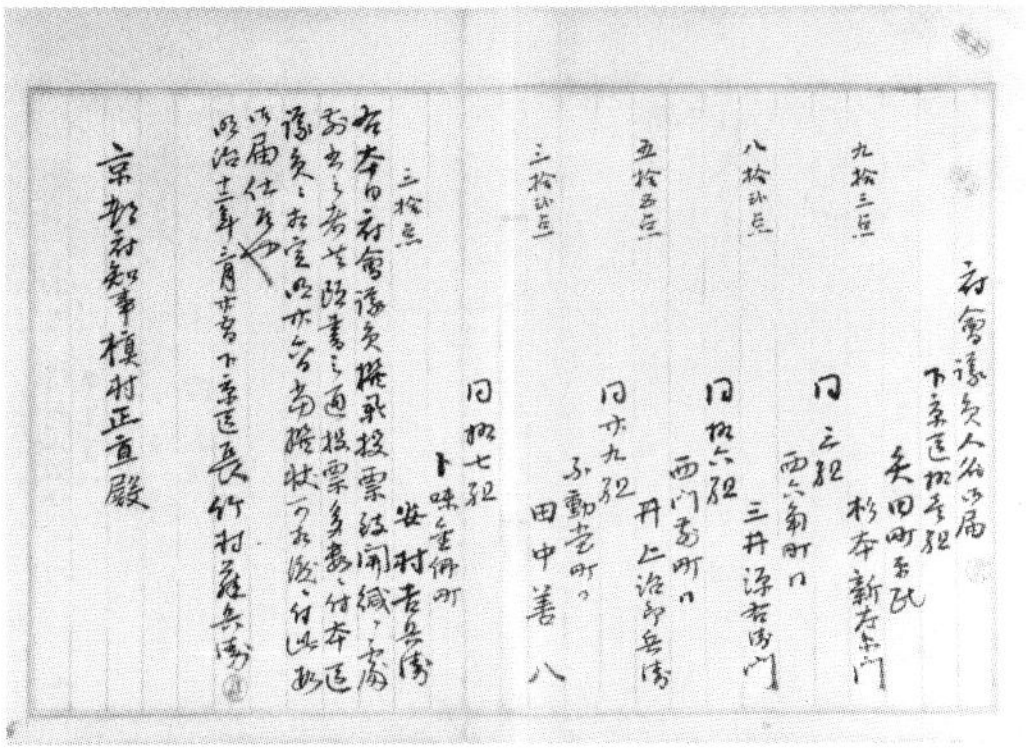

上京区の二位当選者である石東市郎兵衛も老齢を理由に辞退し、吉岡安寧（士族、中猪熊町）が繰り上がった。葛野郡でも中村吉右衛門が辞退している。

『京都府会沿革志』によれば、一八七九年三月選挙から翌八〇年三月までの一年間に、辞任一一人（うち下京区三人、郡部八人）、選挙権消滅一人、病死一人、と前記の当選者確定以前の者を含まないでいる。

これは、全国で見られる傾向だった。一九二五年の普通選挙法まで、衆議院を含む公職選挙に立候補制は存在しなかった。明治から大正期にかけての選挙制度は、「出したい人」を有権者が勝手に選ぶ、というものだった。そのため上原や石東のように老齢で議場に列席が困難な者も当選してしまうのである。こうした事態を避けるために、大阪などでは有権者団体による「予選」が行われ、常態化していくが、京都では公民会などの名望家団体が調整機能を発揮するようである。

三井クラスの実業家、有産者が公務に熱心でない、というのも全国に共通している。村々でも地主層が不熱心で、町村長や助役を任期通り務めきれない、という事態が見られる。身銭を切らなければできない「自治」を根付かせるには、まだ時間が必要だった。

［図版］『明治十三年府会一件』から、明治一三年三月二五日付で提出された上京区の「府会議員人名御届」。この時点では、第二位当選者として三井源右衛門の名も記されている（京都府立総合資料館所蔵）。

# まちの地価

山田　誠

地価の動向は、現代の日本人にとって大きな関心事である。それは、単に土地所有者あるいは土地家屋の賃借者としての直接の利害だけによるのではなく、都市の地価、とりわけ商業地の地価というものが、その都市の経済的なパワーを端的に表現していることを、一般の人々もよく理解しているためと思われる。ちなみに京都については、かなり長期間にわたって四条河原町北西角が最高地価地点の地位にある。

地価のもつこうした性格は、おそらく第二次大戦前の時期についても共通すると見て差し支えなかろう。しかし、これまでのところ、筆者の専攻する人文地理学の分野に限らず、歴史学、経済学、都市計画学等の分野でも、戦前期の日本の都市の地価分布に関する研究は、現代の都市の地価を対象とした研究と比べて、きわめて乏しかった。

その主な原因は、何と言っても資料の存在が著しく限られていることであろう。そうした一般的な状況の下で、筆者は戦前期の京都の地価の片鱗をうかがうことのできる三種の資料に出会うことができた。それらを古い順に紹介すると、以下のようである。

## 京都の地価資料

最も古いものは、一八九九年（明治三二）発行の『賃貸価格標準調査書』である。現在の京都商工会議所の前身、京都商業会議所発行の四〇頁足らずの小冊子で、定価金五銭とある。序文の日付が明治三〇年一二月下旬とあることから、地価はその年のものと考えてよかろう。この資料では、営業税の算定に用いられた地価（賃貸価格とあるが、実際には一坪当たりの時価である）を東西、南北各方向の街路に沿って記載している。

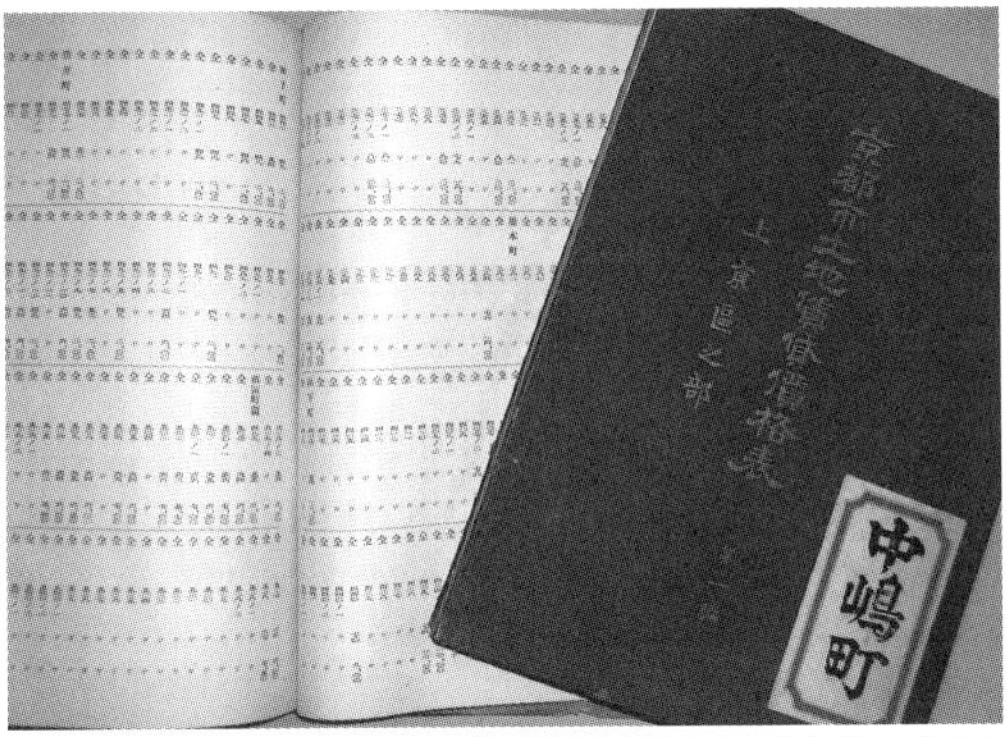


明治30年ごろの地価を示す『賃貸価格標準調査書』（右／1899年京都商業会議所発行／京都大学山田研究室蔵）と昭和初年の地価を示す『京都市土地賃貸価格表』（左／1929年京都土地協会発行／筆者蔵）

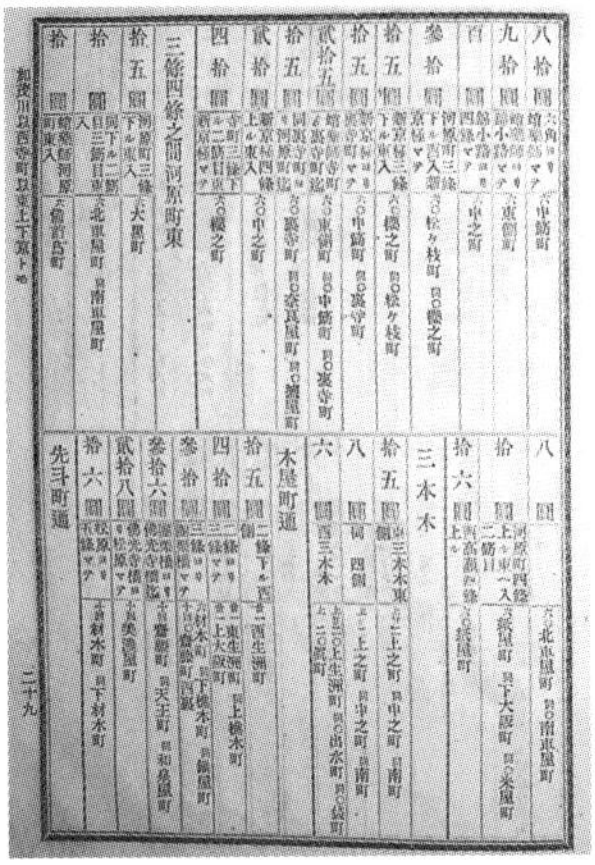

（写真提供：京都新聞社）

次は、一九一二年（大正元）発行の『京都地籍図付録』（上京区の部、下京区の部、接続町村の部に分冊）である。この資料には、宅地や農地一筆ごとに、町名（または字名）、地番、地目、面積、地価等級、地価総額、所有者名等の情報が盛り込まれている。この資料とセットになっている『京都地籍図』を併用することにより、すべての土地の所在地が確認できることから、前記の『賃貸価格標準調査書』よりも細かい単位で当時の地価分布が復原できるわけである。

昭和戦前期の資料として『京都市土地賃貸価格表　第一編　上京区之部』『京都市土地賃貸価格表　第二編　下京区之部』（一九二九年、京都土地協会発行）がある。『京都地籍図付録』に比べると情報量は限られており、宅地（一部田畑、山林を含む）の所在地（町名・地番）と等級・賃貸価格（これも一坪当たりと考えられる）が記されるにすぎない。そのため、『京都地籍図付録』と異なり、地主による土地所有の実態の分析に用いることはできないが、京都市内の地価分布の復原に用いることは十分可能である。

これら三資料に記されている地価の性格は、それぞれ異なっている。したがって、地価の絶対額の変化について論及することは控えなければならない。しかしそれぞれの資料から当時の地価分布を復原することは可能である。また、たとえばある地点の地価が京都の最高地価の何パーセントに当たるのかといった相対値を用いることによって、その経年変化をとらえることもできる。

**地価資料の分析**　以下では、紙数の制約もあり、紹介した三種の資料の内、最も古い『賃貸価格標準調査書』（一八九九年、明治三二）の記載内容を基本とし、さらにそれに付加する形で他の二つの資料から知られる変化についても検討する。

『賃貸価格標準調査書』では宅地一筆ごとの地価は明示されず、街路ごとに、それに沿う一帯の地価が記されている。次頁の図は、この資料に基づいて、一坪あたり二五円以上の地価を示す区間を、二五円以上五〇円未満、五〇円以上一〇〇円未満、一〇〇円以上（ただし、最高でも一〇〇円であった）の三段階に区分して示したものである。

一坪当たり一〇〇円という最高の地価を示したのは、新京極通の錦小路通―四条通間であった。この近くの都心部には、四条通をはじめとして五〇円以上一〇〇円未満の区間がかなりみられ、二五円以上五〇円未満の区間も格子状に拡がっている。中でも、先斗町や祇園、宮川町などの花街の地価の高さは印象的である。

こうした中にあって注目に値するのは、今日では四条通と並んで高い地価を示している河原町通が、この時期には、平行する新京極通や木屋町通、あるいは烏丸通や東洞院通と比べても、低い地価にとどまっていたことである。三条―四条間で比べると、河原町通の地価（一七円）は烏丸通（三六円）の半分以下にすぎなかった。

この地区から離れた所で二五円以上の地価を示したのは、北部の西陣地区と京都駅前である。西陣地区では千本通（今出川通―一条通間）の一坪あたり三〇円が最高で、また京都駅前では塩小路通（不明門通―烏丸通間）の七五円が最高であった。

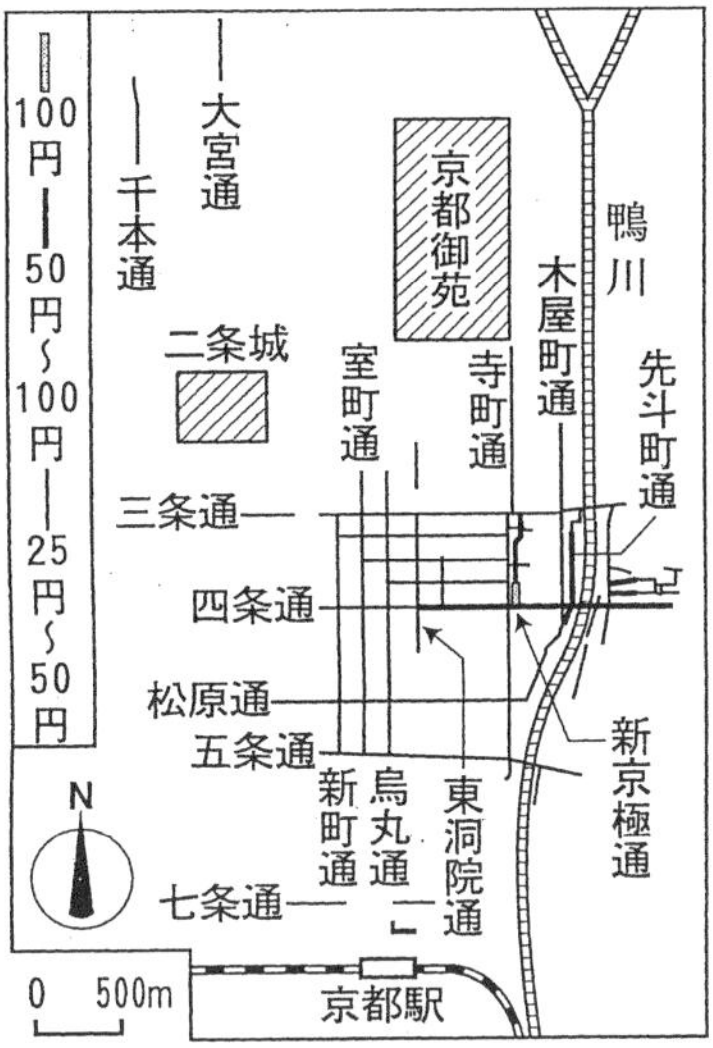


1897年ごろの地価分布。鉄道は当時の東海道本線（京都駅以東は現在の奈良線のルートをとっていた）のみを表示し、京都電気鉄道経営の路面電車は省いた。

一九一二年（大正元）刊の『京都地籍図付録』は、あまりにも情報量が多く、筆者の分析はまだごく部分的なものにとどまっているが、少なくとも京都市内での最高地価地点については、新京極四条上ルで変わっていない。

一九二九年（昭和四）刊行の『京都市土地賃貸価格表』でも最高地価地点は『賃貸価格標準調査書』や『京都地籍図付録』から変化していない。ただ、この時期の京都駅前の地価は、付近での最高地価でも市内最高を示した新京極通（錦小路—四条通間）の三五％足らずにすぎなかった。ちなみに一八九七年（明治三〇）のこの数値は七五％であった。西陣地区についても、市内最高地価に対する割合は、一八九七年の三〇％から一九二九年には一六％に低下しており、市内の地価の高低の格差は、この間にかなり拡大したように思われる。一方、昭和初期には河原町通沿いの地価がかなり上昇した。まだ烏丸通沿いには及ばなかったが、それでもおおむね烏丸通沿いの八〇％ないし九五％程度に達している。

こうした地価分布の変化の要因はいくつか考えられる。おそらく最も重要なものは、明治後期から昭和初期までの間に行われた市内の主要道路の拡幅事業と市電の開通であろう。しかし、こうした点の実証については今後の課題として残されている。

〔付記〕『京都地籍図付録』および『京都地籍図』については、目下、立命館大学地理学教室のメンバーによる総合的研究が行われている。近い将来、それらの資料から得られる地価分布についても、全般的な研究成果が公表されることが期待される。

# まつりと世相

# 四条河原の賑わい

廣瀬千紗子

千二百年の「みやこ」は街角の景観もまた歴史遺産である。四条河原町の雑踏の合間からは、八坂神社の朱の楼門が鮮やかに見える。近代に一大繁華街を形成したこの賑わいを遡れば、寛文一〇年（一六七〇）に至る。発展途上期のこの地の、ほとばしる熱気はどのようであったか。

四条河原町界隈は、出版された絵図では、もっとも普及した京都全図、『京大絵図』の初版、貞享三年（一六八六）版にかなり詳しく見えている。この景観を現在に重ねると、図では四条通の南側に三軒並ぶ芝居小屋の、まさに西端の一軒が南座にあたり、大和大路の東にはほぼ現在地に「目疾み地蔵」が見える。芝居の近くに「茶屋あり」と記されたこの界隈は、当時さま変わりしたばかりの、新しい遊興地であった。

江戸時代の夕涼みはれっきとした年中行事で、場所は四条河原。期日は六月七日から一八日までと決まっていた。この期間はちょうど祇園会の最中であり、蒸し暑いさなかの疫神送りは、納涼の季節の祭礼でもある。一日の稼業を終えて河原に繰り出す貴賤《きせん》男女は、解放感とともに涼みを満喫する。黒川道祐『日次紀事《ひなみきじ》』（延宝五年、一六七七序）は、「四条河原の水陸、寸地を漏らさず床を並べ、席を設く」、「東西の茶店、提灯を張り、行灯を設け、あたかも白昼のごとし。これを涼みといふ」とその賑わいを記し、誰の発句ともなく伝わる「見渡せば火の中に居る涼みかな」は、涼しさより篝火に集う人々の熱気をいう。苗村丈伯の『年中重宝記』（元禄七年、一六九四刊）は世の泰平を手放しで賞賛し、有頂天になって喜びを表す。いわく、三味線の音に高歌吟唱すれば「宴遊する声は山河を崩すがごとく」、月星にまがうは水茶屋の灯、蒲焼きの煙が霧のように降りかかれば、鯉の刺身

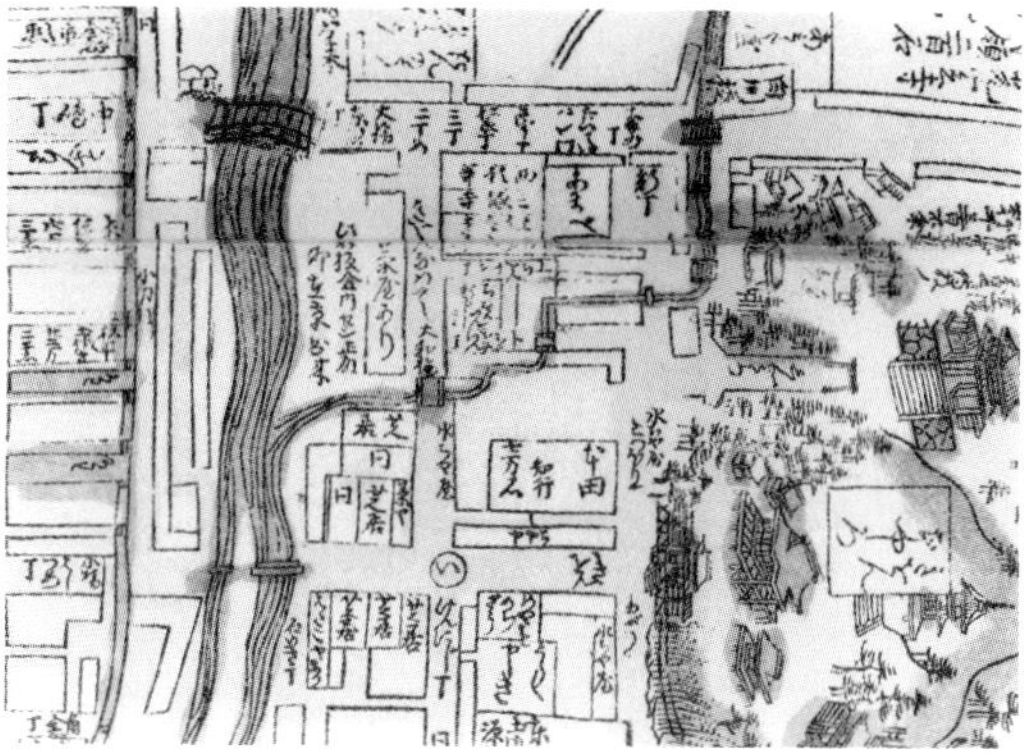

で一献傾け、「まことに諸国にまたとあるまじき遊興、洛陽の繁栄、この節と思はる」のである。地誌の常套とはいえ、この初々しいまでに臨場感あふれる筆致はどうであろう。

四条河原の鴨川東岸がこのように賑わうのは、一六七〇年以降のこと。図の鴨川東岸に添い、二条から五条間の四ヶ所にほぼ同文で「此所板倉内《いたくらない》膳正《ぜんのかみ》(殿)御在京之時出来《しゅったい》ス」とあるのが、その事情を物語る。板倉内膳正は幕府の前老中、京都所司代板倉重矩《しげのり》で、名君板倉勝重の孫、重宗の甥。父は島原の乱で戦死した重昌である。在任期間は寛文八年五月一六日から一〇年一一月三日まで。重矩の最も重要な職務は京都町奉行を設置し、行政の権限を所司代から町奉行に委譲することであったが、その間に鴨川東岸に石垣を積んで、護岸工事を遂行した。はるか白河法皇の昔以来、治世者の悩みの種であった鴨川の治水はここに安定し、新地開発を促進した。芝居では興行権の公許、いわゆる「名代改《なだいあらため》」が行われて興行が恒常化するのも護岸と同時である。

『京都御役所向大概覚書』の正徳元年(一七一一)ころの記録では、この一帯に茶屋一一八軒、旅籠屋四八軒、水茶屋八五軒、焼き豆腐屋九軒を数える。重矩は約二年半後、再び老中に復すが、この地の繁華の淵源はじつに寛文八年、重矩の所司代着任にあると言って過言でない。その意味で鎌田道隆『近世都市・京都』が「寛文の改革」の一章を設けたのは見識であったと思う。

【図版】元禄九年版の『京大絵図』(複製/筆者所蔵)から、四条河原付近。左上が三条大橋、右下が祇園社で、四条通の南北に七軒の「芝居」が並び、「茶屋」も見える。

# 異色の『都繁昌記』

廣瀬千紗子

「みやこ」に生まれたことは偶然の僥倖であろうに、京都人は昔からどこか誇らしげである。御所を擁する京都は格別の観光地で、いつも羨望の眼差しを受けてきたからだろう。

出版ジャーナリズムが急速に発達した江戸時代は、不特定多数の人々を対象とするという点で、それ以前と一線を画し、むしろ近代社会に近い。その発祥の地は京都である。浮世草子や役者評判記の読者は庶民で、京都の地誌や案内記、京絵図も版元の有力な商品であった。安永九年（一七八〇）、初の大型名所案内絵本、秋里籬島《りとう》の『都名所図会』全六巻が出るや、各地の名所図会が相次ぎ、旅は泰平の世の関心事となった。『早見京絵図』（天明七年、一七八七）は、上洛客のために西国札所と市内巡りの順路を示し、お食事処と旅籠屋を記号で表す。お急ぎの向きには、簡便な早廻りコースもあって、今のイラストマップと変わらない。京都の見聞記や紀行文は数かぎりなく、本居宣長や大田南畝、曲亭馬琴らの学者・文人はもとより、無名の旅人たちもまた多弁で、おおむね夏が暑い、新鮮な魚がない、人情が吝《けち》くさいのが不評である。

このころ文運はしだいに江戸へと移り、戯作《げさく》や錦絵で花のお江戸の自慢が始まると、京都自慢は往時の勢いを失っていく。そして天保二年（一八三一）、不遇の儒者、江戸の寺門静軒《てらかどせいけん》は、その名も『江戸繁昌記』全五篇の長編漢文戯作を書き始める。ただし静軒が注視するのは華美贅沢に明け暮れる都会の、爛熟の果ての頽廃である。これを見た京都の儒学者・漢詩人、中島棕隠《そういん》は「因果道士」の筆名で天保九年（一八三八）、『都繁昌記』を出版。小冊ながら、「乞食」「担尿漢《しょうべんとり》」「劇場並《しばいならびに》、優人《やくしゃ》」の三章を収める。取り上げるのはきれいごとの名所旧跡にあらず、京都の暗部である。

天保初年には地震があり、近年の米価の高騰で捨て子、行き倒れ、餓死者が増え、人心は荒れていた。施しを受ける「乞食」の分際で美食にこだわるおかしみを揶揄するかたわら、富裕な家が「慳貪《けんどん》を根性」として「救ふべきの人を救ふことを知らず」、先祖の追福にわずかな施行をしてこと足れりとする算盤高さを暴く。富者はますます富裕になる道理である。

うわべは華麗な酒楼・旅籠屋・芝居小屋からも糞尿は出る。「担尿漢」は家々からこれを集めて応分の野菜と交換するが、着飾った良家の婦人は、その多少を争って容赦がなく、これまた不似合いである。本書の大半を占める「劇場並、優人」では、芝居に愛着を持たない金主《きんしゅ》（興行費の出資者）が私利私欲に走り、貪婪《どんらん》な芝居茶屋は貧相な食事で暴利をむさぼる。まことに都の繁昌は不繁昌が支えているのである。

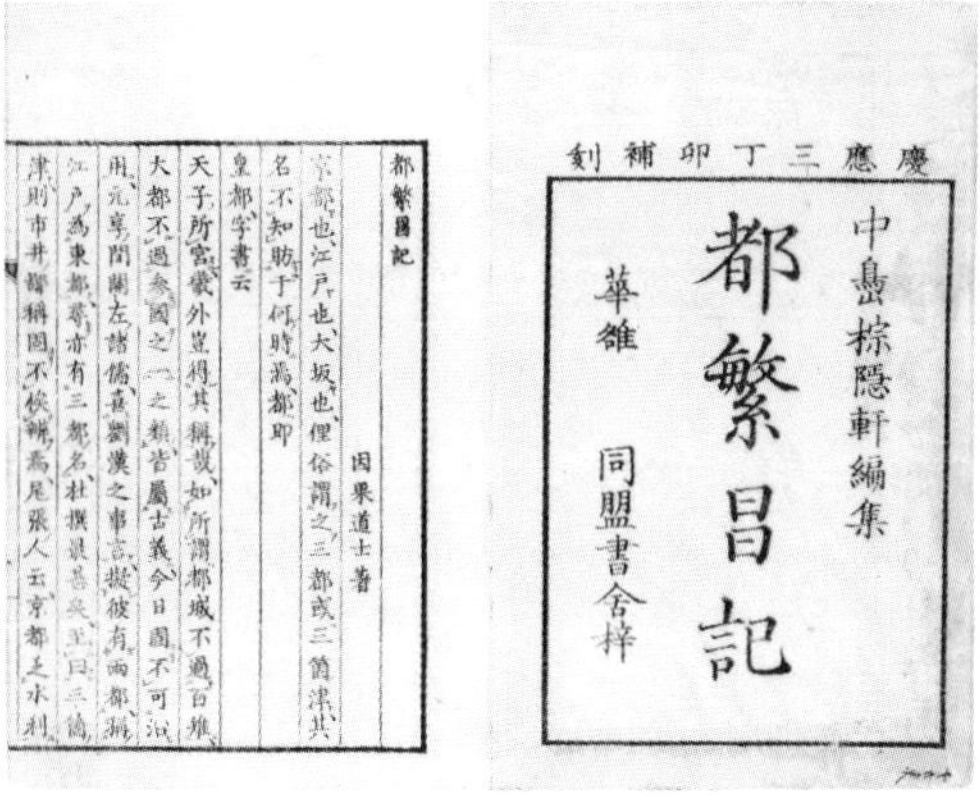

慶應三丁卯補刻
中島棕隠軒編集
都繁昌記
華雒
同盟書舎梓

都繁昌記
因果道士著
京都也江戸也大坂也俚俗謂之三都或三箇津其
名不知昉于何時為都耶
皇都字書云
天子所宮畿外豈得其稱哉如所謂都城不過百雉
大都不過参國之一之類皆屬古義今日固不可以
用元亨間閑左諸儒喜劉漢之事言擬彼有兩都稱
江戸為東都尋亦有三都名杜撰最甚矣至曰三箇
津則市井嚮稱固不俠稱為尾張人云京都之水利

仰々しい漢文体でことさらリアルに描き出される卑小と猥雑。そのちぐはぐな組み合せが妙に滑稽で、いたく感じ入っているうちに、京都幻想の終焉を知らされる。棕隠の見た我が町京都は異色である。

ふたりの繁昌記作者の青年期は必ずしも順風ではなかった。透徹した観察眼は、彼らの屈託が育んだものだとすれば幸不幸は裏腹である。しかし都は本当に繁昌しているかという問いは、現在でも有効であろう。

【図版】中島棕隠『都繁昌記』の表紙見返し・一丁表（慶応三年補刻版／筆者所蔵）。

# 新聞にわかの出現

福井純子

河原町二条で女性のバラバラ死体発見——といっても現代の社会面の記事ではない。今をさかのぼること約一二〇年、一八八七年（明治二〇）九月の出来事である。新京極の二軒の定席は、新聞報道されたその日の夜、いちはやくこの事件をにわか狂言に仕組んで上演した。まるでワイドショーの再現ドラマのようなこの演芸は、新聞に題材を求めることから「新聞にわか」と呼ばれる。新聞は明治にはいって普及した当時のニュースメディア。にわか狂言は、天保期に浄瑠璃や歌舞伎のもじりを演じて芝居の骨格を身につけた大阪にわかを出自とし、京都では近世以来、この大阪にわかの興行が行われていた。

明治に入ると大阪では、作品中心主義をとる初春亭新玉一座が御霊、座摩両社の席で、興行価値を重視する大門亭大蝶一座が博労稲荷の席で、それぞれ二大勢力を形成する。かれらは八月の一ヶ月だけ席を閉じ、名古屋と京都へ交代で巡業に出るのが恒例であった。京都での公演は好評で、ひいき筋もでき、真似をしようという素人も出たという（宇治廼家茶好「大虎座とにわか師」、『京都府百年の資料九　芸能編』所収）。『京都府史』の伝えるところによると、一八七三年、当地でにわか狂言の興行が行われたらしいが、日時や場所、演目、にわか師の名前などは判明していない。あるいは六年の興行も、この大阪からの巡業であったのかもしれない。

京都のにわか人気を当て込み、単発の公演ではなく常打ちをしようと乗り込んできたにわか師がいた。大蝶一座につらなる東ン貴改め東玉である。かれの本名は林義平、もとの職業は竹籠職人。東玉は黒門通椹木に居を構え、京都の素人衆七、八人をさそって一座をくみ、因幡薬師（烏丸通松原上ル）や西陣の安居院《あぐい》（大宮通鞍馬口）

など、市内の寄席で興行を始めたという。近代京都の興行街というと新京極を思い浮かべるが、当時は市内各地に寄席や小さな芝居小屋が散在していたのである。この東玉の京都乗り込みがいつのことなのか判然としない。『西京繁昌記』(『新撰京都叢書』第一〇巻所収)は一八七六年末出版届の奥付を持つ書物であるが、ここに東玉門下の四天王のひとり、幸玉の名前を見いだすことができる。この東玉一座こそ近代京都に出現した、はじめての職業的にわか師だったと考えられる。

かれらの舞台を覗いてみよう。場所は新京極の寄席で、曲芸のあいまに演じる出し物は「安達ヶ原三段目」のパロディー。これはにわか狂言の古典となる作品である。登場人物の名前を、浜夕《はまゆう》を馬鹿夕《ばかゆう》、袖萩《そではぎ》を土手恥《どてはじ》と、身もふたもないようなおかしなものに変え、「奇弁雑言」や滑稽な演技で観客を絶倒させる。『西京繁昌記』はにわか狂言を「一時の愉快即席の一笑」と評し、読者を寄席に誘う。ニュースの速報性とにわかの即興性、この両者が結びついて新聞にわかが誕生した。

〔図版〕 続き物「情《なさけ》の分櫛《わけぐし》」挿絵(『日出新聞』一八八七年九月二二日)。バラバラ死体の事件は、九月一三日に「惨酷《むごたら》しい人殺し」として報道。翌一四日から一〇月九日まで二二回の連載読み物「情の分櫛」となった(写真提供:京都新聞社)。

# 新聞にわかと京都

福井純子

新聞にわかという演芸、大阪でも一八八〇年（明治一三）、八一年ころには興行界を席巻する勢いだったという。だが多種多様な芸能、演芸が興行される大阪では、新聞にわかはまもなく埋没してしまう。ところが京都では人気が持続し、昭和に入ってもその味をなつかしみ、思い出を語り合う人びとがいた。ところが新聞にわかの先行研究は、大阪に比重が置かれている。京都に視点をすえるとどのような姿が浮かび上がってくるのだろう。その際、ポイントになるのは題材の供給源と、上演される舞台の所在地である。この二点に注目して、京都の新聞にわかの時期区分を試みた。

第一期は一八七八年ごろから八四年ごろまでの成立期。始点があいまいなのは、京都が発祥の地という記述がありながら、初出記事では大阪に二年遅れるという理由。あるいは七八年以前にさかのぼることができるかもしれない。題材の側面から見ると、大阪と同様、京都でも新聞にわかの成立は小新聞《こしんぶん》の創刊と連動している。第一期の供給源となったのは『西京新聞』『朝日新聞』『魁新聞』が書く、京都で発生した不倫、強盗、殺人事件などの雑報記事と続き物。これをにわかに仕立てると、事件関係者の居住地に近い寄席で演じられることとなる。たとえば関係者が瓦師町、すなわち神泉苑町通姉小路の住人であれば、歩いて五分ほどの、三条黒門角北側にある八坂神社御供社境内の席で興行される、といった具合である。京都は大阪と違い、市街地の規模が小さく、なおかつ市内に寄席が散在していた。地元の事件を地元で上演することが可能な都市であった。

第二期は一八八五年から八九年までの五年間におよぶ発展期。この時期、京都の新聞にわかを強力にサポート

したのは、中新聞の『日出新聞』と『京都日報』。雑報記事と続き物に加えて、事件に取材しない、全く虚構の小説があらたに新聞にわかの題材に加わった。さらに一八八五年に大西座、八七年に大虎座と、新京極に二軒のにわか定席が開場する。以後、新聞にわかの興行はこの中心地で行われるのが通例となる。そうして周辺地域で演じられるのは、大評判をとった演目か、もしくは二番手のにわか師たちの興行に限られてしまう。

第三期は一八九〇年以降の定着期。終点も確定しづらいのだが、ここでは大虎座が閉鎖される一九一四年（大正三）六月ということにしておきたい。第三期には『日出新聞』『大阪毎日新聞』などの雑報記事、続き物が主要な題材となり、小説はほとんど使われない。この時期、『京都日報』は廃刊され、『日出新聞』の小説は娯楽読み物から脱却する。また新京極でも大西座は衰退し、一八九二年ごろには閉鎖に至る。大虎座の勝利である。新聞にわかといえば大虎座、という昭和の老人たちの記憶はこうしてつくられた。

［図版］ 続き物「猿猴栄次《えんこうのえいじ》玉兎阿久《ぎょくとのおひさ》 二葉廼鏡面《ふたばのかがみ》」挿絵（『日出新聞』一八八六年八月二一日）。七月一八日から九月八日まで四五回連載。武士の子に生まれながら盗賊になりはてた猿猴小僧と淫婦お久の、盗みあり、恋のさや当てあり、脱獄ありの冒険読み物。にわかのほか、照葉狂言、歌舞伎、講談に仕組まれ、奈良でも興行されたらしい（写真提供：京都新聞社）。

# にわかのトラブル

福井純子

実名を出したあげく、デタラメ放題に脚色し、おどけを尽くして観客を笑わせ、ときに憤慨させる新聞にわか。にわか師や席亭には稼ぎ時だが、自宅近くで上演される当事者にとっては緊急事態だ。トラブルの発生は避けられない。上演されたくなかったらと、にわか師がゆすりたかりまがいの行為に出ることもあったらしい。

なかでも一八八一年（明治一四）の医師と寄席との紛争は裁判にまでもつれ込み、京都のみならず、東京の新聞各紙までもにぎわす大事件に発展した。そもそもの発端は二月一七日、『朝日新聞』が松屋町中立売の医師某の不始末を雑報記事にしたこと。四月にはいると、猪熊下長者町の寄席「栄の家」が、この記事を新聞にわかに仕組んで上演した。上演に先立ち、栄の家は一条浄福寺あたりの触れ歩き屋をつかって宣伝につとめたという。医師は栄の家に興行の差し止めを求めたが、聞き入れられず、上京警察署に栄誉妨害で訴えたのである。その結果、栄の家は讒謗律《ざんぼうりつ》第一条、第五条に抵触したとして罰金五円を課せられた。この一件の医師、寄席、触れ歩き屋は半径五〇〇メートルにもみたない一角に暮らし、営業していたのであった。

栄の家事件は名誉毀損が争点であったが、新聞にわかはもうひとつ、風俗壊乱という問題を抱えていた。こんな新聞にわかに周囲は黙っていたわけではない。警察や区役所はにわか師に説諭をくりかえし、題材とする記事や脚本の事前検閲を幾度も申し渡している。一八八二年の京都府区部会では、見聞に忍びがたい醜態、社会に害毒を流す新聞にわかを禁止せよという建議案まで提出される（『明治一五年度　京都区部会議事録』京都府立総合資料館所蔵）。この建議案は、風俗壊乱を取り締まるのは警察の仕事だとか、名誉毀損されても裁判があるじゃないかとか、にわか師や見物に出掛ける細民の頭の中はまだ文明開化していないのだから、大目に見ようじゃないかといった反対にあって、あえなく消え去った。

行政や議会だけじゃなく、小新聞の読み物作家からも新聞にわか批判が飛び出した。『西京新聞』一八八一年二月二〇日の雌狸穴洞人「俄《にわか》狂言を矯正するの説」である。この雌狸穴洞人とは明治一〇年代初めから京都の新聞界で活躍した、引板鳴子こと奥村玄次郎のもうひとつの名前。かれは、新聞がにわかに題材を提供しているのはけしからんという批判に対し、新聞は善悪をともに読者に伝える義務がある、にわか師がことさらに悪中の悪、猥褻を抜き出して舞台にかけ、社会に害毒を流しているのだから、必要なのはにわか狂言の矯正なのだ、と主張する。かれは一八八五年の『日出新聞』創刊以来、一八八七年まで同紙に連載小説を執筆する。白波物あり、冒険小説ありのかれの作品は人気を呼び、新聞にわかに題材を提供した。はたして奥村はにわかの舞台を見物したのだろうか。

［図版］　続き物「牛頭《ごず》の浅吉《あさきち》三《さん》途《ず》の阿岩《おいわ》輪廻《りんね》廼《の》火《ひ》車《ぐるま》」挿絵（『日出新聞』一八八七年六月一四日）。作者は奥村玄次郎。この作品は、講談でもとりあげられ、八九年には東京の共和書店から単行書が出版された（写真提供：京都新聞社）。

# にわか定席の開場

福井純子

新京極の京都初のにわか定席「大西座」が開場したのは一八八五年（明治一八）四月。この大西座は、落語席の笑福亭のむかいにあった寄席を作り替えたもので、六角下ル東側に建っていた。持ち主は錦市場のかしわ屋さん。ついで八七年三月、新京極四条上ルの勧商場跡に大虎座が落成する。こちらの持ち主は大西座で働いていた小林氏。かれは大西座の弱点であった不潔な手洗い、不明瞭な木戸銭、混雑する下足を克服して評判を呼んだという（『京都府百年の資料九　芸能編』）。新京極の北と南にふたつの定席が並立し、八七年九月から八九年五月までの一年半、同一の時期に、同一の題材で競演することになる。

定席の成立は新聞にわかの問題点の片方、名誉毀損の問題に進展をもたらしたようだ。繁華街での公演ならば、観客に関係者の顔までは浮かばない。当然、演出も変化しただろう。だがもうひとつの風俗の問題が残っている。大西座の開場まもない五月二八日、『日出新聞』は東玉一座が同紙の記事を仕組むにあたり、風俗紊乱の所作を廃し、勧善懲悪を旨としようではないか、と協議していると報じた。新しい舞台に新しい方針をということなのか、それとも繰り返される批判や規制に対し、あらたな展開が必要だと判断したのだろうか。創刊間もない同紙が、評判を落とすことを避けようと、記事の使用にあたって、何らかの要請をしたとも考えられる。同紙の社主浜岡光哲は、かつて府議会に提出された新聞にわか禁止の建議案に反対したひとりだった。新聞の名誉とにわか興行、このふたつが両立する道を模索した結果、風俗問題にピリオドを打つというところに落ち着いたのではなかっただろうか。とはいえ新聞にわかの素行がおさまったとは考えにくい。案の定、演劇改良が流行すると、ふたたび新聞にわかへの風当たりが強くなる。

　川合梁定は一八九〇年、「許されざらん事を禁ぜられん事を」（『卍字叢誌』一八九〇年一〇月二七日）という論説のなかで、当時流行し始めた男女混交芝居などとともに新聞にわかをやり玉にあげ、猥褻のきわみだときびしく糾弾した。新聞も大虎座のにわかは「少し猥褻に流るゝ風あり」と、やんわりたしなめている。この川合は木葉散人のペンネームで狂詩を書き、奥村玄次郎らと滑稽雑誌『我楽多珍報』の編集や、『日出新聞』の正月文芸誌『玉拾集』の選者をつとめ、自身も情死事件をおりまぜた脚本を書いた文人だが、猥褻な所作を見せる新聞にわかは唾棄すべき代物であったようだ。

　識者がいかに批判しようと、新聞にわかは京都人の楽しみであった。浄瑠璃や歌舞伎をもじった時代物は京都のにわかファンの嗜好に合わないらしい。大虎座には絵看板があがり、木戸口ではしゃがれ声の婆さんが「始まってますえーお入りやー新聞にわかどすえ」と、けだるく道行く人に声をかける（『上方趣味　新京極変遷誌　上』一九三三年〈昭和八〉四月）。こんな光景が人びとの記憶に刻み込まれた。

［図版］続き物「名高槻鯉《なもたかつきこい》の瀧山《たきやま》」挿絵（『日出新聞』一八八九年六月二三日）。随心院の僧侶が高槻の士族親子に殺害された事件。同じ事件を『京都日報』は「無残の三人斬」のタイトルで続き物にした。両紙の続き物が京都市中でにわかや講談の題材とされ、新京極では生人形にも仕組まれた（写真提供：京都新聞社）。

# 賀茂祭の明治維新

高木博志

## 前近代の賀茂祭

毎年、五月一五日には賀茂祭（葵祭）がとりおこなわれる。勅使の近衛使をはじめ、舞人、牛車、斎王代と華やかな行列が、京都御所から下上社へと、向かう。

「平安絵巻」のようなとたとえられる賀茂祭も、実は古代・中世・近世、明治維新、そして戦後と大きな変貌を遂げてきた。近現代の賀茂祭の大きな特色は、基本的に東京の皇室と関係のない、「神社の祭り」であることだ。

平安時代や元禄に復興されて以降の賀茂祭は、「朝廷の祭り」として行われた。「朝廷の祭り」では、宮中の年中行事に組み込まれ、清涼殿の天皇の眼前で、飾馬の出で立ちや求子《もとめご》の舞がおこなわれ、神への祭文や幣物が託される発遣の儀があった。そして路頭の儀、賀茂社での社頭の儀へと、儀式は流れる。このように「朝廷の祭り」として勅使が派遣された重要な平安京の祭には、賀茂祭、石清水放生祭、春日祭があった。しかし現代、賀茂祭に連動した宮中の儀式が、東京の皇居でおこなわれるわけではない。

それでは賀茂祭の変化を、皇室のあり方の変容とともに歴史的にあとづけたい。

奈良時代には賀茂県主《あがたぬし》の氏神祭祀の賀茂祭がおこなわれ、奈良から見物人も来た。平安遷都後の九世紀になると、天皇の皇女が賀茂の神に奉仕する斎院制度と勅使派遣がはじまり、「朝廷の祭り」としての賀茂祭が成立する。平安時代に「まつり」といえば、公達が華やかに行列する賀茂祭であった。しかし斎院制度も一三世紀に廃絶し、応仁の乱後、文亀二年（一五〇二）に天皇権の衰微とともに、賀茂祭は中絶する。石清水放生会や大嘗祭とともに、平安時代以来の朝儀のあり方が断絶する。

勅祭の賀茂祭は元禄七年（一六九四）に復興することとなる。その背景には五代綱吉の時代に「武断政治」から「文治政治」へと転換し、朝廷の文化や儀礼を幕藩制の中に生かしていこうとする政策があった。一六世紀に焼け落ちた東大寺大仏殿が再建されたり、大嘗祭や石清水放生会が復興するのもこの時期である。賀茂社の側からは、上社・梅辻職久、下社・梨木祐之らによる朝廷・幕府への働きかけもあった。こうして、四月、中酉日《なかのとり》に行われる賀茂祭が、「朝廷の祭り」として「宮中の儀―路頭の儀―社頭の儀」の流れのなかで、ふたたび復活する。江戸後期の西村楠亭作「葵祭図屏風」には、河原の席で路頭の儀を見物する庶民が描かれる。また寛政六年（一七九四）に刊行されたガイドブックの『賀茂祭』などには、路頭の儀がはじまる御所の東側の清和院口や賀茂社への道中が、鑑賞すべきスポットであると紹介される。すでに観光の要素が看取できる。嘉永期以降になると、孝明天皇の伊勢神宮・賀茂社・石清水八幡宮への三社奉幣が盛んになり、文久三年（一八六三）には賀茂社行幸がおこなわれ、賀茂社の地位が浮上する。

しかし慶応四年（一八六八）三月の神仏分離令をうけて、賀茂別雷社でいえば、近世まで神宮寺（本尊十一面観音）・経所・経蔵・多宝塔などがあった景観は一変し、社僧、供僧は一掃される。明治四年正月には、社寺領の朱印地除地の上知が決まり、古代以来の賀茂の神領（二五七二石）とのつながりも希薄化してゆく。そして、明治五年正月の世襲社家の廃止により、内務省より派遣された神官へと担い手がかわってゆく。

［図版］西村楠亭「葵祭図屏風」左隻（國學院大学神道資料館所蔵／部分）。

維新の激動のなかで慶応四年(一八六八)四月一九日には、戊辰戦争のため賀茂祭に勅使は発遣されない。つづく明治二年(一八六九)三月の東京「奠都」により天皇とともに多くの公家は東京へと移住する。残された冷泉為理《ためただ》は、明治三年四月二五日の日記のなかで、勅使(近衛使)・内蔵使《くらづかい》・山城使の廃止、宮中の儀の廃絶、京都神祇官出張より路頭の儀の開始、といった諸改革を嘆く。この明治三年度をもって、勅祭としての賀茂祭は中絶するが、とくに「宮中の儀」がなくなる点が、平安時代以来の王権との違いを際だたせるものである。

## 近代の賀茂祭

明治維新と京都を考える上で、この明治二年の東京「奠都」の意義は大きい。東京「奠都」により、山城国を中心とする地域社会と朝廷とのつながりが断ち切られ、全国のどこの地域にも平等で等距離な近代天皇制が形成されてゆく。そのなかで神社秩序も同様であり、古代以来の畿内を中心とする賀茂社・石清水八幡宮など二十二社の秩序から、伊勢神宮を中心とする全国的な官国幣社の秩序へと編成されてゆく。古代以来、山城国に基盤をおいていた朝廷を、東京へと離脱させるのである。

そして賀茂祭と宮中との関係の変化は、ある意味で朝廷のあり方の変化を象徴する。近世の宮中においては、正月に畿内に居住する陰陽師や千寿万歳、猿回しといった賤視もともなった芸能者が天皇の前で寿ぎ、延暦寺や東寺、門跡といった僧形のものが祝いに来た。そして節分やお盆の灯籠のときなど、庶民が御所の築地の中に出入りするように、さまざまなものが共存し活気ある場が、前近代の京都御所であった。宮中の四季は、京都盆地の社寺や人々の時と交歓しながら移ろいだ。京都の人々は、東山や嵐山に桜をみたその足で、公家町の、「初花を急ぐ」近衛の糸桜をおもい、菊亭《きくてい》家の見返り桜を愛でた。人々は、身近な存在であった天皇や公家たちとともに、祭りや年中行事を楽しんだ。しかし東京「奠都」後、江戸城にかつてあった将軍と江戸の町の人々との交流も絶え、城壁に囲まれ隔絶した皇居の天皇は、全国を「同視」し、京都など特定の地域社会とのつながりを断ち切ってゆくのである。

さて明治維新でいったん廃絶していた賀茂祭であるが、一八七七年の明治天皇の長期にわたる大和・京都行幸の滞在を契機に、「古都」としての文化的「伝統」や歴史を保存し復興してゆこうとする動向が出てくる。それは一九世紀後半の国際社会のなかで、ヨーロッパという単一の文化があるわけでなく、オーストリアはオーストリアらしい「伝統」や歴史を、ロシアはロシアらしさを、押し出すことが、「文明化」された列強の戦略であったからだ。かくして一八八三年（明治一六）に、荒廃した公家町を京都御苑として整備しそこで即位式・大嘗祭を施行し、賀茂祭や石清水放生会の「旧儀」を復興する内容の、岩倉具視建議がだされるのである。文永期（一三世紀）の年中行事の絵巻物などを参考にして、儀式が整えられる。そして一八八四年に賀茂祭・石清水祭は官祭として再興され、祭りに奉仕する京都在住の華士族にも下賜金がくだされる。

こうして再興された近代の賀茂祭は、東京の皇居とは基本的に関係のない古都の新しい「伝統」文化であり、華やかな斎王代と女人行列も、一九五六年（昭和三一）に観光振興から創作されたのである。

【図版】　斎王代を中心にした女人列。一九五六年に観光振興のため新たに加えられた（二〇〇七年吉田暁子撮影）。

# 京の「十日えびす」

小出祐子

京の都に初春を告げる行事に、東山区の恵美須神社でおこなわれる「十日ゑびす大祭」（以下「十日えびす」）がある。正月一〇日の前後数日間にわたり、商売繁盛をつかさどる福神「えびす」の神徳を求めて人々が福笹をうける風景は、まさに初春の風物詩といえよう。

恵美須神社において、この「十日えびす」の祭礼が開始されたのは、江戸時代半ばの安永期（一七七二～八一年）のことである。祭礼を仕掛けたのは、地域の町々に居住する氏子たちであった。この企画は大当たりし、開催当初より諸方から参拝におとずれる群衆で、一帯が「騒敷《さわがしく》相成」ったことを、当時の史料は伝える。

以来、「十日えびす」は、恵美須神社を代表する祭礼としてクローズアップされていく。『都林泉名勝図会』（一七九九年）は当社を描くにあたって「十日えびす」で混雑する社頭の風景を画題に採り、『花洛名勝図会』（一八六四年）は当社について、「取はけ十日蛭子《えびす》は初春の一紋日にして河東の賑ひいふばかりなく、遊客騒士の遊参初め」と、祭日のにぎわいを特筆する。

ところで、この祭礼が好評を博していたのは、京都に限らない。全国的にも有名な「十日えびす」で知られる西宮神社（兵庫県）や今宮戎神社（大阪府）の祭礼は、京都の恵美須神社より古い歴史をもつ。江戸時代の盛況ぶりは、西宮神社の「十日えびす」が、年を経るごとにうなぎのぼりの賽物《さいもつ》を得ていたことからもうかがえる。

こうした近隣の状況を知ってか知らずか、恵美須神社において「十日えびす」の祭礼を仕掛けた氏子たちの胸中には、祭礼で得られる賽物収入をもって、社頭を維持していくという企図があった。当時、社殿の修復さえま

まならぬ逼塞した財政状況にあった当社では、新たな資金源を模索する必要にせまられていた。そこで注目されたのが、参詣者のもたらす賽物収入であり、集客の重要性を氏子らが意識したとき、新規の祭礼を開催するというアイデアがうまれたのである。

この意識の変革は、以後の恵美須神社に景観の変化をもたらす。氏子たちは祭礼の開催に並行して、社殿をはじめとする境内の建物の配置計画を、群衆に対応するものへと改変する。さらには社殿そのものにも、参詣におとずれる人々の信仰心にふさわしい、荘厳な姿を求めるにいたった。

以来現在まで続く「十日えびす」の祭礼や社頭の情景にも、時代とともに変化がみえる。近代以降、参詣者はますます増大し、それと呼応するかのように祭礼の期間も延長され、より大規模な祭事となった。そして大正期には、隣接する宮川町遊廓の「青楼ノ二階ニ於テ遊興ノ有様」が当社の本殿上に見えるという景観をめぐり、それが「風致上ニ至大ナル関係ヲ及ホス」のみならず、「神社ノ尊厳ヲ失シ」、「祭典上ニ於テモ不便」であるとの理由から、氏子たちは「一致協議ノ上」で社頭の整備をすすめる。その結果、本殿は建替えられ、後方には「繁茂スベキ樹木」が植えられるとともに、旧本殿は拝殿に改築された。

しかしこうした変化はあれども、現在の恵美須神社にみられる参詣空間の原型が、「十日えびす」のはじまった江戸時代半ばにあることは疑いがない。そこには、「建仁寺の鎮守」あるいは「地域の産土神《うぶすな》」という近世以前の顔とは別の、近代、現代に続く当社の大きな画期をみることができる。

【図版】福笹を求める参詣者でにぎわう恵美須神社の「宵えびす」（二〇〇四年一月九日撮影／写真提供：京都新聞社）。

# 奉納絵馬からみる明治

長志珠絵

**三宅八幡宮の大型絵馬**　京都／庶民信仰／大型絵馬―と列記すると、近世文化財を連想されるだろうか。京都は一点ものの近世絵馬も多く、研究と保存が進められてきた。他方、二〇〇一年に一三三点が京都市の文化財に指定された左京区上高野の三宅八幡宮所蔵絵馬は、明治期に集中する近代絵馬群である。蔵から新たに見つかった小型絵馬八点も含め、奉納年代は嘉永三年（一八四九）以後、八〇年間におよぶ。昨年、保存会や地元有志の文化研究グループを中心に、調査報告書が刊行された（三宅八幡宮絵馬保存会編『洛北高野　八幡さんの絵馬―三宅八幡神社奉納育児・成人儀礼関係絵馬調査報告書―』二〇〇五年）。

三宅八幡宮は疳《かん》の虫封じで知られる。戦前の観光ガイドや史蹟案内に記載も多い。一八九二年（明治二五）九月一八日付の『日出新聞』は「一昨日の放生会に愛宕郡修学院村字高野の三宅八幡は早朝より参詣人夥しく街道及社内は雑踏を極め」と盛況ぶりを伝える。ところが江戸期の地誌類に紹介は殆どない。神仏分離後の明治二年、愛宕郡の調査では村社の「境外末社」であり、無格社から村社への認可は一八七九年。しかし境内に残された灯籠や石柱などの奉納物からは、文政年間以後、大津や伏見、京都近辺に講社を持ち、明治以後も広がりを見せたことがうかがえる。大量の奉納絵馬は近世後期から続く庶民信仰の一形式といえるだろう。

絵画表現を用いた絵馬は一二〇点余。額面は「家内安全」「諸願成就」とあるが、画像にみる「祈り」は、集団の参詣行列、少人数の参詣、子どもの遊びなどで、育児にかかわる情景も目立つ。特に参詣行列を描く絵馬一一点（安政二年～一九〇四年）は、奉納年代の前半に集中し、講社や子供中など集団のお礼参りの様子を伝える。

図版1

明治二年春の奉納額（縦一〇五五×横一九七七ミリ／図版1）は行列人数では最大で、七三九名を数えるが、ほかは一〇〇〜二〇〇人規模の参詣行列が多く、左上からの蛇行が基本の構図である。

ところで各地の大型絵馬は風俗資料としても注目されてきた。一定の時期に一ヶ所に残された絵馬群の場合、人々の暮らし方の「変化」は細部に顕著だ。例えば幕末維新期には、芥子《けし》頭の子ども、丸髷に流行した半襟刺繍の女性、帯刀者の姿があり、開化期のこうもり傘や散切り頭の男性像は、明治中期では羽織・股引に山高帽に。集団の先頭者や引率者が持つ扇子は幟《のぼり》や旗となった。学区集団も登場する。子どもの服装の配色には赤も目立ちコレラなど悪疫除けを連想させる。乳母風の女性に乳をもらう乳児の姿は明治後期、乳母車の中へ。子どもの描き方も次第に男女の性差が区別され、日清戦後の絵馬には遊びの中に戦争ごっこや旭日旗、洋装の学生服姿や束髪の女学生姿も登場する。劣化も激しいが、地域の保存会の丹念な読みとり作業の成果でもある。

大型絵馬は掲げる空間を要した。近世の大寺社の絵馬舎は庶民が愉しむギャラリー的機能を持った。著名な絵師による作品も多い。だが、三宅八幡の絵馬の場合、落款からわかる絵師は数例だ。では掲げられた大型絵馬を見るのは誰か。行列絵馬の多くは「やへ」「末吉」等、描かれた子どもに名前入りの付箋を付す。いわば不特定多数の群衆としてでなく、名前をもった存在を行列絵馬は描いたのである。描かれた人々が同時に見る側であった可能性は高い。

明治後期、行列絵馬は、少人数の集まりや参拝絵馬に変わり、成人女性の姿が目立つ。他方、それ以前の規模の大きい集団行列絵馬が描く人物のうち実は既婚女性は少ない。幕末・お陰参りの時代を経てなお続いた集団参拝の終焉は、祈りの主体や人々の暮らし方の変化であり、絵馬もそれを反映していると見ることが出来そうだ。

［図版1］　三宅八幡宮所蔵の一八九一年（明治二四）一〇月奉納絵馬（額にも発起人名をはじめ、奉納者名が刻印されている）。

## 絵馬のリアリティ

京都市左京区上高野・三宅八幡宮所蔵奉納絵馬群は、絵馬堂から下ろされ、「調査」対象となって四年半。地域の絵馬保存会の関心の一つは、そのリアリティーに向けられてきた。描かれる数百人の人々や奉納者は実在したのか。奉納者の子孫の追跡調査・神社境内の景観変化など、追跡・検討が続く。

文献から考えてみたい。例えば信仰の流行や集団について。まず幕末維新期の神仏習合・神仏分離政策は背景として重要だ。すでに灯籠奉納・絵馬奉納が残る嘉永六年（一八五三）九月、『明治天皇紀』には、祐宮（後の明治天皇）「大患」の際、北野社等に加え、三宅八幡に平癒祈願の女官代参とある。さらに典拠となった記録類には、代参が准后（後の英照皇太后）派遣であること、他方、祐宮が臥せる中山忠能邸では、生母中山慶子の母・綱子が北野天満宮の僧侶に加持祈禱を依頼する。洛中／禁裏の神仏習合・現世利益の広がりがうかがえる。

実は神仏習合の痕跡は三宅八幡にも残る。慶応元年（一八六五）一二月、『大般若経』六〇〇巻（木版刊本・折本）と『理趣本経』一巻が、さらに「神社」認定された明治二年（一八六九）、経典の守護神『十六善神曼陀羅』が寄進された。一般に、呪力の強い経典・大般若経の刊本寄進は江戸後期、疫病鎮めの祈願や法会などとともに、庶民に広がった。これらは絵馬保存調査の過程で再発見・調査中だが、神仏分離が強権的に進められた明治初期の京都・洛外の動きとして興味深い。

木箱一二箱ごとに五帙一〇巻が収まる大般若経は、各巻ごとに奥書に寄進者が名を記す。住所や施主当人氏名のほか、「倅《せがれ》□□二才」「娘□□四才」など、子どもの名前と年齢、取次人と講社名等、祈りを捧げた人々・「集

図版2

団」の情報が豊富だ。講社の数例は、明治後期の三宅八幡『諸収支簿』（一八九三～一九〇四年）に登場する。乳児や子どもを含む数百人規模の集団は十分に実現可能だ。

他方、奉納年の分かる絵馬一三〇余点は慶応元年～一九〇五年まで連続し、一八七六～七七年及び一八九五年が欠落する。この理由を政策側から辿ると、前者は信仰と近代医療との線引きが、後者は衛生行政と深くかかわる。「開明知事」槇村時代の一八七七年三月八日、府令は、発熱痙攣等の小児を前抱後負して三宅八幡に詣る行為を戒め、病あれば医薬・良医を求めよと「啓蒙」する。実質的な参拝禁止だろう。原案は医務掛から出された。

後者については一八九三年九月、『日出新聞』紙面が「早朝より参詣人夥く街道及社内は雑踏を極め」と、沿道の物売りが繁昌する放生会の様子を伝えた。翌年、奉納絵馬は七点にのぼる。だがコレラ猖獗《しょうけつ》の一八九五年夏から秋、人々の集まりは衛生行政の統制対象となり、男山八幡祭も「悪疫」延期された。同年度、三宅八幡の収支は前年の五分の一に落ち込む。祭礼中止や集団参詣回避の可能性は高い。洛外の村社への〈祈り〉はしばしば行政の「文明化」路線に抵触したのである。

昭和前期、現叡山電鉄の路線開通（一九二八年）や小児用商品の新聞広告が秋の例祭を伝える時代、特定の人々を描く「絵馬奉納」という形式は姿を消し、同社は「絵馬」ではなく、鳩の神社としてにぎわいを見せた。特定の人々を描き、〈読者〉とした「行列絵馬」は特定の時代を映した、と〈読む〉べきだろう。

［図版2］　一九〇八年（明治四一）九月、「奉納」の様子を描いた絵馬（三宅八幡神社所蔵）。

# コレラと祇園祭

小野芳朗

一八九五年（明治二八）の祇園祭は、山鉾を建てたものの巡行は延期となる。原因はコレラ流行である。当時のコレラは、おそろしく致死率が高い。七〇から八〇％。かかればまず、死ぬ。しかも三日後である。これほどの伝染病が数年に一度、日本国内で大流行した。一八九五年は当たり年である。

一方、この年は京都で第四回内国勧業博覧会が開催される。これは四～九月の予定だった。この博覧会開催にむけて京都の町中の衛生管理もかなり徹底して行われた。内外から多くの人衆が集まるから、大層注意して掃除・消毒が実施された。だから、コレラは上陸したけれども、博覧会は予定通り進められ活況を呈したのである。

ところが七月一〇日、京都府令は、官国幣社私祭並びに府社の祭礼を、人民が群集するとの理由で禁止する。祇園鉾町は、一〇日神輿洗、一五日曳き初め、一七日巡行、二四日巡行（当時は二回に分けて巡行した）と例年通り決めてある。これは、宵山や巡行をするな、という禁止令ととらえてよい。山鉾巡行は、一〇月の遷都記念祭に合わせて延期となった。

しかし建てた山鉾を一〇月までどうするんや。解体するのも惜しい、ということで祭りの期間中、そのままにして祭礼を行うことにした。居祭りといっている。しかも、飲食は制限を受ける。コレラは消化器系の伝染病である。冷たい氷、西瓜、赤飯や酒はみんな禁止。居祭りとはいっても、なんの楽しみもない。かくして八月となり、大文字もことのほか綺麗にともり、秋を迎えた。

さて、府からいわれた一〇月巡行を一七日と二四日と決めてはみたものの、すでに祭礼経費は三分の二が消費され、いっそ、今年はもうやめようかという意見も出てきた。そうすると、今度は新聞に、鉾町は金ほしさに巡行をしぶっていると書きたてられた。金もなく、悪評もいわれ、かたなしの鉾町であるが、ついに一〇月まで居祭りのまま、「満都装飾」の道具となることにしたのである。

さらに一転。やはり巡行はやろう。ただし、一回きりで一〇月一四日の実行が決められた。夏用の裃はやめて、羽織袴にすることとした。ところがこうした八坂神社宮司の報告を受けた当時の渡辺千秋知事は、ここまで延期したのだから、一〇月は二二日に遷都記念祭の時代行列で観光客がくるし、巡行を一一月にすれば、観光客の足も伸びるだろう、と発言したのである。

かくして、怨霊の祟りによる天然痘流行という伝染病調伏の目的で始められた祇園祭は、おりしも一八九五年コレラ大流行の年に、その性格を変えていきつつあった。満都装飾の道具、観光客の呼び水。伝統と祈りの場面は軽視され、その派手な装飾、大きな道具立てを顕示するイベントと化していったのである。それは今日、私たちが七月一六日宵山や一七日巡行を、必ずテレビや新聞紙上で見ること、この期間中の京都市内が観光客目当ての稼ぎ時になることに連なっている。

ちなみに、渡辺知事の申し出は八坂神社から断られた。一一月では冬物の着物を準備しなければならず、経費がない、と。内国博覧会という近代を象徴する物品展と、遷都千百年祭というアニバーサリー（遷都千年で何もなかったことはこうした記念祭そのものが近代的といえよう）に翻弄され、祇園祭も近代京都の装置群のひとつとして組み込まれていったのである。

【図版】観光客でにぎわう祇園祭の山鉾巡行（二〇〇〇年七月一七日撮影／写真提供：京都新聞社）。

# 京都帝国大学

# 京大図書館の開設

廣庭基介

国立大学が独立法人化された今時分に、京都帝国大学（以後、京大と略す）創設期の話でもあるまいと言われそうであるが、あえてそれに言及するのは、維新の動乱が終わった途端、一地方都市に転落したはずの京都が、国際的学術・芸術の町として今日も元気に生き続けている原動力の幾つかは、明治の京都在住者と他地方から赴任してきた人々の双方が協力して立てたいろいろな計画や決断が的確であったことによると思うからである。

さて、京大は一九世紀末の一八九七年（明治三〇）六月一八日に創設された。それから二ヶ月後の八月二九日付『大阪毎日新聞』紙上において、京大初代総長に就任直後の木下廣次は次のように語っている。

図書館設立の暁には勿論公開になすの見込みにて、学生の研究上に要する書籍の外は勿論誰人にても閲覧するの便利を与えんこと蓋し困難の事に非ずと思えり。（中略）而して我が国の如き東京に唯一あるのみ。不便も亦甚だしいと云ふべし。故に京都に之を開設して、我国西部の必要に応ずべし

これから建設しようとする京大図書館に、「帝国図書館関西館」の役割をも担わせようとしていたのであった。公共図書館が二六〇〇館もある現在と、県立図書館さえ出来ていない県があった当時とを同日に論じるわけにはいかないが、今から一〇〇年も前に先ごろ京都府精華町に開設された「国立国会図書館関西館」と似た構想の帝国図書館関西館の役割を京大図書館に担わせようとした木下総長は、さらに同年一〇月二五日発行の雑誌『教育時論』の記者に対して「余は京都を大学化せんとし、京都大学の如きは之を公開して（中略）高等学校（三高のこと）、同志社、師範学校、中学校などと連合して、学術講演会を開く計画を為し、すべて京都の教育機関を統一

して、京都の故都たる所以の面目を発揮せんことを努めつつあり」と述べ、あたかも現今の「大学コンソーシアム京都」の構想を一八九七年に先取りするような先見性を示していたのは驚くべきことであった。

そして、図書館公開の予告と、図書の寄贈依頼をセットにした書簡を全国の蔵書家、出版社、社寺等に発送したのであった。

第二の帝国大学図書館公開の予告は驚異的美挙として全国の識者から歓迎され、寄贈依頼に応じて続々と図書が贈られてきたのであった。図書館は一八九九年一二月一一日に開館されたが、京大の創設前から一九〇〇年までに寄贈を受けた図書は八四〇〇冊、一九〇八年三月まででは三万四三〇〇冊に上っていた。一方で約束した図書館公開は結局果たされず、その代償として貴重書や古書の展覧会を再三開催して、一般市民に公開するようにしたが、年間寄贈冊数は漸減の傾向となったのは当然のことと言える。

この図書館の初代図書館長に抜擢されたのは、弱冠二八歳の島文次郎文学士であった。

【図版】京大の初代図書館の前に立つ木下廣次総長像。一九一二年（大正元）一一月に除幕式が行われた（京都大学附属図書館所蔵『故木下博士銅像建設紀事』より転載／写真提供：京都新聞社）。

# 初代図書館長　島文次郎

廣庭基介

京都帝国大学附属図書館の初代館長に抜擢されたのは、弱冠二八歳の島文次郎文学士であった。島文学士は一八九六年（明治二九）、東大文科大学英吉利《イギリス》文学科を卒業して、大学院に進学したばかりの青年研究者であった。彼は、京都に着任すると真っ先に富岡鉄斎翁のもとを訪ねた、と元京都国立博物館長の神田喜一郎博士は自著『敦煌学五十年』に述べた。それは島館長の実兄で当時若手の漢詩人のホープとうたわれた野口寧斎と、鉄斎翁が漢詩仲間であったからであろう、その場で鉄斎翁の子・謙三にも紹介され、親交を結ぶことになったのだ、と述べている。

島館長は東大在学中から華水《かすい》と号し、一八九六年に文科大学の学友・高山樗牛、塩井雨江、上田敏、桑木厳翼らとともに帝国文学会を結成し、最初、島の自宅を編集室として機関誌『帝国文学』を創刊した文学青年でもあった。

## 京大図書館と『東壁』

島文次郎

一方、京大図書館は一八九九年（明治三二）一二月一一日に開館式を挙行し、即日閲覧を開始した。翌一九〇〇年の一月五日、早速、島館長は一〇年前に東京図書館（後の帝国図書館）で勤務した経歴を持つ幹部司書・秋間玖磨と笹岡民次郎を語らって、図書館事業と書誌学に関心を持つ市民に呼びかけ、図書館啓蒙の協会の創設を協議した。そして二月四日、

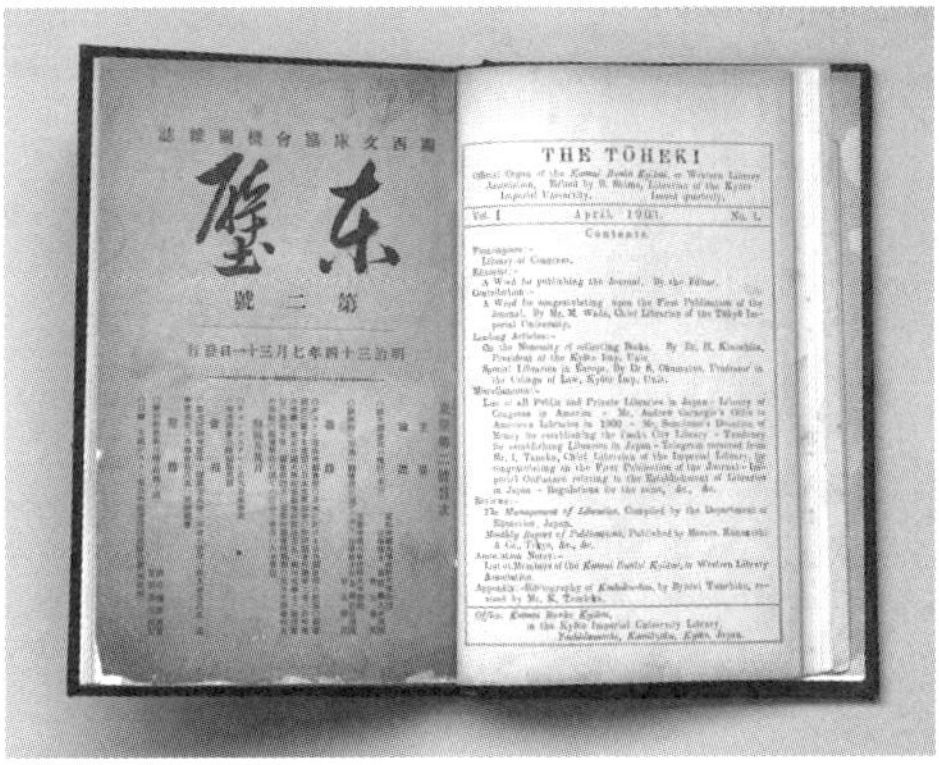


大閲覧室において、一般市民四四名の参加を得て関西文庫協会の発会式を挙行したのであった。その席上、会則案が可決されたが、会則の第四条に「雑誌ニハ図書館学【ビブリオテックス、ウィセンシャフト】ニ関スル論説記事及本会報告ヲ掲載シ之ヲ会員ニ頒《わか》チ之レヲ世ニ公ニス」とあり、年会費は一円二〇銭となっていた。また雑誌名は、後に東方文化学院京都研究所（現・京大人文科学研究所）初代所長となる狩野直喜が、文科大学が未開設の当時、法科大学講師の名目で図書の整理を助けていた関係で「東《とう》壁《へき》」と命名してくれたということである。

『東壁』とはあまり聞き慣れない誌名であるが、その由来は、中国の正史『晋書』の「天文志」に「東壁の二星は文籍を主《つかさど》る天下図書の府也、明なれば図書集まり小人退きて君子入る」とあることからとったものといわれている。『東壁』はわが国最初の図書館学・書誌学雑誌となったのであった。

『東壁』第一号に会員名簿が載っている。その一部を挙げると次の通りである。

八坂神社宮司・秋山光條、京都府立一中教諭・猪熊浅麿、同・谷岡安三郎、大黒屋書店主・今井太郎右衛門、真宗本派本願寺文学寮（現・龍谷大学）・香川璽朗、同大学林・高野良明、同志社女学校教諭・富岡謙三（富岡鉄斎の子）、同・湯浅吉郎、京都真宗大学（現・大谷大学）・長沼法梁、同・早川孝嶽、平楽寺書店主・村上勘兵衛、京都法政学校（現・立命館大学）・山下好直、北野神社宮司・吉見資胤、秋田県図書館長・佐野友三郎、大阪古書店松雲堂主・鹿田静七、京都書店主・西川本善その他。

数多くの京都市民が関西文庫協会を支持したことが分かる。

【図版】 雑誌『東壁』（第一号から第四号までの合本）のうち、第一号の裏表紙（右）と第二号の表紙（写真提供：京都新聞社）。

「島文次郎を京大附属図書館長に補任する発令は維新以来、京都の文化人・知識層の間に醸成されていた反東京感情を和らげる効果を持っていた」と元京都国立博物館長・神田喜一郎博士は自著『敦煌学五十年』で述べた。

## 文人との交流

維新以前、わが国の学術文化の中心地であった京都の教養人たちの間には、東京遷都の途端に、京都が首都から一地方都市に転落して以来、抱き続けてきた鬱憤とともに、東京への反発感情がくすぶっていたというのである。そうした空気の中で第二の帝国大学が開設されても、地元の協力はあまり期待できそうにないと思われていたのだ。

島館長の島の姓は養家のもので、本姓は野口といった。父野口松陽は少年時代に播州林田（現・姫路市林田町）建部藩儒者の河野鉄兜《てっと》に見込まれてその高弟となり、漢詩文と書の才を磨き上げ、後に太政大臣三条実美に認められ明治政府に就職、一八七七年（明治一〇）、内閣少書記官に昇ったが、一八八一年、四〇歳で夭折した。その死の直前に出版した漢詩文集『毛山探勝録』の題辞は三条実美が書き、序文は大隈重信、川田甕江（歌人川田順の父）、日下部鳴鶴（明治大正時代の書の第一人者、当時内閣書記官）が寄せていた。

松陽の師・河野鉄兜は、南北朝時代の南朝方の悲史を詠み尊皇派志士に愛唱された漢詩「吉野懐古之歌」の作者として、京都の知識層にもよく知られていたのであった。

また、明治漢詩壇の若手のホープであった島館長の実兄・野口寧斎が主宰する漢詩雑誌『百花欄』の社友には、山縣有朋、伊藤博文、乃木希典、副島種臣、渋沢栄一、富岡鉄斎などの名士が名を連ねていた。

島館長が京都在住知識層の反東京感情を緩和させた一因は、この父と兄が富岡鉄斎をはじめとする京都の知識

層に知られていたことと、島館長が富岡謙三（鉄斎の長男）と親交を持ったことにあったと思われるのである。

　ところで、京大図書館では、一九〇一年一二月八日から一〇日までの三日間、創立二周年を記念して、京都の地誌関係図書展を開催したことが『東壁』第四号に載っている。この展覧会に古地図や貴重書を出品して協力してくれたのは次のような多くの京都市民であった。

　京都帝室博物館嘱託・田中勘兵衛、同・森川静七、同技手・大沢敬之、熊野神社宮司・岸本業壽、下鴨神社禰宜《ねぎ》・鴨脚《いちょう》秀文、北野神社宮司・吉見資胤、同志社女学校教諭・富岡謙三、鳩居堂主・熊谷直行、京一中教諭・山本行範、京二中校長・中山再二郎、文求堂書店主・田中治兵衛。寺社では六孫王神社、青蓮院、大徳寺、南禅寺、法金剛院、安楽寿院。このほか、京都府庁、聚楽小学校、大阪朝日新聞社などが、各自の所蔵品を出品して協力したのである。

　当時、市電は出町または岡崎円勝寺町までしか開通しておらず、京大は交通の不便な場所にあったが、七〇〇名の来観者があったという。

［図版］　京都大学図書館の前に整列した島文次郎館長（後列右から六人目）はじめ当時の館員たち（京都大学附属図書館蔵『京都大学附属図書館六十年史』より／写真提供：京都新聞社、一九六頁も同じ）。

# 尊攘堂の設置

廣庭基介

吉田松陰は安政六年（一八五九）一〇月二七日、江戸伝馬町の獄舎で刑死するが、その七日前、門弟の入江九一、野村和作の兄弟に宛てた書簡に「かねて御相談申し置き候、尊攘堂の事、僕はいよいよ念を絶ち候。此の上は足下兄弟の内一人は、是非僕が志、成就し呉れられ候事と頼母《たのも》し敷く存じ候」と書いた。死の近い予感があったのであろう。この書簡の冒頭の「尊攘堂」について、要約すると「将来、尊攘殉難志士たちの神霊を祭る『尊攘堂』と名付ける祭場を建設してくれるように」と述べ、続けて「京師に大学校を興し、上は天皇・親王・公卿から下は武士・町人に至るまで入寮・寄宿等も出来るようにし、天朝の学風を天下の人々に知らせるように」と頼んでいた。

しかし、この書簡の受け取り人・入江九一は五年後の元治元年（一八六四）の蛤御門の戦いで討ち死にし、弟の和作の手にも渡らず、行方不明となっていた。ところがそれから二〇年後、偶然この書簡が、松陰の最年少の門弟であった品川弥二郎の手に入ったのである。品川は、内務官僚・子爵となった今、師の遺志を実現すべく、書簡に「京師」とあるのは、当時の京都を意味すると解釈したものか、一八八七年（明治二〇）、京都市の中心部、高倉通錦小路上ルの元禁裏・典薬頭《てんやくのかみ》を務めた三角氏の邸宅七〇〇坪（後に銀行倶楽部となった）を購入し、尊攘堂と名付けて、翌一八八八年八月二六日、殉難志士の慰霊祭を挙行するとともに、志士たちの遺墨展覧会を開催したのであった。

その後、品川は京都在住の有志に呼びかけて尊攘堂保存委員を選出し、その永久保存策の検討を委嘱した。

しかし一九〇〇年二月、品川は急逝した。残された委員たちは種々相談の結果、全収集品と、それを収納する新築の建物とを京大図書館に寄贈することを決定したのであった。吉田松陰が京師に大学校と尊攘堂を作るように遺言していたことでもあり、これが最適の選択であると考えられたのであろう。尊攘堂委員会の名簿には次のような京都在住の錚々たる名士の名前が並んでいた。

飯田新七（高島屋社長）、西村総左衛門（千総織物社長）、川島甚兵衛（川島織物社長）、清水六兵衛、伊東陶山、清風与兵衛（以上、清水焼窯元）、田中利七（油利刺繡店主）、松本鼎（尊皇志士、男爵）、野村靖（入江九一の弟、幼名・和作、子爵）、阿武素行（陸軍少将）、内藤小四郎（綿ネル製造業）その他。これらの京都人たちも、尊攘堂が京大に新築されることに協賛したのであろう。

一九〇三年四月、尊攘堂の頑丈な建物が、京大の本部構内、当時の附属図書館の南向かいに竣工し、以後、今次大戦の終戦まで毎年、神職を迎えて一〇月二七日に松陰忌が営まれるようになった。戦前の参列者名簿には、河上肇、西田幾多郎、内藤湖南、厨川白村、田辺朔郎、天野貞祐、羽田亨、小川琢治などの著名な京大教授の名が並び、皇太子時代の大正天皇、昭和天皇、首相、多くの大臣も参拝に訪れているが、これらのことを知る人は少ない。

［図版］京大本部構内にある尊攘堂。煉瓦造り瓦葺、平屋建て。現在は当時の位置より西方へ移動していて、京大埋蔵文化財研究センターの資料室として使われている（京都市左京区／写真提供：京都大学大学文書館）。

# 京大滝川事件再考

西山　伸

一九三三年（昭和八）に起こった京大滝川事件は、日本の大学自治史上最も大きな事件であっただけでなく、国家からの統制が強まる時代状況のなかでの自由主義的知識人による最後の大きな闘争でもあった。事件については、松尾尊兊氏著『滝川事件』（二〇〇五年）や、伊藤孝夫氏著『瀧川幸辰——汝の道を歩め』（二〇〇三年）などによりかなり明らかになりつつある（当事者たちによる回想や記録、当時の膨大な新聞記事などを収録した『瀧川事件　記録と資料』も世界思想社編集部により二〇〇一年に刊行された）。本稿においては、これまで必ずしも十分に使われなかった資料も使いながら、事件をとらえなおしてみたい。

## 大学自治と滝川処分

事件は、この年四月二二日に文部省が当時の小西重直京大総長に、法学部教授滝川幸辰（刑法）の学説を理由に滝川の辞職または休職を要求したことに始まる。滝川に関しては、この前年に中央大学で行った講演や、その著書『刑法読本』などがすでに司法省や議会で問題視されていた（『刑法読本』は四月一〇日に発禁処分になっていた）が、文部省の要求が、従来帝国大学が大学自治の重要な原則として獲得してきた大学教授の身分保障の慣例に抵触すると考えた京大側は、小西総長が拒否する旨回答し、法学部も強く反発した。法学部は、政府がその時々の政策によって学説の当否を定め、教授の地位を動かそうとするならば、真理の探究は不可能となり大学は存在の意義を失ってしまうこと、従って大学教授の進退は教授会の意見を尊重して行うことが認められており、それを遵守するべきであること、を主張したのである。

法学部教授は五月一五日には滝川処分強行の場合の連袂辞職を、続いて二三日には「如何ナル場合ニ於テモ慰留運動ニ対シテハ絶対ニ応ゼザルコト」を申し合わせた。学生たちも京大だけでなく、東大をはじめ他大学でも法学部支援の運動を繰り広げ、卒業生の団体の有信会も法学部支持の態度を表明した。しかし二六日には滝川の休職処分が発令され、法学部の全教官（教授・助教授・講師・助手・副手）は小西総長に辞表を提出した。

文部省と法学部の間に立って交渉を行っていた小西も、解決策を見いだすことができずに六月末には総長を辞職した。その後、後任の松井元興総長（七月七日就任）と文部省との間で作成された解決案（「松井解決案」）をめぐって法学部は分裂、結局教官三三人のうち二一人が辞職、残りは辞表を撤回して京大に残留するに至った。

当初より法学部を強く支持していた岩波茂雄が法学部の中心人物の佐々木惣一に宛てた手紙に「小生は法学部の微動もせず所信に一貫せる態度に衷心より敬意を表し居り候処此度軟派残留組なるもの生じ強権の暴圧に屈伏せるは九仞《きゅうじん》の功を一簣《いっき》にかくものとして残念至極に候」と書いたように、法学部は滝川の処分を撤回させられなかった上に、「辞職組」と「残留組」に分裂するという二重の敗北を喫してしまったのである。

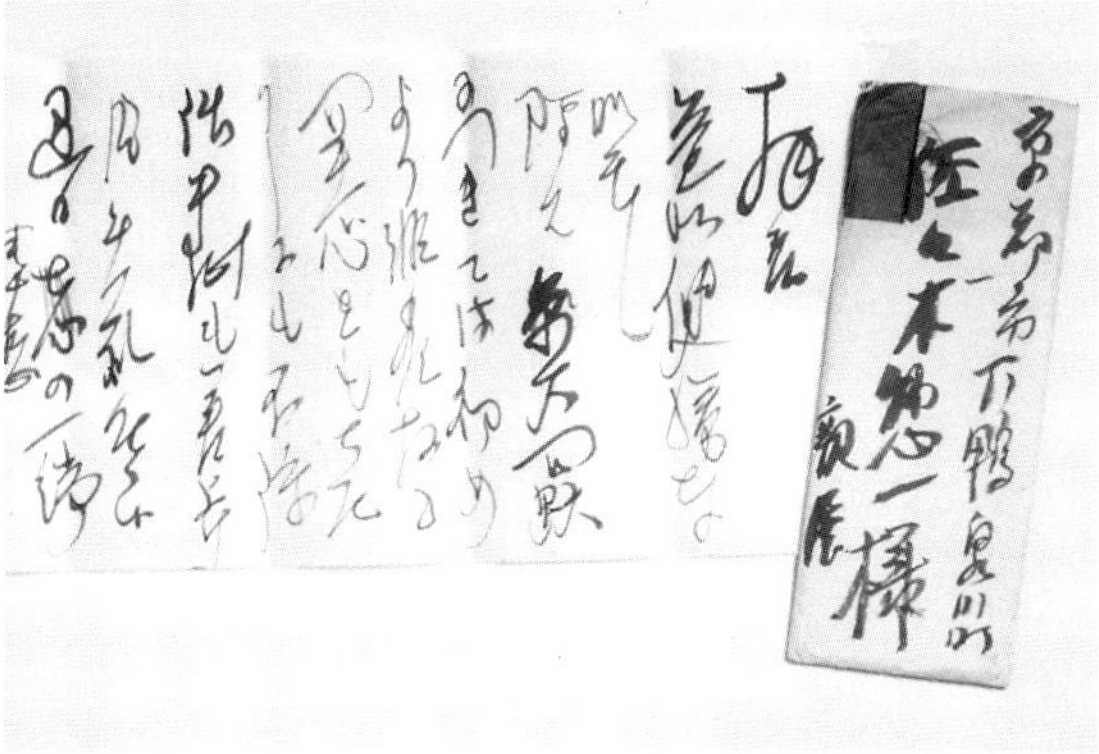

【図版】 京大法学部教官の分裂を嘆く、岩波茂雄から佐々木惣一に宛てた手紙（京都大学大学文書館所蔵）。

## 解決策の模索

事件の期間を通して、京大法学部は京大内の他学部や他大学への支援を一切要請しなかった。もちろん、卒業生や在学生に対しても同様である。この姿勢については、のちになってその政治性の欠如や、純理へのこだわりを批判する向きもあった。事件の渦中にいた滝川自身、自らの回想録のなかで「京大法学部は政治的工作をワザと避けた」「京大法学部は、はじめから（文部省との間に―筆者）調停などありえないと信じていた」などと、正論を貫くにあたっての法学部の非妥協的な姿勢を強調している。先に引用したものと同じ岩波の書簡に「政事（治）家は結果を考ふべきも学徒は一直線に真理と信する所に邁進すべきものと存じ候」という文言があるが、まさに京大法学部の（「辞職組」の）姿勢はこれを地でいったものというわけである。

しかし、本当にそうだったのだろうか。このような姿勢であれば、当時の状況下では教官全員辞職、京大法学部閉鎖という選択肢しかなくなってしまう。事実、当時のある法学部生の日記には「教授連辞任シテモ大シタ苦痛ハナイカモシレナイガ残ル学生千五百ハドウ始末ガツケラレルカコノ方ヲ少シ考ヘテモライタイ」と、学生の立場から教授たちの姿勢への厳しい批判が書かれている。

実際は、法学部の首脳部は、自らの主張を繰り返し公表する一方、総長を通して様々な解決策を模索していた。「辞職組」の理論的・精神的支柱であった佐々木惣一が小西総長に何回か解決策を提案していた事実は、すでに松尾尊兊氏が明らかにしている（前掲『滝川事件』）。佐々木は、法学部の中心的な要求点である滝川の復職を「総長の努力目標」にまで譲歩していたが、この策が容れられることはなかった。

もう一方では、当時法学部長だった宮本英雄も何とか解決を図ろうとしていた。宮本の回想によれば、事件があのような結末になることを回避するチャンスは三回あったようである。一度目は、法学部の全教官が辞表を小西総長に提出し、小西がそれを預かったまま文部省と交渉を重ねていた頃のことである。宮本は、大学の損害を最も少なくするために滝川が単独で辞職し、辞職を勧告した学部長自らも責任をとって辞職するべきだと考えた。宮本自身は、もともと総辞職には積極的ではなかったらしい。宮本は、この提案をもって佐々木の家に行き、相談の結果、佐々木も交えて三人の辞表を出すということで意見が一致したという。佐々木の賛成で宮本は、他の教授は喜ぶだろうし、大学も助かるし、総長も辞職しなくてすむし、よかったと思ったと回想している。

しかし、ちょうどその時佐々木の家に名誉教授で弁護士を開業している竹田省が訪ねてきて、佐々木からその提案を聞き、猛反対したという。竹田は、宮本案は、法学部への積極的支持を表明している卒業生の行動を無にするものだと主張したのである。竹田の意見を採り入れた佐々木は、前言を翻して宮本案は止めだと宮本に答えた。こうして、事件解決の一度目のチャンスは消え去ったのであった。

[図版] 法学部学生大会で教官総辞職を表明する宮本学部長(一九三三年五月二六日。滝川春雄著『ある生涯 滝川幸辰―文と人―』世界思想社刊から転載)。

## 法学部の分裂

京大滝川事件解決の二度目のチャンスは、松井元興総長の就任直後に訪れた。法学部教官全員の辞表を手許に置いたまま辞職した小西前総長に代わって就任した松井は、就任当日の七月七日、宮本英雄法学部長を訪ねて意見交換を行った。この場で宮本は松井に対して、法学部教官の辞表を取り下げさせ、総長が自らの責任で全学を代表して今回の文部省の措置の不当性を認めさせるよう交渉することを求めた。そして、文部省が総長辞職を要求しても、拒絶してあくまで闘うことを提起した。全学の統一した意思のもと、総長

東京日出新聞 夕刊

京大問題愈よ大詰め近し？

法學部教授の進退
結局二派に分裂か
歸學の松井總長・解決案を説明
先づ末廣・中島両教授を慰留

法學部教授の
主張は貫徹した
直に個別訪問で殘留教授説得
けさ歸洛・松井總長語る

を中心に結束すれば局面の打開が可能であると宮本は考えたのであった。しかし、松井はそこまではできないと答えたため、宮本は諦めて全員の辞表を文部省に進達することを求め、この方法も実現しなかった。

上京した松井に対し、文部省は強硬派とされた教授六名の辞表のみを受理し、残りの教官の辞表を却下した。これは、明らかに文部省による法学部の分断策であり、しかも総長が従来所持している教官人事の具申を行う権利の否定であったが、松井は却下された辞表をそのまま持ち帰ってきた。こうして法学部の総辞職構想はつぶされたが、宮本はもう一段の解決策を構想していた。これが三度目、最後のチャンスであった。それは、「残留組」の主導により「辞職組」も含めた協議会を開き、「辞職組」の教官を講師に嘱託して（講師の嘱託は総長の権限で可能）引き続き授業を担当させ、同時に助教授以下の辞表は却下する、というものであった。

このように、宮本の姿勢は一貫して法学部の維持、特に学生を念頭に置いて授業に穴を開けないことと、助教授以下の若い教官に辞職させないことを目指したものと言えた。宮本の第三案が実現すれば、強硬派ですら京大に残ることになるので、助教授以下が辞職する理由がなくなると考えたのである。

ところが、宮本の予期に反して、「残留組」の教官は協議会を開かず、しかも松井総長が文部省との間でまとめてきた案（「松井解決案」）によって「われわれの主張したるところは貫徹せられ」たので辞表を撤回するという、勝利宣言ともいえる声明を一方的に公表した。「松井解決案」には、今回の滝川処分は「非常特別ノ場合」のものであるという文言が入っていて、これをめぐっては、文部省が「非常特別」と認めたらいつでも同様のことが生じる恐れがあるとして、強い反対論があったにもかかわらず、である。実際、この声明を受け入れられないとして、新たに教授二名のほか助教授以下の教官も一三名辞職してしまった。ここで「残留組」が勝利宣言ではなく「法学部再建のため忍び難きを忍んで残留する」と声明すれば、分裂は避けられたのではないか、と「残留組」のなかの若手教授だった牧健二はのちに回想している。

こうして、三度目のチャンスもつぶれ、法学部は「辞職組」と「残留組」に分裂するに至ったのである。

［図版］　京大法学部教官が二派に分裂したことを伝える『京都日出新聞』（現在の京都新聞）一九三三年七月二〇日夕刊の記事（写真提供：京都新聞社）。

## 滝川事件をめぐる人々

本稿はこれまで、京大滝川事件において、当時の学部長宮本英雄らが法学部の分裂を避けるために様々な解決策を考えていたこと、にもかかわらずそれらの解決策はすべて実現に至らず、結局法学部の分裂がもたらされたこと、を述べてきた。ここで、少し異なった角度から事件を見てみたい。一つは、事件の当事者となった滝川幸辰についてである。宮本は、滝川死去にあたって寄せた文章のなかで滝川について、歯に衣を着せないというより「着せるべき衣を持ちあわせない人であった」、「いわゆる直情径行という言葉」の最もふさわしい人であったと述べている。また、宮本は別の回想のなかで、滝川が授業で大日本帝国憲法下の天皇の地位と正当防衛との関係を講義する際、「天皇君が刃を持って君を追いかけてきたらどうするか」と学生に質問した、と文部省で聞かされたと述べている。事件で本当に問題になったのは、このようなある種挑発的な言葉の使い方、片言隻句だったのだと宮本は言う。そして宮本は、こんなことでわれわれが辞職しなくてはいけないとは実につまらないことと思ったと正直に述べている。ただ、文部省が公に問題にしているのが学説の適否であるので、大学教授として立ち上がらなければいけないのだと考えた、と言う。したがって、法

佐々木惣一（左）と滝川幸辰（京都大学大学文書館所蔵）

学部の主張は決して滝川個人の擁護ではないのだと強調している。滝川の言動が事件を呼び込む一因となったことを認めながらも、あくまで筋を通そうとする宮本の姿勢を見ることができる。

もう一つは、「辞職組」の人間関係である。当事者の回想を読んで気付くのは、事件で「辞職組」となった教授たちが、平素から親密な人間関係を築いていたということである。その関係は家族同士にまで広がっていたらしい。彼らは、実年齢にはやや上下があるが、佐々木を除いて京大法学部の卒業年次は非常に近い（宮本の一年後が滝川と森口繁治、その一年後が恒藤恭と田村徳治、その一年後が末川博）。しかも、彼らの在学に前後して、京大法学部（当時は法科大学）では、教授の進退には教授会による審議が不可欠であると文部省に認めさせた京大沢柳事件（一九一三〜一四年）が起こっている。

さらにもう一ついえば、彼らは沢柳事件当時若手教授ながら中心的役割を果たした佐々木惣一に対して、一様に強い信頼を抱いていたことも共通している。宮本は、彼らが「佐々木内閣の与党である」と評されたこともあると語っている。学生時代の沢柳事件の経験、もともと持っていた深い人間関係、などが佐々木を中心とした「辞職組」の強い団結をもたらしたことは間違いないであろう。その意味では、滝川事件は京大法学部に脈打つ大学自治の伝統のうえに起こった事件ということも可能であろう。

ただ、事件は一九三三年で終わったのではない。この年末から翌年にかけて「辞職組」のなかから京大へ復帰する教官が現れる。また戦後になると滝川が法学部長として京大に復帰、逆に「残留組」の何人かが辞職する、というようにこの事件は長く尾を引くことになる。そういったことも含めて、事件のさらなる解明は、今後も課題となるであろう。

# ■みやこの海外

# イザベラ・バードと京都

金坂清則

史上屈指の女性旅行家イザベラ・バードは、我国では明治初期に北海道へ旅した英国女性としてイメージされている。だから、「イザベラ・バードと京都」などと記したり、バードは新島襄の新居で新島夫妻と談話し、何度も同志社英学校の授業を参観したなどと言うと、彼女の名を知っている人でもきっと驚くだろう。

事実、京都に関する書物や論文が無数にある中でバードを扱ったものは皆無といってよいし、同志社や新島に関するこれまた多数の文献についてみても事情は変わらない(注)。

ところが、半月以上に及んだ、今から一二八年前の一八七八年（明治一一）秋の京都滞在中の彼女の行動や、京都を含む畿内・伊勢神宮への旅は、彼女の日本の旅や旅人としてのバードを理解する上で不可欠である。京都・神戸・大阪などでの宣教師の活動の見聞や伊勢神宮訪問等、宗教的事象への関心もまた彼女の日本の旅の動機の一つとしてあったことを見落としてはならない。日本の歴史の一大転換期だったこの時代に伝統日本の核心地京都にキリスト教の学校が開かれた意味も大きい。

## 京の宿・同志社女学校

ここでは彼女の京都滞在に関わる幾つかの重要な疑問を出し解答を示す。その第一は京都滞在中約半月も宿泊したNIJÔSAN YASHIKIとはどこかということである。この点については、原著の簡略版を訳した『日本奥地紀行』（平凡社東洋文庫）で省かれた部分を不完全ながら訳出した『バード　日本紀行』では、よもや二条城や山鉾をイメージしてのことではなかろうが、「二条山屋敷」と訳されていて全く驚いてしまう。こんなことが定説化すると大変である。二条山屋敷という名前の屋敷など存在しない。彼女が宿泊したのはひと月半前に完成したばかりの同志社女学校だった。泊まっている所がアメリカン・ボードによる少女のためのミッションスクールであると彼女自身記している。その裏手が多くの寺院からなる寺院境内であるという記述は相国寺のそれである。

ではなぜ宿泊地を彼女はNIJÔSAN YASHIKIと記したのか。それは、学校の建てられた敷地が公爵二条家の地所だったからである。つまり楠家重敏他二名の訳者がSANに山の字をあて二条山屋敷とするのはとんでもない誤りで、京都の人々が八坂神社を八坂さんと呼ぶように、人以外に対してさえ用いる「さん」であると同時に、日本人特に女性を「○○さん」と呼んでいた在日欧米人の呼び方によるものであった。かくして、二条さまのお屋敷も二条さん屋敷と呼ばれていて、バードはそのまま表記したと考えられるのである。

彼女は泊まった建物が公家の屋敷（*the yaskiki*《〔ママ〕》 *of a kuge*）の広大な敷地に建てられているとも明記している。この広大な敷地は江戸時代以来の地図に二条殿と明示されてもいた。

イザベラ・バード（1880〜81年）

バードが泊まった同志社女学校（左）。右奥は二条関白御殿（『同志社女子大学125年』より）。

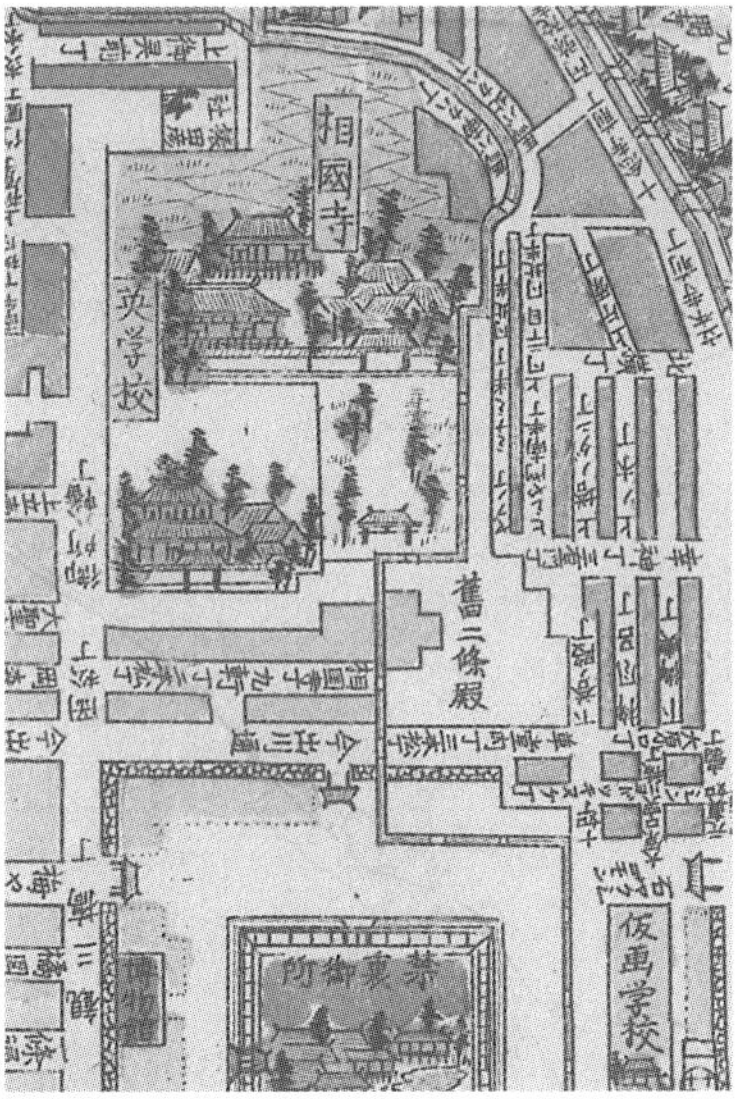


バードが泊まった「二条さん屋敷」を示す絵図（『明治十六年　改正再刻京都区組分細図』）。同志社「英学校」の名は見えるが、同志社女学校の名は省かれている。

また、同志社大学、同志社女子大学、同志社女子中学・高等学校や新島襄関係の書物での従来の説明によると二条家の敷地をすべて購入したかのようにも思われるがそうではないし、購入時に二条関白御殿が取り壊されたわけでもない。存続していたことを当時の写真は物語る。

ただ、この御殿にバードが泊った可能性はない。滞在していたのが和洋折衷の大変大きな建物で、障子でなくガラス戸がはめられ、雨戸はついていないという彼女の記述は、写真が示す学校の構造に合致するし、写真に見える御殿の構造とは矛盾するからでもある。

したがってバードが記す世話してもらった女性《「ホステス」》とは、女学校の舎監だった山本佐久、すなわち山本覚馬《かくま》・八重《やえ》兄妹の母、つまり新島襄の義母であった。『バード　日本紀行』の訳者があてる「おかみ」というとんちんかんな訳語ではイメージが完全に狂ってしまう。佐久なればこそバードを数多くの名所に案内したのである。当時京都府顧問だった山本覚馬は彼なくして同志社英学校の創設がなかった重要人物である。その敷地自体も元は彼の土地だったのである。

保存修景された新島襄旧宅。バードはこの一階応接間で新島夫妻と歓談した（京都市上京区、2003年10月／筆者撮影）。

## 関心と探訪の目的

このように、イザベラ・バードの京都の宿は同志社女学校だった。当然なことだったし、日本の旅の目的の一つに宣教師の活動の見聞があったことからすると、都合も一番よかった。

ではバードはここを拠点に京都のどこを訪れ、何に関心をもったのか。次にこの謎を解く。まず、世話してくれた女性と非常に多くの名所を訪れて楽しい二週間を過ごしたと記しているので、山本佐久の道案内でいわゆる名所巡りもしていることがわかる。ただ、それら名所の名は列挙されてはいない。そしてこの名所巡りは「山々に囲まれた実にすばらしい都市」京都という冒頭の賛辞に結びつくが、旅行記の記述をみる限り、彼女のより強い関心は違うところにあった。京都を日本一の観光都市にしてきた日本人の、社寺を巡り、信仰・解放感・歴史・建造物・自然・美観を不可分な形で味わったり、町の賑わいを楽しむ物見遊山的関心とは異なるものだった。一言で言えば彼女の関心は、近代化・西洋化という形の変革が起こりつつある旧い都《みやこ》京都の社会・産業・教育・文化の諸相、種々の新しい動き、とりわけその一部としてのキリスト教主義学校教育の現状を調べ旅行記の読者に伝えることにあった。

それゆえ、日本における伝道活動の最高に興味深い例として同志社英学校に注目し、宿のすぐ西にある同校を何度も訪れたり、宿から約一・四キロ南、御所の寺町御門の前にある新島襄の新居を訪れたりしたのである。そして創設者新島の経歴や考え方、また、同志社英学校の設立の経緯や教師・授業科目・教育方針・学生、さらにはその一人（本間重慶）の彦根での活動や熊本バンドなどについて、評価を交え詳しく記した。

西本願寺を訪れたのも、名所としての西本願寺への関心よりは、赤松連城《れんじょう》に会って仏教・キリスト教・神道をめぐる宗教談義を行うためだった。この様子の記述も詳しい。赤松は二年間の英国留学経験をもち宗門教育を始めとする仏教改革に取り組む気鋭の僧侶だった。それだけではない。同志社英学校が認可された当時、僧侶・神官や市民が反発した中で、特に激しく抗議したのがこの本願寺派だったのである。いわばバードは反キリスト教勢力の拠点に入り込んで、その理論的支柱たる人物と歓談したのである。他の外国人にできることではなかった。しかもここがバードのバードたる所以なのだが、歓談した本堂や飛雲閣・滴翠園、伽藍の佇まいやすばらしさ、同業者町の様子についても記している。

その彼女はまた伝統的工芸品を扱う商家に加えて、西陣の機屋《はた》や粟田口の製陶場を訪れている。それは、この二つが京都を特色づける美術工芸の生産に通じるものであると同時に京都の代表的輸出産業だったからである。

生産現場の様子を記し、織物については高く評価し、粟田焼については苦言を呈しているが、ここで注目すべきなのは英国市場を想起している点である。

さらに彼女は女紅場《にょこうば》や京都府女学校、また河原町広小路に建設中で完成間近だった新しい京都療病院と京都府医学校などを訪れ、女紅場や女学校についてはそこでの教育について記し、病院と付属の学校については高く評価している。そして複数の墓地や公園・庭園などの都市施設を有する京都は日本で最もよく整い最もよく管理された都市であり、その街路は苦痛を覚えるほどによく掃き清められていると記して京都の記述を結ぶ。京都の記述は、実は、きわめて現実的な局面の詳細な視察的報告として読むべきものなのである。

**都の案内役**

バードの旅について考える上で、だれがそれを支えたのかは重要な問題であり、北海道への旅については従者イトー（Ito）がポイントをなす。この人物は、私が二〇〇〇年一月一〇日の『朝日新聞』やその二ケ月後に出た、私が属す研究室の雑誌『地域と環境』の第三号で詳論し明らかにした（楠家氏らはこの事実を隠蔽）ように、伊藤鶴吉という名の青年で、バードとの旅の後も通訳ガイドとして活躍し、その先達としての人生を全うした。関川夏央氏の、資料に基づかない推察や理解（『本よみの虫干し』）とは全く異なる人生だった。

だが、この鶴吉をバードは京都への旅には伴っていない。北海道への旅の帰路、函館を離れる日に別れている。それから一ヶ月後、横浜から船で神戸に着いた彼女を迎えたのは、『七一雑報』の創刊で知られるアメリカン・ボードの宣教師オラメル・ヒンクリ・ギューリックであり、京都から伊勢方面への旅に向ったバードに同行したのは、夫ギューリックと共に日本にきて七年になり、日本語のわかるその妻アン・エリザ・ギューリックだった。『バード　日本紀行』の訳者がいうジュリア・アン・エリザ・ギューリックではなかった。彼女はギューリック

O・H・ギューリック夫妻（同志社社史資料センター所蔵）。バードのギューリック夫人との旅は異国の女性の二人旅という点でも注目される。

の妹であり、結婚などしていない。

バードの関西方面の旅は幾人ものアメリカン・ボードの人々に支えられていたのである。同志社女学校も同志社英学校もアメリカン・ボードに結びつくことは言うまでもない。伊勢方面への旅の途次でギューリック夫人に勝るものを自分がすでに獲得していると感じることもあったバードだったが、「一人の従者さえ伴わずに」（バード）一二日間の旅を実りある形で終えることができたのは、バードより二歳年下で五年前のハワイの旅以来の友人でもあった彼女のおかげだった。奈良までは夫も同行し一泊した。

ただ、バードが英語を話す日本人の力を関西の旅でまったく借りなかったわけではない。少なくとも、西陣織の機屋や粟田焼の現場と女紅場の一つを訪れた折にはMr. Noguchiという人物と一緒であり、これらの訪問に二日を費やしている。だから少なくともこの間は野口という男性の同行を得て行動したことになる。

しかも、訪れた場所や施設に関する彼女の詳細にして的確な記述は、単独で訪れたのではなし得るものではなかったし、彼女の日本の旅、少なくとも京都の旅の主たる目的は先に指摘したように、単なる物見遊山ではなく視察的なものだったと考えねばならない。とすると、「完成間近だった」すばらしい病院、すなわち京都療病院を訪れた折にも、さらには山本佐久と名所めぐりをした折にも――ということは、京都の旅すべてに野口が関わっていた可能性があると私は考える。

とすると、この人物がだれであるかが、イトーほどではないにしろ無視できない問題になる。だが、従来この人物についても等閑視されてきた。この意味で『バード　日本紀行』の訳者がその人物を特定しようとしたこと自体は評価できる。だが、彼らが「野口〔幽谷か〕氏」と記し、野口幽谷とみなしたのはこれまた論外である。

バードが京都を訪れた一八七八年といえば幽谷五一歳の時であるが、江戸に生まれ東京で活動し、すでに日本画家として名をなしていた幽谷がなぜバードに伴って京都の粟田焼の現場を訪れたのか、説明がつかない。英語を話せる日本人であることがバードに同行した理由である点一つをとってみても全く理屈に合わない。

ではバードに伴った野口という姓の男性はだれだったのか。答えは野口富蔵！

## 通訳・案内人・野口富蔵

野口富蔵は、子孫に当たる國米《こくまい》重行氏発見の資料によって、当時京都府勧業課の官吏だったことがわかり（『アーネスト・サトウと野口富蔵』私家本）、野口が知事の命で案内したというバードの記述が裏づけられる。確かに彼に勝る案内人はいなかった。単なる「英語を話す日本人」（バード）でも、勧業課の一官吏でもなく、丸四年の英国留学経験者だった。しかもその間絹製造に関する調査研究を積み、あの岩倉使節団の岩倉具視から日本の機業のために研究するようにとの命を受け、フランスやイタリアでも調査した経験を有していた。使節団の通訳兼案内人も務めた。京都府に採用される半年前には欧州で蒐集した「織物裂并染糸及釵釦等都合三千八百十種」を京都府に献納し、斯業の発展への功が認められ褒賞された。野口の住まいは不詳だが、侍医の住所が府庁（二条城）に近い上京区下丸屋町だったことからすると、西陣機業地は野口の生活世界でもあった。

一八七三年九月に英国から帰国して後の野口は、大蔵省勧業寮・陸軍省砲兵局・工部省電信寮などを転々とした後、一八七七年八月京都府に採用される。これは、大阪砲兵支廠時代に留学の成果物を府に献納したことと無関係ではないだろうが、直接には、知事槇村正直の積極的な勧業政策の推進と結びついていたに違いない。著しい不況に陥っていた西陣機業救済のために西陣物産会社の改編を槇村が実施したのは野口を採用した直後である。

しかし、私は、この採用には、槇村を支える最重要人物だった京都府顧問山本覚馬も関わっていたとみる。山

外国公使団の将軍徳川慶喜謁見準備のため大坂を訪れたアーネスト・サトウ（前列左端）と野口富蔵（後列左から２人目）の一行（*A Diplomat in Japan*より）。

本と野口は旧会津藩士であり、旧知の間柄だったと考え得る。したがって、帰国後、肺結核を患っていたこと等のために、能力を生かせない状況に置かれていた野口に山本が救いの手を差し伸べたとみるのは不自然ではない。やはり槇村を支えることになる明石博高《ひろあきら》が府に採用されたのも、山本の推挙になる。また山本は、野口が欧州で世話をし、その能力を知っている岩倉や木戸孝允らの政府の要人とも旧知の間柄だった。槇村もまた、木戸の保護の下に京都の復興を推し進めていた。

　かくして、野口富蔵はこのような、京都に関わりのある重要人物の繋がりの連鎖の中で京都府に職を得たと考えられる。しかも、その連鎖は以上にとどまらない。

　それは、慶応元年（一八六五）の秋から、英国公使館の横浜領事館付通訳官だったあのアーネスト・サトウの下に同居し、英語の勉強を続け、その従者・私設秘書となって以来の堅固な絆だった。野口の「人の繋がりの連鎖」のすべてはここに始まる。英国留学もサトウの賜暇に伴っての私費留学で始まった。

　他方サトウもまた、伊勢の旅から戻ったバードが京都を離れてまもなく、朝鮮出張からの途次、京都に立寄って案内させたり、幕末には野口の働きで会津藩士と関わりをもてるようになったりと、野口との繋がりの中で京都に関わった。しかも、前者について言えば、サトウは一二月四日に神戸で領事主催の昼食会に出た後その日の船で東京に戻ったが、何とこの昼食会でも船でもバードと一緒だった可能性が高い！

　京都は人の繋がりの無数の連鎖の中で近代都市へと脱皮していくのである。

（注）『京都新聞』に本稿のもととなった稿が掲載されたのち、『アメリカン・ボード宣教師』が同志社大学人文科学研究所研究叢書XXXVIIとして出版（教文館）され、その中に収められた本井康博論文でバードが少し扱われている。

# 外国人向けホテルの黎明

天野太郎

観光都市としての側面は、実際には多面的な都市機能を有する京都の中でも、最も身近なイメージとして私たちの心の中に浮かんでくる。近世以前から都として、また観光都市として多くの旅人を迎えていた京都には、明治に入ると日帰りも含め神戸・大阪の居留地から諸外国の旅人がこぞって訪れるようになり、外国人対応をする旅館がいくつか出てきた。祇園鳥居前の中村屋（現在の中村楼）は、明治元年（一八六八）に洋間八室を備え、周辺では自由亭（一八七七年頃）、也阿弥ホテル（一八八一年）といった外国人を対象とした宿泊施設が開設された。京都市参事会が一八九五年に刊行した英文案内書では、ホテルとしてこのNakamuraroとYaami Hotel、そしてその支店としてTokiwa (Kyoto) Hotelの三軒が挙げられ、他に「Japanese style only」として俵屋、柊屋をはじめ一〇軒の旅館名が記載されている。

そうした中で、一八九〇年、近代京都の都市開発に多大のインパクトを与えた琵琶湖疏水の通水式典前日の四月八日、岡崎を見下ろす蹴上の地に開業した施設が吉水園である。東山三条古川町の西村仁作によって作られたこの遊園は、当初は席貸として、また京都の市街を展望できる景勝地としても広く知られ、富岡鉄斎により「吉水八景」と称せられるほどであった。さらに京都における洋風ホテルの需要の高まりにこたえて、一九〇〇年園内を改造して一八室の客室からなる都ホテル（現・ウェスティン都ホテル）が開業することとなった。開業翌年の年間宿泊者数は二〇五三人、そのうちイギリス人が最多の八七八名、アメリカ人四九三名、ドイツ人三六七名、日本人はわずか一八四名であった。さらに開業六年後には、近代日本リゾートホテルの嚆矢である金谷カッテー

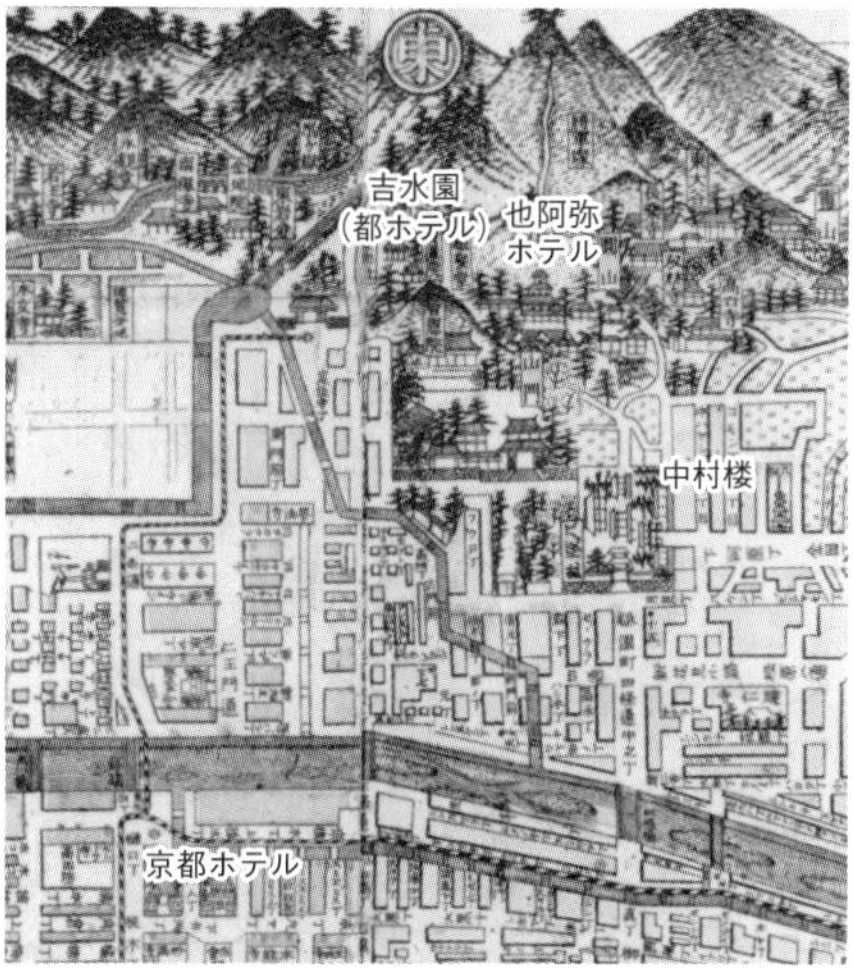


ジ・イン（現・日光金谷ホテル）出身の支配人を擁し、日露戦争後の急激な来日・来京外国人の増加と、也阿弥ホテルの焼失による需要増大に対応して、当時最大であった帝国ホテルの客室数八四を大きく上回る、客室数一五〇、収容客数二五〇名という全国最大規模のホテルになるのである。

この時期の京都のホテルを考える上でもうひとつ重要なのが、のちの京都ホテル（現・京都ホテルオークラ）の前身となる常磐ホテルである。神戸で料亭を経営していた前田又吉は、一八八八年より二条橋西詰に旅館を建設、京都に進出してきた。さらに明治四年に旧長州藩邸跡につくられた京都勧業場の払い下げを受け、河原町御池の地に一八九〇年常磐ホテルを開業した。ホテルはその後也阿弥ホテルに経営が移り、京都ホテルと改称される。開業翌年の大津事件の際には、負傷したロシアのニコライ皇太子が宿泊し、さらには見舞いのために、明治天皇を筆頭に多くの賓客がこのホテルに駆けつけ、一躍脚光をあびることとなった。

これら黎明期のホテルは、駅前や中心部ではなく、歴史的寺社仏閣の多い東山という代表的な観光エリアに近接していた。また近世京都の主要な玄関口である東海道・粟田口にも近く、伝統的な京都旅館の集積という近世からの連続線上に位置するとともに、鴨東の近代開発とも密接に結びついていたのである。東山の斜面にそびえ立つ洋館、勧業場という近代殖産工業の延長線上に建設された立地、そしてその機能を考えるとき、ホテルはまさに近代都市・京都の一面を象徴する存在として人々の目に映じたことであろう。

【図版】近代京都におけるホテルの立地。上が東。ベースの地図は「京都市街名所新図」（部分／明治三九年）。

# 考古学者スウェーデン皇太子入洛

山田邦和

一九二六年（大正一五）九月二日の朝、横浜港は華やかな緊張感に包まれていた。埠頭には政府高官、県知事、市長といったお歴々が整列していたし、それをとりまいた市民の数はほとんど数えきれないほどであった。やがて、アメリカから航海を続けてきた日本郵船のサイベリヤ丸が入港し、そのデッキの上に、国賓として来日したハンサムな長身の男性と、あでやかな微笑みを浮かべながらその側に寄りそう美しい女性の姿が見えた。スウェーデン王国皇太子グスターヴ・アードルフ（後の国王グスターヴ六世アードルフ。一八八二〜一九七二年、在位一九五〇〜一九七二年）とルイス妃の夫妻であった。

この時、すでに大正天皇は再起不能の病床にあり、その崩御が間近いことは誰の目にも明らかであった。そんな時のスウェーデン皇太子の来日は、単なる国際親善のための表敬訪問ではなかった。彼は国の王位継承者であるとともに才能豊かな考古学者として知られた人物だったのであり、日本訪問はかねてよりの強い念願であった。

## 考古学者としての関心

スウェーデンの王室であるベルナドッテ王家は学問や芸術に理解を持つことを伝統としていたが、ここに生まれたグスターヴ皇太子はウプサラ大学に学んで考古学を修め、ヨーロッパ各地の遺跡を自ら発掘するとともに、スウェン＝ヘディンをはじめとするスウェーデンの探検隊・調査隊の国外調査に対しても惜しみなく助力を与えていた（角田文衞「スウェーデン国王グスターヴ六世の逝去」、『ヨーロッパ古代史論考』）。

そうしたグスターヴ皇太子にとって、一ヶ月半におよぶ日本（日本統治下の朝鮮を含む）滞在の間、寺社、遺跡、博物館などを精力的に歴訪したことは当然であった。東京に到着した時も、皇太子は旅の疲れを休めること

グスターヴ皇太子（角田文衛編『世界各国史　北欧史』山川出版社から転載）。

よりも、まず東京帝室博物館の見学を優先させたのである（濱田耕作「瑞典皇儲殿下の事ども」、『濱田耕作著作集』第七巻）。東京帝国大学は皇太子の訪問に備えて千葉県柏村（現・市川市）の柏井貝塚を発掘していたが、皇太子は上着を脱ぎ捨てて遺跡のトレンチ（試掘溝）の中に飛び込み、貝層や土器の検出に汗を流したという。奈良においては三日間にわたって正倉院にとじこもり、詳細な研究をおこなったことが知られている。当時、正倉院の三彩陶器は唐で製作されたものであろうという説が有力であったが、皇太子は慧眼《けいがん》にもそれらが日本製であることを喝破し、学界を驚かせた。また、日本が統治下においていた朝鮮の慶州においては、ちょうど進行中であった新羅の王陵の発掘に参加した（小泉顕夫『朝鮮古代遺跡の遍歴』）。この古墳が「瑞鳳塚」と名づけられたのは、皇太子の母国である瑞典《スウェーデン》と出土した宝冠の鳳凰飾りから、それぞれ一文字をとったものなのである。

グスターヴ皇太子は東京での日程を終えた後、九月二四日から二七日にかけて京都を訪問し、市民の熱烈な歓迎を受けることになる。

### 濱田耕作と天塚古墳

皇太子は、九月二三日に東京を発ち、翌二四日朝に京都に到着した。考古学者であり古美術にも造詣が深い皇太子にとって、京都訪問は特に意義深いと感じられたに違いない。

三日間の京都滞在中、皇太子は日本考古学界の最高権威として知られていた京都帝国大学教授濱田耕作（青陵）等の案内によって、次から次へと寺院、神社、史跡、博物館などを歴訪した。二四日には恩賜京都博物館

瑞典国皇太子殿下御台覧記念碑（左は天塚古墳所在、右は千石荘児童公園所在）。

（現・京都国立博物館）、三十三間堂、石山寺。二五日には明治天皇伏見桃山陵、京都御所、二条離宮（二条城）、清水寺、古美術商山中商会、清水六兵衛工房、醍醐寺、日野薬師法界寺、平等院。二六日には嵯峨野、嵐山、桂離宮、恩賜京都博物館（再訪）、広隆寺、天《あま》塚《つか》古墳、金閣、川島織物工場、京都帝国大学文学部陳列館、祇園中村楼。そして最終日の二七日には修学院離宮、三千院、東本願寺を訪れた。この超人的な過密スケジュールからも、日本の文化財に寄せる皇太子の貪欲なまでの知識欲がうかがえる。

私はこの中でも特に、グスターヴ皇太子が太秦村の天塚古墳（現・右京区太秦松本町）を訪れていることに興味を引かれる。これは全長七一メートルの古墳時代後期（六世紀前半）の前方後円墳で、京都盆地西部に勢力を張った秦氏の族長の奥津城《おくつき》である。確かにこの古墳は京都盆地における重要な遺跡のひとつではあるけれども、金閣や清水寺といった寺社に比べるとまったく無名の史跡だったのである。なぜ、グスターヴ皇太子の訪問先としてこのような古墳が選ばれたのであろうか。当時の新聞はこの間の事情を「殿下には金閣寺へお成の途中、特に濱田博士の御勧めに基づき太秦村地内通称市川なる天塚の古墳へお立寄になった」（『京都日出新聞』九月二七日朝刊）と伝えている。すなわち、皇太子の天塚古墳訪問は濱田耕作のたっての勧めによるものだったわけである。おそらく濱田は、この異国の貴人に天塚古墳を見てもらうことによって、日本全国に無数に存在する普通の古墳の実状を知ってもらいたいと考えたのであろう。こうした配慮の中には、考古学者としての濱田の並々ならぬ識見を見るべきであろう。

天塚古墳の中腹には今も、「瑞典国皇太子殿下御台覧記念碑」がひっそりとたたずんでいる。また天塚古墳に隣接する千石荘児童公園の中にも、グスターヴ皇太子の来臨を記念する石碑が建てられている。私はこのふたつの石碑を見ながら、八〇年前にこの地でおこなわれた、グスターヴ皇太子と濱田耕作という東西のふたりの優れた考古学者の邂逅に思いを馳せているのである。

# 真宗大谷派と幻の表忠殿

福島栄寿

明治以降の真宗大谷派の近代史は、日清・日露戦争をはじめ、近代国家の戦争の歴史との関わりを抜きには語れない。敗戦五〇年を迎えた一九九五年（平成七）、宗派は、そうした過去の戦争に関わって「宗門が犯した罪責」を認め、将来への「不戦への誓い」を決議している。近代の真宗大谷派の歴史は、単なる過去ではなく、今にして、私たちに厳しく問いを投げかけ続けている。そういうものとして、宗門近代史は、ある。

例えば、戦死者儀礼という問題は、最近でも、国立追悼施設の建設の賛否をめぐって、様々に議論がなされているが、とりわけて既成仏教教団にとっては、過ぎ去った問題ではない。

さて、あまり知られていないが、実は、いわゆる日中戦争（「支那事変」一九三七年〈昭和一二〉七月）の時期に、この戦争で多くの門徒が亡くなったため、その門徒の戦死者を「慰霊」するための施設を、東本願寺内に建設するという計画が持ち上がったことがある。事実、当時の宗派の機関誌『真宗』（一九三七年一二月号等）は、上海別院の輪番従軍僧をはじめ、「北支」（中国北部）や満洲に派遣された従軍僧たちが、軍の命令で、陸軍部隊の遺骨を捧持して帰国する任務を負い、大陸と本土を往復したことを伝えている。

時の宗務総長は、その施設建設の意義について、「名誉の戦死をされた故人を偲び、その功績を讃へ、遺族の人々のみならず一山としても記念として残したく、両堂参拝の方々が参詣してその功を憶念して自己もかくありたいと思ふ思想上の善導が即ちその意義である」（『真宗』一九三八年九月号）と、宗議会で演説している。それは、「戦死者」の死をもって〝戦意昂揚〟への教化を図ることを重要な目的とする施設であり、その名も「表忠殿」

と銘打たれた。

建設予定地としては、現在の阿弥陀堂（御影堂の南側の建物）南側の空き地があてられ、両堂との調和をはかるため、地面を若干高くすることが考案された。デザインとしては、奈良の法隆寺の夢殿を模した六角の殿堂という形で、大きさは、一〇間（約一八メートル）角、建坪七八坪余、高さ一二〇尺（約三六メートル）で、高さとしては御影堂（三八メートル）とほぼ並んだ。材木は、赤欅及び檜材という設計であった。総工費としては当初、協賛金三万円余が計上されたが、予測を上回る納骨数に対応し、さらに耐震耐火設備を備えた大計画へと見直され、一〇万円（当時の宗派予算の約六・五％にあたる）に増額された。

一九三九年四月に執行された「大師堂」（現在の御影堂）での「支那事変戦歿者追弔法要」に際しては、建設予定の「表忠殿」への納骨が募られ、寄せられた遺骨は東本願寺内大寝殿へと仮安置された。また法要の記念事業として、「表忠殿」基礎工事への奉仕勤労と、そのための木石の献納運動が実施された。しかしながら、この施設は、「物資統制」を理由に、標柱一本の建立と竹製の囲いの作成に留まり、本格的な着工へとは至らずに「幻」と終わった。

一人の宗教者として、いかに「戦死者」と向き合うのか。いかに新たな「戦死者」を生み出さない努力に取り組むのか。宗派の戦争の記憶を呼び覚ますこの「幻」の青写真に、私たちは問われ続けなくてはならない。

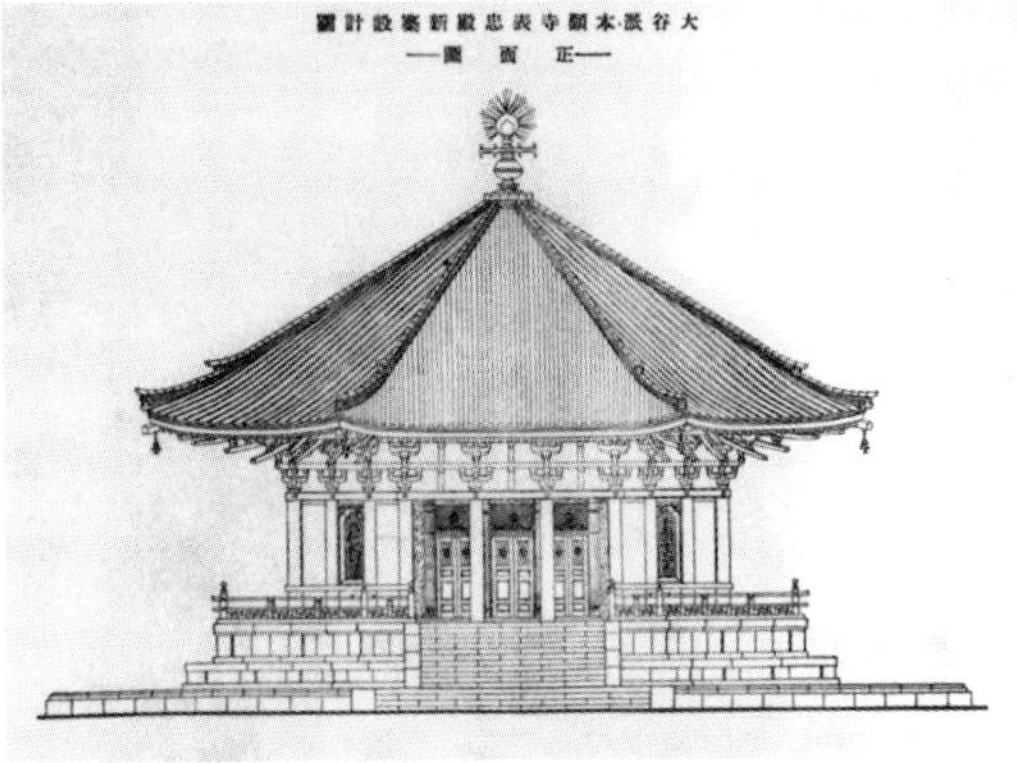


【図版】宗派の機関誌『真宗』（一九四〇年一月号）の裏表紙には、その設計図が、建設趣旨文と併せて掲載されている（写真提供：京都新聞社）。

# 満洲国の文化政策と京都の学者たち

岡村敬二

一九四二年（昭和一七）九月、東京上野の帝室博物館において「満洲建国十周年慶祝　満洲国国宝展覧会」が開催され、奉天から運び込まれた文溯閣四庫全書《ぶんそかくしこぜんしょ》・満洲文大蔵経・刻絲刺繡《こくししししゅう》などが展観された。そのうち四庫全書は、満洲事変時、戦火にまみれて亡失の危機にあったおりに当時満鉄奉天図書館館長衛藤利夫らが、この奉天宮殿の四庫全書の保護を関東軍や満鉄公所に依頼し、特務機関長土肥原賢二は関東軍の名で保護の布令を掲出、森赳参謀がその対策にあたって亡失を免れた、との経緯を持っていた。そして城内の張学良邸をもとに、各機関に分散していた奉天宮殿の記録や清朝時代の文献を接収・整理し、一九三二年六月に満洲国立奉天図書館の名称で開館させた。これらは当初関東軍の文化施策で、研究所・図書館・博物館を包含する満洲国立文化研究院を設立するとの一大計画であった。ただ、予算面や日満両国官僚の思惑もからんで、当面は研究所的な図書館を運営していくことになったのである。

これよりさき、満洲国が成立した直後の五月、京都帝国大学教授矢野仁一・羽田亨・小西重直は関東軍臨時顧問を嘱託され、二週間の期限で満洲国の文化事業について奉天のホテルにて「帯も解かずに」意見書を作成した。矢野の回想によれば、羽田は満洲国の文化工作、小西は満洲国の教育（小西は提出せず）、矢野は歴史家として満洲国全般の担当であった。これらの意見書は森参謀に提出されたが、矢野は満洲国日本人の二重国籍はやめねばならぬとも主張し王道建国論を展開したという。この矢野や羽田の名前はのちに外務省文化事業部の起案文書のなかに文化研究院設置と関連して登場してくるので、これら京大学者グループの意見書は関東軍の満洲国文化施策に大きな役割を演じたと考えてよいであろう。

またこの満洲国建国の時期、「満蒙文化施設に関する建議」が日本国内からも数多く出され、外務省文化事業部が集約した一九三二年五月一五日現在で一三件にものぼっている。そのなかで有力なものは、先の関東軍参謀のものを別にすれば、京都の狩野直喜・鈴木虎雄らも参加した東京側学者による「満洲国に儒仏二教の研究機関及教育機関設置建議案」と、京都側の内藤湖南・濱田耕作ら三、四人の学者が主唱して東京側も賛同した「満蒙に於ける歴史言語人種地理宗教等に関する研究機関設置建議案」であった。これらが一応採用されるかたちで日満両国の学者が協議を行う文化協会を設立することになる。

後日この対満文化事業に関して外務省文化事業部の担当者が「意見交換会」を開催している。その席で坪上文化事業部長は、文化研究院もいい、支那の学者の招聘もいい、文献を収集して研究するのもいい、ただ学者はとかく細末の研究に没頭する弊があり、研究院の設置は学者の研究のみに終わる恐れがある、と意見を述べている。率直な感想であるが、この文化研究院に関して外務省は、現地関東軍の先行施策の後追いの感もあり、学者の研究に終始させず啓蒙の用にとの意図も持っていたのであろう。建国当初の満洲国の文化政策は、現地満洲の関東軍への矢野仁一らによる意見書提出や奉天図書館の創設など、まずは関東軍の主導で展開されたのであった。

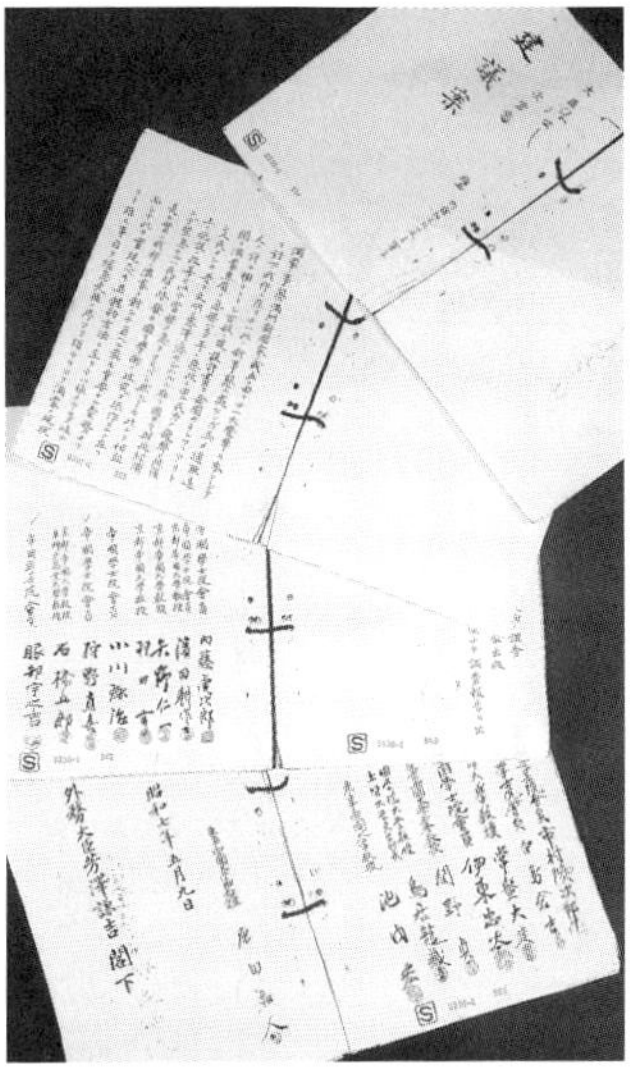

［図版］ 満洲における研究機関設置を求める内藤湖南らの建議案（原本は外交史料館所蔵。複写を元に冒頭と署名部分を再構成／写真提供：京都新聞社）。

# 日満文化協会の創設

岡村敬二

一九三二年（昭和七）三月に満洲国が成立し、その満洲国の一大文化事業として『大清歴朝実録』の刊行が計画された。この刊行は清朝の遺臣羅振玉監察院長の切望するところで、また内藤湖南も賛同していた。そしてこの事業遂行をふくめ、東方文化保存の旗のもとに、満洲国の学術振興や博物館の設立、文書資料の保存・整理などのため、「日満」学者の協力のもとに、満日・日満文化協会が創設されることになる。

羅振玉は一八六六年生まれの考証学者で、清朝の学務参事の時代、内閣大庫の歴史文書を焼却の憂き目から救い出し、その後も北京の骨董屋に流出していた文書を漉かれる直前に七千袋分保全したといい、それら資料整理も満洲国文化事業の大きな課題であった。彼は、辛亥革命以降約七年間京都に滞在し、内藤湖南や狩野直喜らと深い親交をもった人物である。

さてこの日満文化協会であるが、その創設については支那時報社水野梅暁が満洲側と事務折衝にあたった。そして一九三三年九月、満洲国側では鄭孝胥国務総理・羅振玉監察院長・袁金鎧参議・栄厚中央銀行総裁ら八名をもって発起人会が開かれ、日満学者の協力体制をとるため日本側は服部宇之吉・内藤湖南・狩野直喜らが評議して渡満のメンバーを決め、一〇月一七日から三日間創立総会を国都新京で開催した。この創立総会に参加した日本側メンバーは、東京から服部宇之吉・池内宏・関野貞、京都から濱田耕作・羽田亨・内藤湖南、そして溝口禎次郎博物館主査で、満洲国側から西山文教部総務司長らも出席した。

この年の暮れから日満文化協会の日本側評議員選出の作業にかかる。この人選や国籍問題には、日満学者や日本側東方文化学院東京・京都研究所の綱引きもあり、複雑なものとなった。まず満洲国側から、「日系」・「満系」評議員の候補者リストが提示される。その日本側候補の中には、先の発起人のほかに「満洲国役人」である筑紫熊七・田辺治通らの名前も挙がっていて、これらをもとに東京・京都の服部・濱田・羽田・内藤らで評議員推薦協議会を開いて検討した。一二月一日には、水野梅暁が栄厚ともども瓶原の恭仁山荘に内藤を訪れて折衝している。役員選出の要は、評議員のメンバーおよび会務をつかさどる常任理事選出であった。この人選について東京側の服部から外務省へ出された書簡では、もっぱら東京・京都間の人選上のバランスを気遣う内容のものであったが、京都側の羽田亨から出された書簡は本質をついた内容であった。その文面で羽田は、常任理事の人事にも言及し、満洲国側から羅振玉が出る模様であり日本側から羅と折衝して協会の実質的な運営ができる最適任者は内藤博士である、と提言する。そして当初あがっていた常任理事候補の西山司長では「到底羅振玉と角力がとれ申さず結局羅氏の専擅となり事を破るの基に候」と看破している。

ところでその内藤であるが、一二月一六日に外務省で開催された日本側評議員推薦協議会の場で日本人満洲国官吏の国籍問題について注文をつける。つまり、満洲国官吏は日本側役員ではなく、本来満洲国側に入れられるべきではないかと原則的かつ本質的な問題提起をおこなった。この提起は入れられ、満洲国官吏は満洲国側選出の役員となったのである。結果、評議員は、日満で人数的にはアンバランスながらも、つじつまだけはとれた役員構成となった。満洲国成立の折に矢野仁一京大教授が主張した「満洲国日本人の二重国籍はやめねばならぬ」との論がはからずもここで貫徹されたことになったわけである。

【図版】『大清歴朝実録』の一九三七年複製本のうち原本総目（京都大学人文科学研究所所蔵／写真提供：京都新聞社）。

# 内藤湖南の満洲

岡村敬二

満洲国が成立し、その文化事業振興のために創設された日満文化協会では、東方文化学院東京研究所・京都研究所のメンバーが数多く役員をつとめたが、創設当初の協会活動に対して骨身を削りその基を築き真摯に対応したのは重篤な状態にあった内藤湖南である。日満文化協会創設大会のため渡満した一九三三年（昭和八）一〇月にはすでに病を得ていた。そして病身をおして常任理事となったわけだが、病は深刻で、京都帝国大学病院などで診療を受け、胃潰瘍と診断されていたが事実は胃癌であった。

内藤は日満文化協会の活動を気に掛け、協会の役員構成や初発の文化事業など、満洲国側や外務省と粘り強く折衝した。とりわけ協会の存在を無視する形で事業を進めようとする満洲国側日本官僚の西山司長と、両国役員から構成される協会を盾に自立的に文化事業を推進しようとする羅振玉との対立に対して懸念を示し、再度の評議員会の開催も検討した。しかしながら、病苦と闘う身であってみれば思うように動けず、そうした懸念や対応策を外務省文化事業部を通じて提起するのが精一杯であった。そして文化事業部宛では最後の書簡となる長文の「意見書」が出される。これは一九三四年三月三日付の坪上部長の書簡を受けての返信であり、自身の病気を思慮にいれたうえで書かれた協会宛の遺書ともとれる「意見書」であり周到な内容のものでもあった。

その第一は、組織運営上の原則で、水野梅暁の理事就任決定が、本来日本側評議員会の専断事項であるのに、満洲国側から推薦された「非合法」への反論である。

第二は、懸案の満洲国での文化研究院設置の件で、『大清歴朝実録』の刊行経費が満洲国側から支弁されることとなった現在、その予算分は湖南も主張する文化研究院設置に振り当てるべきであること、つまり以前から陶湘所蔵の墓志購入の計画があり、それは貴重な文物であることは承知だが、これら文物購入と文化研究院設置との軽重を考慮すべきであると主張した。さらにこの文化研究院創設は両国共通の希望ながら、最新の満洲国の西山案では文化研究院が文化協会と無関係な組織編成となっているとして羅振玉院長が強く異議を申し立てて紛糾していることを憂慮し、再検討すべきであると述べる。またこの天津の銀行保管の墓誌購入についても、近来中国の関税は外国とりわけ日本向きの貴重品発掘品を没収する例があり充分注意すべき、と忠言する。

第三は『大清歴朝実録』出版についてである。出版をいそぐあまり「単式印刷」となる由だが、それでは満洲国建国の第一着手文化事業としてふさわしくなく、また中国側の商務印書館などの罵倒を招くことになる、商務印書館が予定しているとされる四庫全書刊行などと先陣を競うべきでなく、学会に有益なる出版企画をこそ第一に心がけるべきである、といった内容であった。

病をおしてしたためたこの書簡は、自身の研究院設置という主張も入れ、協会の事業を考慮し、文物の運搬にまで言及する意の尽くされた内容であった。こうして意見を開陳した内藤であったが、四月に鄭孝胥の訪問を受けた後、五月には吐血し六月二六日にその生涯を終えることになる。この内藤の死去にあたって新京では、鄭孝胥国務総理出席のもと七月九日に追悼会が開催された。そしてその後、協会の常任理事には池内宏が就任してその活動は敗戦まで続けられていくことになる。

【図版】一九三三年一〇月一八日の日満文化協会全員招待晩餐会の記念写真（学習院大学所蔵『満洲文化を語る』より転載／写真提供：京都新聞社）。

# 京都の美術家と満洲国

岡村敬二

満洲国では、一九三七年五月、日満文化協会の主催で「第一回訪日宣詔紀念美術展覧会」が開催された。この展覧会には、日本から相談役として、東洋画部松林桂月、西洋画部藤島武二・安井曾太郎が招聘され、『展覧会図録』に講評が載った。出品者には「小孩子」で当選した新京在住の赤羽末吉ら戦後にも活躍した画家も多くみられる。美術展は翌年改称されて第一回「満洲国美術展覧会」（国展）となり、日本から相談役として前田青邨・藤島武二が招聘され、二回以降、野田九甫・梅原龍三郎、窪本一洋・青山義雄らが審査員として招かれる。

この時期の協会の日本側役員は、東京・京都の東洋学者から多く選ばれ、一九四〇年（昭和一五）時点での京大関係の役員は、理事の狩野直喜・羽田亨、評議員の小川琢治・矢野仁一・新村出・松本文三郎・小島祐馬・那波利貞・村田治郎らであった。

さて一九四二年、日満文化協会が大きく与って満洲国建国一〇周年慶祝事業が行なわれる。この時期の学術面の事業としては、現地の『満洲日日新聞』で「建国寿ぐ贈物　上梓近き満洲国の正史実録」と報じられた『明代満蒙史料　李朝実録抄』『明代満蒙史料　明実録抄』の刊行がある。前者は池内宏、後者は京大の内藤湖南・羽田亨の指導により一九三三年から「対満文化事業審査委員会」が審査し、満蒙文化事業として開始され、その刊行を日満文化協会が継承したものであった。

九月には、上野の帝室博物館において、「満洲建国一〇周年慶祝　満洲国国宝展覧会」が開催され、満洲国から、奉天宮殿文溯閣四庫全書や満洲文大蔵経、刻絲刺繍などが展観された。そして、建国記念およびこの展観の返礼

として、「日満文化協会及び帝国芸術院の発意」（『満洲日日新聞』）により芸術院会員制作の絵画が満洲国政府に贈られることになる。これより先、清水六兵衛・正太郎は同じく奉祝会の依頼でそれぞれ、「着彩花見幕花瓶」「着彩葡萄文花瓶」を献上していた。

満洲国への絵画呈上式は一〇月三一日満洲国国務総理大臣室において、日本芸術使節団松林桂月・有島生馬、張景恵国務総理、武部六蔵国務長官ら政府要人の列席のもとに開催された。献上の絵画はその後、新京軍人会館で三日間公開され総理官邸に保管される。献上画についての現地での評判も上々で、新聞の講評では、第一回文化勲章受章の竹内栖鳳は亡く藤島武二も病床と寂しさもあるが一部をのぞき全体としては調子の高いもので将来建設される国立美術館に陳列するものとしてふさわしい、と評された。このうち京都ゆかりの画家は、日本画が上村松園「愛児之図」、菊池契月「孔雀鳩」、西山翠嶂「躍進」、橋本関雪「髪」、洋画では安井曾太郎「鏡の前」、梅原龍三郎などである。

これら献納画の他にも満洲国に渡った絵画などがあり、それらを所蔵している吉林省長春「偽満皇宮博物院」の日本画の一部が、二〇〇二年「日本絵画の里帰り展」として岐阜や名古屋で公開され、京都では八月一八日、橋本関雪記念館（白沙村荘）で展観された。しかしながら先の献納画はこの博物院には所蔵せずといわれる。

この献納画のその後については北村謙次郎の回想に、戦後ソ連撤退と同時にモスクワに運び去られたとあるが詳細は不明である。その他にも満洲国皇帝に献上された絵画や現地に遺された絵画もあり、さらに終戦直後には新京（現長春）で協会主事をつとめた杉村勇造や、江上波夫・藤山一雄・瀧川政次郎らが、引揚げにあたって在留日本人が所蔵していた絵画や美術品、図書などを買い上げ、それを中国側に引渡したといわれる。そのうち考古美術品は二〇〇〇点というが、これら歴史のなかで遺された絵画などの所在もまだまだ分からぬままである。

地名などは当時の呼称を使用しました。

〔図版〕 橋本関雪「髪」（『国画』一九四二年〈昭和一七〉一一月号より転載／写真提供：京都新聞社）。

# エピローグ

# 都市計画の民主化

伊従　勉

昨今の話題である地方分権と市民主権の視点から、みやこの都市計画史を回顧しておこう。

主権在民の精神を謳う戦後憲法施行六〇年を越えてなお、根づいていない課題が都市計画の民主化である。計画の立案・決定と事業の立案・執行の主導権を、戦前から戦後まで中央と地方の行政が握り、地方議会と市民の参画が著しく制限されているのが、日本の都市計画の特徴である。今問題の三位一体改革は、地方行政の財源と裁量権確保の問題が中心で、行政主導の行き過ぎを市民が止める手段への配慮が少ない。

一九九二年（平成四）の都市計画法の改正で、マスタープランの策定過程に市民の参画がようやく謳われた。京都市のグランドビジョン策定時の喧騒が思いだされる。しかし、何が変わっただろうか。

都市計画と事業の策定が、議会ではなく審議会で決定されるところが日本の特徴である。審議会は官吏・技官、学識経験者そして地方議員や若干の市民が昨今では参加する。戦前の内務省統制下では、中央省庁の官僚や軍人も加わり、府県知事が委員長を務めたが、知事に計画発案権はなく、建議権のみ担保された。しかも、地方議会と市民は、その審議・決定過程の埒外にあるのは、今日でも変わらない。議員以外の委員の選定に議会や市民意見は反映されず、市長名で行政が選定する。

都市計画におけるこの方式の起源は、東京市区改正という帝都専用の都市改造計画であったが、一九一九年（大正八）制定の旧法により、審議会（当時は地方委員会）方式が全国の法適用都市に組織されて行く。京都について、一九年に内務省に組織された委員会が京都の二周目の環状道路の審議決定をしたことは、先（「京都市区改正設計」）に紹介した。

審議会方式は、旧法起草者で最初の内務省都市計画課長の池田宏らが、行政域が実際の都市域よりも小さい地方政庁と議会が都市計画の審議決定をすることに不信を抱き、帝都でとった国家主導の審議会方式を適当と考えたことに始まる。「都市計画を都市の自治権に留保せずに国家直接の機関（都市計画委員会）に付託し、（事業執行担当の当該市町村に）国家助成を行なう」方針（池田の弁）により、計画主体は国に置かれたのである。池田の京都府知事時代（一九二四～二六年）の府会での三部経済についての紛糾は、この方針と係る。

ところが、旧法施行以前の明治期京都の都市改造は、議会で熱く議論された。財源も自前で、都市改造を自ら実施していた時代が大阪・名古屋・京都など地方都市にはあった。北垣府知事自らが岡崎地区の市街地整備計画を議会で説明、あるいは、内貴市長の市街幹線道路計画についての市会での二日間に亘《わた》る弁論、そして、西郷市政の明治三大事業の立案執行も、議会での議論を通した自治制度にそって行なわれた都市改造事業であった。

戦後の六八年（昭和四三）、旧法の改正。以後も、行政主導の都市計画が続く。雰囲気づくりの「市民参加」や「まちづくり」が唱えられても、都市計画の根本に、行政のフリーハンドの審議会方式が機能しているかぎり、民主化未だしといわざるを得ない。

〔図版〕京都帝国大学出身の池田宏は、都市計画審議会制度の生みの親。京都府知事時代の肖像（『京都府会史』大正時代総説より）。

# 近代古都論

高木博志

大槻文彦の『言海』（一八八九年）には「旧都」の語はあるが、「古都」はみあたらない。国立国会図書館所蔵の本のタイトルをながめると戦前の例もあるが、戦後になって一般的に「古都」が使われたことがわかる。とりわけ奈良や京都の人々が、自己の表象として「古都」と表現するのは、新しい出来事のようだ。

さて今日、奈良や京都も古都と呼び慣わされるが、その歩みには違いがある。慶応三年の王政復古の大号令で、「神武創業」が明治維新の理念となり、記紀神話にもとづく皇室の系譜を採用する。

しかし江戸時代皇室の仏教の系譜では、天智天皇を始祖とし光仁・桓武天皇から江戸時代の天皇までと平安京のなかで完結していた。禁裏御料を媒介にした年中行事や日常の営みも、基本的には京都周辺とのつながりでおこなわれた。いわばこの世もあの世も、江戸時代の皇室は京都盆地で完結していた。明治維新以降に鄙《ひな》の奈良が、皇室の故地として登場する。

奈良において一八八〇年代には、荒廃していた大和三山が万葉の景観に蘇り皇室財産に編入され、正倉院や天皇陵が整備されてゆく。一八九〇年代には、帝国奈良博物館が開館し、奈良の仏像は信仰の対象から美術品へ、すなわち彫刻として読み替えられてゆく。

岡倉天心の『日本美術史』により、奈良は推古・天智・天平といった古代文化に特化してゆく。また大正期の教養主義、ツーリズムとともに『古寺巡礼』がブームとなり、敗戦以後は「神武創業」の表象はなくなるが、「美（うま）し国」としての奈良イメージは連続してゆく。

一方、江戸時代、京都においては朝廷が文化的・宗教的価値の源泉であった。一八世紀以降盛んになる京都観光の目玉は、参内する異形の公家たちを、公卿門で人々が鑑賞することにあった。明治二年（一八六九）の東京「奠都」以降、天皇がいなくなった京都は、地域振興として、歴史・「伝統」や文化を打ち出してゆくことになる。一八八三年（明治一六）の岩倉具視の建議は、モスクワの「旧都」にならい、京都御苑の整備を核として、大嘗祭などの宮中儀礼や畿内の古社寺の復興をはかろうとした。

一八九五年の第四回内国勧業博覧会や遷都千百年紀念祭で、平安神宮や時代祭が新しく創始される。優美な国風文化と京都イメージを重ねてゆく。一九一〇年代以降になると、まさに日韓併合を受けて、豊国廟や耳塚などの豊臣秀吉関係史跡が「海外発展」の先達として整備され、聚楽第や御土居が『京都府史蹟勝地調査会報告』に顕彰される。この頃、西の京ではキリシタン墓碑が、茨木の山奥、千提寺ではザビエル像が発見され、新村出や濱田青陵はブームのなかで南蛮文化研究を進める。

国民国家の形成期には、国際社会に対して、奈良はギリシアに匹敵する古代文化を、京都は中国から切れた独自な国風文化を押し出す。そして「帝国」の時代になると、「海外雄飛」のなか、奈良は日本の故郷となり、織豊期の安土桃山文化が京都イメージとなってゆく。このように戦前に積み重なったイメージを前提として、戦後には文化に特化した「古都」イメージが一般化するのだろう。

［図版］京都御苑は槇村正直知事時代の一八七八年から整備が始まり、一八八三年の宮内省支庁の設置をもって今日の姿につながる（写真提供：京都新聞社）。

# みやこの再興

丸山　宏

京都は平安京遷都以降中世まで永く政治、経済、文化のあらゆる面で中心に位置していたが、江戸開城により政治機能が江戸に、江戸初期の西廻り航路の発達により、大阪に経済機能が移る。京都が保持していた「みやこ」の機能は三分され、結果的に「三都」の誕生となる。残されたものは文化であった。

この文化の擁護者は天皇を頂点に据えた朝廷であったが、明治維新後、天皇東幸により、文化の「核」が無くなった。「形骸」として残ったさまざまな「文化」は当初存在価値を失った。しかしながら「形骸」といえども、京都が生み出したものは「有職故実」であり、永年育まれた〈型〉はそれ自体文化となる。悠久の「みやこ」が残した「形骸」こそ京都文化の酵母であった。

京都は維新以降、殖産興業の推進、工業都市として生まれ変わる道を模索する一方で、機会を捉え、「皇城の地」であったことを有効に活用する道、つまり、圧倒的な文化度を持つ都市を前面に出す方策を打ち出す。その最大のイベントは一八九五年に挙行された平安遷都千百年紀念祭の挙行であった。第四回内国勧業博覧会はこの紀念祭を機に誘致が可能となった。

内国勧業博覧会は第一回（一八七七年、第二回は一八八一年）から第三回（一八九〇年）まで、東京の上野公園で開催。第四回が京都の岡崎の地で、第五回（一九〇三年）が最後となったが、大阪の天王寺今宮（博覧会終了後に天王寺公園設置）である。かつての「三都」で開催されたことになる。

この紀念祭に際して時代祭が創設され、〈仮装行列〉を実見したラフカディオ・ハーンは「消え滅びた幾世紀か

にわたる時代の、これらのまぼろしが練って行く間、群衆は声ひとつ立てるものなく、みな静粛にしていた」（「京都紀行」）と観察している。公式の京都案内である『平安通志』はもとより、この時期に『京華要誌』（京都市参事会）等、観光都市京都のガイドブックが多く刊行された。京都はこの後もかつての「みやこ」に固執し、大正、昭和の大典記念には必ずガイドブックを刊行し、「皇城の地」であったことをアピールする。

「みやこ」であることは京都のアイデンティティであるが、一方で近代都市への転進も射程に入れる必然性もあった。東京を帝都たらんとするため、一八八八年、ようやく市区改正条例（都市計画法）が公布された。この都市計画が京都市に準用されたのは、一九一八年六月のことである。大阪市も同時期であった。少し遅れて九月に横浜市、神戸市、名古屋市に適用される。「三都」という見方が多少意識されてはいたが、行政的には東京を含め六大都市の中に京都は列する。

翌年の一九一九年四月、都市計画法が公布され、全国の都市に適用がはじまる。京都は近代都市計画の潮流に乗らなければならなくなった。現在もこの潮流の中で京都は翻弄されている。京都という都市をどのように相対化できるのか、普遍性と特殊性を射程に入れながら今後も近代京都について考えていきたい。

［図版］　大文字山から見た京都市全景。大典紀念として京都市が編纂した『新撰京都名勝誌』（一九一五年刊）に所収。

# あとがき

本著は京都新聞に「みやこの近代」というタイトルで二〇〇二年一一月からほぼ二年間にわたって毎週木曜日に「近代京都研究会」のメンバーが執筆、連載したものである。今回、単行本にまとめるにあたって、各執筆者が加筆、修正を行い、編者がテーマ別に整理、再構成を行った。

「近代京都研究会」は一九九八年に編者の三人が幹事となり、研究対象を〝近代の京都〟に関するものであればジャンルを問わず、様々な事象を俎上に載せ自由闊達な討論のできる研究会を目指してはじめたものである。この趣旨に賛同して様々な分野の研究者が、手弁当で、時には報告に縁のある場所を会場として拝借し、市内各所で研究会を行い、切磋琢磨する集いとなった。会員の専門分野は近代史、建築史、美術史、造園史、芸能史、民俗学、地理学、環境学等々多岐にわたり、研究会は幹事の予想を超えて学際的な雰囲気を醸していた。毎回、異分野との接触は研究会参加者にとって新たな視点を発掘する機会でもあった。

また、二〇〇三年から三年間、京都大学人文科学研究所で共同研究「近代京都研究」を組織する機会を得、研究の場を移した。ここでは新たな参加者も加わり、より活発な議論がなされ、二次会にも延々議論が続くこともしばしばであった。新聞連載と共同研究が重なったこともあり、執筆者各位には負担をおかけした。この共同研究の報告書も近々、出版される予定である（思文閣出版）。興味のある方は読んでいただければ幸いである。

なお、京都新聞連載中は文化報道部の深萱真穂・阜豊の両氏にお世話になった。また、今回の出版については思文閣出版の編集部の林秀樹氏、編集実務を担当された秦三千代氏のお手を煩わすことになった。あわせてお礼申し上げたい。

編者一同

二刷にあたっての追記：京都大学人文科学研究所の共同研究「近代京都研究」の報告書は『近代京都研究』（思文閣出版）として上梓された。

## 執筆者一覧（収録順・2010年４月１日現在）

伊従　勉（いより　つとむ）
1949年神奈川県生まれ．京都大学大学院博士課程修了．京都大学教授（建築学・都市論）．著書に『琉球祭祀空間の研究』，共編著に『都市空間の風景』（仏文）『近代京都研究』など．

高木博志（たかぎ　ひろし）
1959年大阪府生まれ．立命館大学大学院博士課程修了．京都大学准教授（日本近代文化史）．著書に『近代天皇制の文化史的研究』『近代天皇制と古都』など．

丸山　宏（まるやま　ひろし）
1951年京都市生まれ．京都大学大学院博士課程修了．名城大学教授（造園学）．著書に『近代日本公園史の研究』，共著に『万国博覧会の研究』など．

高久嶺之介（たかく　れいのすけ）
1947年秋田県生まれ．同志社大学大学院博士課程修了．京都橘大学文学部教授（日本近代史）．著書に『近代日本の地域社会と名望家』，共編著に『北垣国道日記「塵海」』など．

小野芳朗（おの　よしろう）
1957年福岡県生まれ．京都大学大学院修士課程修了．工学博士，京都工芸繊維大学大学院教授（都市史・環境史）．著書に『〈清潔〉の時代』『水の環境史』共著に『環境と空間文化』など．

鈴木栄樹（すずき　えいじゅ）
1953年静岡県生まれ．京都大学大学院博士課程修了．京都薬科大学教授（日本近代史）．著書に『京都府の百年』（共著），『京都市政史』第１巻・第４巻（共編）など．

中川　理（なかがわ　おさむ）
1955年神奈川県生まれ．京都大学大学院博士課程修了．京都工芸繊維大学大学院教授（近代都市史）．著書に『重税都市』『風景学』『京都モダン建築の発見』など．

小椋純一（おぐら　じゅんいち）
1954年岡山県生まれ．京都大学卒．京都精華大学教授（植生景観史）．著書に『絵図から読み解く人と景観の歴史』『植生からよむ日本人のくらし』など．

小野健吉（おの　けんきち）
1955年和歌山県生まれ．京都大学卒．奈良文化財研究所文化遺産部長（造園学）．著書に『岩波日本庭園辞典』『日本庭園―空間の美の歴史』，共著に『古代庭園の思想』『植治の庭』など．

井原　縁（いはら　ゆかり）
1975年香川県生まれ．京都大学大学院博士課程修了．奈良県立大学専任講師（造園学）．主な論文に「『国民公園』京都御苑の個性と松の『御所透かし』」，「『国民公園』における場の性格の変遷に関する史的考察」など．

玉城玲子（たまき　れいこ）
1961年京都府生まれ．同志社大学卒．向日市文化資料館課長補佐（日本中近世史）．論文に「中世桂川用水の水利系統と郷村」「地域の歴史と博物館」など．

天野太郎（あまの　たろう）
1969年兵庫県生まれ．京都大学大学院博士後期課程中退．同志社女子大学准教授（人文地理学）．近著論文に「北陸寺内町の展開」「近代植民地都市釜山の形成と日本系宗教施設」など．

田島達也（たじま　たつや）
1964年北海道生まれ．京都大学大学院博士課程中退．京都市立芸術大学准教授（日本近世絵画史）．論文に「『平安人物志』を読む」など．

藤原　学（ふじわら　まなぶ）
1967年大阪府生まれ．京都大学大学院博士後期課程単位認定退学．京都大学大学院人間・環境学研究科助教（建築論・日本近代文学）．共著に『建築的場所論の研究』『谷崎潤一郎　境界を超えて』など．

登谷伸宏（とや　のぶひろ）
1974年京都市生まれ．京都大学大学院博士課程修了．大谷大学非常勤講師（日本建築・都市史）．論文に「堂上公家の町人地における屋敷地集積過程―久世家を例として―」，共著に『京・まちづくり史』など．

岸　泰子（きし　やすこ）
1975年岡山県生まれ．京都大学大学院博士課程研究指導認定退学．京都大学大学院工学研究科助教（日本建築史・都市史）．共著に『京・まちづくり史』論文に「近世の内裏内侍所仮殿下賜と上・下御霊社の社殿拝領について」など．

日向　進（ひゅうが　すすむ）
1947年京都府生まれ．京都工芸繊維大学大学院修士課程修了．京都工芸繊維大学教授（日本建築史）．著書に『近世京都の町・町家・町家大工』『茶室に学ぶ』など．

大場　修（おおば　おさむ）
1955年三重県生まれ．九州芸術工科大学大学院修了．京都府立大学教授（日本建築史）．著書に『近世近代町家建築史論』『物語・ものの建築史　風呂のはなし』など．

石田潤一郎（いしだ　じゅんいちろう）
1952年鹿児島市生まれ．京都大学大学院博士課程修了．京都工芸繊維大学教授（建築史）．著書に『関西の近代建築』『都道府県庁舎』など．

並木誠士（なみき　せいし）
1955年東京都生まれ．京都大学大学院博士課程中退．京都工芸繊維大学教授（日本美術史）．主な編著書に『日本美術史』『韓国の美術・日本の美術』『絵画の変―日本美術の絢爛たる開花』など．

村角紀子（むらかど　のりこ）
1972年石川県生まれ．東京芸術大学大学院修士課程修了．主な論文に「審美書院の美術全集にみる『日本美術史』の形成」「明治期の古美術写真―畿内宝物取調を中心に―」など．

芳井敬郎（よしい　たかお）
1947年大阪府生まれ．國學院大學卒．花園大学教授（日本文化史・民俗学）．著書に『民俗文化複合体論』『織物技術民俗誌』，編著に『祇園祭』など．

清水愛子（しみず　あいこ）
1974年京都市生まれ．京都工芸繊維大学博士後期課程修了，京都精華大学非常勤講師（近代工芸史）．論文に「工芸の革新をめざした図案家，神坂雪佳」など．

高階絵里加（たかしな　えりか）
1964年東京都生まれ．東京大学大学院博士課程修了．京都大学人文科学研究所准教授（近代美術史）．著書に『異界の海―芳翠・清輝・天心における西洋―』など．

小林丈広（こばやし　たけひろ）
1961年静岡県生まれ．金沢大学大学院修士課程修了．京都市歴史資料館主任歴史調査員．著書に『近代日本と公衆衛生』『明治維新と京都』『京都町式目集成』など．

秋元せき（あきもと　せき）
1970年京都市生まれ．神戸大学大学院博士後期課程修了．京都市歴史資料館嘱託研究員（日本近代史）．論文に「明治地方自治制形成期における大都市参事会制の位置」，「西陣の近代化と帝室技芸員伊達弥助」など．

廣庭基介（ひろにわ　もとすけ）
1932年京都市生まれ．立命館大学大学院修士課程中退．花園大学客員教授（書誌学）．共著に『日本書誌学を学ぶ人のために』『図書館を育てた人々・日本編一』など．

落合弘樹（おちあい　ひろき）
1962年大阪府生まれ．中央大学大学院博士課程修了．明治大学文学部教授（日本近代史）．著書に『西郷隆盛と士族』『明治国家と士族』『秩禄処分―明治維新と武士のリストラ―』など．

原田敬一（はらだ　けいいち）
1948年岡山市生まれ．大阪大学大学院博士課程修了．佛教大学教授（日本近現代史）．著書に『日本近代都市史研究』『国民軍の神話』など．

山田　誠（やまだ　まこと）
1945年北海道生まれ．京都大学大学院博士課程中退．龍谷大学教授・京都大学名誉教授（人文地理学）．共著に『京都歴史アトラス』『地図と歴史空間』など．

廣瀬千紗子（ひろせ　ちさこ）
1949年京都市生まれ．立命館大学大学院修士課程修了．同志社女子大学教授（日本近世文学）．共著に『馬琴の戯子名所図会をよむ』など．

福井純子（ふくい　じゅんこ）
1956年福岡県生まれ．立命館大学卒．立命館大学非常勤講師（近代庶民文化）．論文に「明治のコミック・ペーパー『我楽多珍報』」「排耶というトレンド―1880年代京都の宗教事情―」など．

小出祐子（こいで　ゆうこ）
1974年京都市生まれ．京都工芸繊維大学博士後期課程修了．京都精華大学非常勤講師（建築史）．共著に『京・まちづくり史』『図説建築の歴史―西洋・日本・近代―』など．

長志珠絵（おさ　しずえ）
1962年大阪府生まれ．立命館大学大学院博士課程修了．神戸市外国語大学准教授（日本近現代史）．著書に『近代日本と国語ナショナリズム』，共著に『近代社会を生きる』『国民国家と家族・個人』など．

西山　伸（にしやま　しん）
1963年兵庫県生まれ．京都大学大学院博士後期課程単位取得退学．京都大学准教授（日本近代史）．論文に，「一九〇八年京大岡田総長退職事件」「「大学アーカイヴズ」の現状と今後」など．

金坂清則（かなさか　きよのり）
1947年富山県生まれ．京都大学大学院博士課程単位取得退学．京都大学教授（人文地理学）．編訳書に『イザベラ・バード極東の旅１・２』など，訳書に『中国奥地紀行１・２』など．

山田邦和（やまだ　くにかず）
1959年京都市生まれ．同志社大学大学院博士課程前期修了．同志社女子大学教授（日本考古学・都市史学）．著書に『カラーブックス　京都』『須恵器生産の研究』『京都都市史の研究』など．

福島栄寿（ふくしま　えいじゅ）
1965年京都市生まれ．大谷大学大学院博士課程修了．札幌大谷大学准教授（日本思想史・近代仏教史）．著書に『思想史としての「精神主義」』など．論文に「神道非宗教論をめぐって―せめぎあう神と仏」「真宗大谷派と戦中・戦後史」など．

岡村敬二（おかむら　けいじ）
1947年広島県生まれ．京都大学卒．京都ノートルダム女子大学教授（文献学・図書館情報学）．著書に『遺された蔵書』『江戸の蔵書家たち』『「満洲国」資料集積機関概観』など．

# 索　引

# 参考文献


あ

青木茂編『明治日本画史料』中央公論美術出版、1991
足利健亮編『京都歴史アトラス』中央公論社、1994
尼崎博正編『植治の庭—小川治兵衛の世界』淡交社・1990
井ヶ田良治・原田久美子編『京都府の百年』山川出版社、1993
石田有年作・田中泰彦編『明治の京都名所五十一景』京を語る会、1994
石田頼房『日本近代都市計画史の研究』柏書房、1987
伊藤孝夫『瀧川幸辰　汝の道を歩め』ミネルヴァ書房、2003
伊藤之雄編2006『近代京都の改造』ミネルヴァ書房
伊從勉編『近代京都研究：みやこから一地方都市への軌跡』科学研究費成果報告書、2002
岩井武俊編『京ところどころ』金尾文淵堂、1928
運輸省観光部『続日本ホテル略史』1949
江上波夫責任編集『アジアの人間と遺跡—三枝朝四郎五〇年の写真記録』光村推古書院、1981
大場修『近世近代町家建築史論』中央公論美術出版、2004
大山喬平監『上賀茂のもり・やしろ・まつり』思文閣出版、2006
小椋純一『絵図から読み解く人と景観の歴史』雄山閣出版, 1992
小椋純一『植生からよむ日本人のくらし』雄山閣出版, 1996
織田武雄『地図の歴史—日本編』講談社現代新書、1974
織田直文『琵琶湖疏水—明治の大プロジェクト—』サンブライト出版、1987
大阪毎日新聞社京都支局編『京都新百景』新時代社、1930
小野芳朗『水の環境史—京の名水はなぜ失われたか』PHP 新書、2001

か

加藤類子編『京都画談散策：ある美術記者の交友録』京都新聞社、1994
加藤哲弘・中川理・並木誠士編『東山／京都風景論』昭和堂、2006
金坂清則編訳『イザベラ・バード　極東の旅　2』平凡社、2005
神田喜一郎『敦煌学五十年』『神田喜一郎全集』9、同朋舎、1984
北垣国道『塵海』（日記）京都府総合資料館所蔵
北村謙次郎『北辺慕情記』大学書房、1960
京都市編『京都の歴史』8、学芸書林、1975
京都市建設局小史編纂委員会編『建設行政のあゆみ』1983
京都市下水道局編『京都市下水道史』2001
京都市参事会編『平安遷都紀年祭記事』上下、1896

京都市参事会『京都名勝記』五車樓書店、1903.
京都市市政史編纂委員会編『京都市政史』4、2003
京都市電気局編『京都市営電気事業沿革誌』1933
京都市文化財課『京都市の文化財』19、2001
京都市役所『京都市三大事業誌』1912
京都新聞社編『琵琶湖疏水の100年』京都市水道局、1990
京都大学造園学研究室編『造園の歴史と文化』養賢堂、1987
京都大学百年史編集委員会編『京都大学百年史』(財)京都大学後援会、1998
京都大学附属図書館編『京都大学附属図書館六十年史』、1961
京都府編『京都府誌』1915
京都府会事務局編『京都府会史』1951
京都府企画環境部編『京都府レッドデータブック』下、2002
京都府議会『京都府議会歴代議員録』1961
京都商工会議所編『京都経済の百年』1985
京都府立総合資料館編『京都府百年の年表』1-10、1970-72
京都府立総合資料館『京都の絵馬』1980
小泉顕夫『朝鮮古代遺跡の遍歴』六興出版、1986
河野仁昭『谷崎潤一郎　京都への愛着』京都新聞社、1992
國米重行『アーネスト・サトウと野口富蔵』(私家本)、2006
国立史料館編『明治開化期の錦絵』東京大学出版会、1989
小林丈広『明治維新と京都ー公家社会の解体』臨川書店、1998

さ

斎田作楽編著『鴨東四時雑詩註解』太平書屋、1990
榊原吉郎『近代の琳派・神坂雪佳』京都書院、1981
榊原吉郎『神坂雪佳画嚢』京都書院、1982
坂本満・戸枝敏郎『日本の美術 No.328　横浜版画と開化絵』至文堂、1993
杉村棟・杉村英治編『八十路—杉村勇造遺稿集』1980
鈴木敏夫『江戸の本屋』上、中公新書、1980
世界思想社編集部編『瀧川事件　記録と資料』2001

た

第四回内国勧業博覧会事務局『第四回内国勧業博覧会事務報告』1896
高木博志『近代天皇制と古都』岩波書店、2006
高久嶺之介監『20世紀のむこうまち—乙訓100年の歩み—』向日市文化資料館、2002
高橋康夫・中川理編『京・まちづくり史』昭和堂、2003
高寄昇三『近代日本公営水道成立史』日本経済評論社、2003
竹内逸『栖鳳閑話』改造社、1936
竹村俊則編『日本名所風俗図会』7、1979
多田健次『京都集書院　福沢諭吉と京都人脈』玉川大学出版部、1988
田中清志編『京都都市計画概要』京都市役所、1944

田中常太郎編『尊攘堂誌』寸紅堂、1927
田中日佐夫『竹内栖鳳』岩波書店、1988
田中緑紅編『明治文化と明石博高翁』1942
田辺朔郎『琵琶湖疏水誌』丸善、1934
辻ミチ子『転生の都市・京都』阿吽社、1999
東京市区改正委員会編『東京市区改正事業誌』1919

な

『内藤湖南全集』14、筑摩書房、1976
中川理『京都モダン建築の発見』淡交社、2002
長友千代治『江戸時代の図書流通』思文閣出版、2002
新稲法子訓註『都繁昌記註解』太平書屋、1999
日本建築学会編『京都の都市景観の再生　21世紀における都市景観形成のビジョンを探る』、2001
日本史研究会・京都民科歴史部会編『京都千二百年の素顔』校倉書房、1995

は

バード、イザベラ(高梨健吉訳)『日本奥地紀行』平凡社、1973
橋本喜三『近代京都美術の創造者たち』京都書院、1986
花園大学歴史博物館編・発行『森寛斎と森派の絵画』2001.10
原田敬一『日本近代都市史研究』思文閣出版、1997
原田平作・溝口宏平編『性のポリフォニー』世界思想社、1990
原田平作『竹内栖鳳』光村推古書院、1981
原田平作『幕末明治京洛の画人たち』京都新聞社、1985
日向進『近世京都の町・町家・町家大工』思文閣出版、1998
廣田孝『竹内栖鳳　近代日本画の源流』思文閣出版、2000
藤岡作太郎『近世絵画史』ぺりかん社、1983
『平安遷都千百年紀念祭協賛会誌』1896
『訪日宣詔紀念美術展覧会第一回図録』満洲国通信社、1937

ま

松尾尊兊『滝川事件』岩波書店、2005
丸山宏『近代日本公園史の研究』思文閣出版、1994
前川公秀『水仙の陰：浅井忠と京都画壇』京都新聞社、1993
前川公秀『京都近代美術の継承：浅井忠からいざよいの人々へ』京都新聞社、1996
満日文化協会『満洲国美術展覧会第一回図録』1938
水野梅暁『満洲文化を語る』支那時報社、1935
都ホテル編『都ホテル100年史』都ホテル、1989
宮津市史編さん委員会編『宮津市史　通史編・下巻』2004
三和町史編さん委員会編『三和町史　下巻(通史編)』1996
村井康彦編『京の歴史と文化』５「洛」講談社、1994

や

矢守一彦『古地図への旅』朝日新聞社、1992
湯本文彦編『京都府会沿革志』1897
湯本文彦編『京華林泉帖』京都府、1909
吉井良隆編『神仏信仰事典シリーズ２　えびす信仰事典』戎光祥出版、1999
『吉田松陰全集』８、大和書房、1972
吉田光邦編『万国博覧会の研究』思文閣出版、1986

ら

『洛北上高野　八幡さんの絵馬』三宅八幡宮絵馬保存会、2005

みやこの近代《きんだい》

2008(平成20)年3月10日発　行
2010(平成22)年4月1日第2刷

定価：本体2,600円(税別)

編　者　丸山　宏・伊従　勉・高木博志
発行者　田中周二
発行所　株式会社　思文閣出版
〒606-8203 京都市左京区田中関田町2-7
電話 075-751-1781(代表)

印　刷
製　本　株式会社 図書印刷 同朋舎


ISBN978-4-7842-1378-8　C1021